司法部部级重点学科监狱学
教育部、财政部高等学校特色专业建设点监狱学
系列教材

监狱学基础理论

Basic Theory of Prison Science

中央司法警官学院组织编写

主　编：史殿国

副主编：王志亮　任希全

撰稿人（以姓氏笔画为序）：

王运红　王志亮　史殿国　冯昆英
任希全　孙延庆　刘世恩　杨习梅
栗志杰　翟中东

法律出版社
LAW PRESS·CHINA

总　序

清末修律大臣沈家本曾在《与戴尚书论监狱书》中写过这样一段话:“欧洲各国监狱为专门之学,设立万国协会,穷年研究,精益求精,方进未已……中国从未有人讲求此学。”百多年后的今天,中国监狱学已经发展成为涵盖十数门分支学科的学科群。自晚清西学东渐及今,中国监狱学从“师夷长技”到独立探索,形成了鲜明的特色。改革开放四十年来,中国监狱学的发展尤为迅速,教育部制定的《普通高等学校本科专业目录》已将监狱学专业正式纳入,包括中央司法警官学院在内的六所本科院校开设了相关专业。

在新中国监狱学发展史上,中央司法警官学院是一个不容忽视的名字。新中国监狱学学科重建的第一声从这里发出,第一部劳改法学专著出自该校教师之手,第一个监狱学部级重点学科在这里诞生,这里还出版了第一个监狱学专业学术期刊,成立了全国唯一的监狱学院系。可以毫不夸张地说,中央司法警官学院见证了新中国监狱学的历史,也反映出中国监狱学发展的现状。自1997年招收第一届监狱学普高本专科学生以来,中央司法警官学院监狱学学科专业发展取得了一系列成绩。2001年,司法部决定重点建设中央司法警官学院(筹)监狱学学科;2005年,监狱学经专家评审被确定为司法部部级重点学科;2007年,监狱学专业被教育部、财政部批准为全国第二批高等学校特色专业建设点。目前,学校拥有狱政管理学、罪犯改造心理学、罪犯教育学三门监狱学类省级精品课程,建有现代矫正技术司法部重点实验室、全国监狱戒毒文献信息中心,中央司法警官学院已经成为全国最具影响力的监狱学教学科研实体。

近年来,我国监狱工作改革发展形势出现了新变化,高等教育工作发展也在不断变革,这对高校的教育教学提出了新挑战、新要求。

从监狱工作发展来看,我国监狱体制改革不断深化,监狱布局持续调整、监狱工作“三化”建设不断推进,监狱人民警察队伍建设逐步加强,监狱信息化建设水平不断提升,“5+1+1模式”、循证矫正、治本安全观等理念深入人心。尤其是2018年6月28日在江苏召开的全国监狱工作会议,提出坚守安全底线,践行改造宗旨,坚持统筹推进以政治改造为统领的五大改造新格局的思想。会议提出,要始终坚持以政治改造为统领,要牢固确立监管改造基础地位,要充分发挥教育改造的治本作用,要积极拓展文化改造的教化功能,要切实推进劳动改造的功能回归。五大改造思想为下一阶段监狱工作实践和监狱理论研究指明了正确方向,也为监狱学专业教育教学提供了思想指南。

从高等教育发展来看,2018年教育部高等教育教学指导委员会编写了新版《普通高等学校本科专业类教学质量国家标准》,对包括监狱学在内的法学类专业的培养目标、培养规格、课程体系、教学规范、师资队伍、教学条件、教学效果、质量保障体系等作出了明确规定。《标准》开列了14门监狱学专业核心课程,课程构成和课程名称有了新变化。2018年,人力资源社会保障部等六部门联合下发《司法行政机关人民警察招录培养工作的意见》(人社部发[2018]20号)(以下简称《意见》)。《意见》明确要求,司法行政系统所属院校要以提高人才培养质量为目标,进一步更新办学理念,深化教学改革,提高教学质量,为司法行政机关培养作风过硬、业务精通、素质优良的司法行政专业人才。关于人才培养工作,《意见》提出了四个指导性意见:一是突出忠诚警魂培育,牢固树立“忠诚、为民、公正、廉洁”的人民警察核心价值观;二是强化纪律作风养成,着重培养学生“令行禁止、英勇顽强、团结协作、无私奉献的警察职业精神”;三是加强警务能力培养,要求完善“教、学、练、战一体化人才培养模式”,构建实验、实训、实习和实战有机结合的实践教学体系;四是完善质量监控体系。

在此背景下,监狱学专业人才培养目标、培养规格、课程体系乃至于教学方式方法等都要作出相应调整。为此,我们除了对专业培养方案进行修订外,还组织校内外学者、实务部门专家共同编写了这套教材。这套教材按照《普通高等学校本科专业类教学质量国家标准》监狱学专业的核心课程进行编写,首批出版5本,分别是《犯罪心理学》《监狱学基础理论》《狱政管理学》《罪犯教育学》《法医学》。在编写教材过程中,我们力争做到以下三点:

第一,体现时代性。教材的编写既要反映知识的稳定性,向学生传授相关学科的基础知识、基本原理;同时也要紧密联系社会发展形势,引导学生关注社会,体现教育的现实关怀。在编写本套教材过程中,我们力争反映监狱工作的新形势、高等教育的新理念、各门课程的新成果,使学生在现实逻辑和知识逻辑两方面都有所收获。

第二,体现实践性。监狱学是一门实践性很强的理论学科,监狱工作实践是监狱理论的源头活水。密切联系监狱工作实际,关注监狱改革发展最新动态,是本套教材编写所追求的目标之一。同时,教材还充分考虑教学现实需求,以便在使用中把课堂讲授和实验实训结合起来。

第三,体现教育性。教材是知识传授的有效载体,首先要满足教学工作需要。在编写教材过程中,我们努力突出知识的科学性和体系的完整性,将相关知识点明确化、条理化,便于教师讲授,也便于学生自学。

监狱,对大多数人来说既熟悉又陌生。监狱,被赋予了多重形象。在传统社会,监狱是禁地,是地狱在人间的反映。而在新中国,我们的监狱已经"不是过去的监狱,我们的监狱其实是学校"。走进新时代,新形势呼唤新担当,新挑战要求新作为。监狱是社会文明的窗口,是社会公平正义的最后保障。作为研究如何"惩罚和改造罪犯"的学问,监狱学任重道远,我们期待这套教材能为中国监狱学的发展作出应有的贡献。

前　言

为适应社会主义市场经济发展对培养高层次监狱管理人才的需要，根据教学计划对监狱管理专业课程设置的要求，我们在2005年版《监狱学基础理论》的基础上，组织有关人员进行了一定程度的修订。

本书以辩证唯物主义和历史唯物主义为指导，在总结中央司法警官学院多年教学科研实践经验的基础上，本着理论联系实际的原则，框架结构和内容既与《监狱法》保持一致，同时又有一些适当的展开和创新。本书的基本认识材料是我国六十多年监狱工作的实践经验、改革开放以来的科研成果以及国外的一些先进经验，既求体现一定的理论深度和范围，又简约地概括阐述了监狱学基础理论的基本内容。

本书在编写和修订的过程中，得到了司法部监狱管理局、中央司法警官学院等单位领导和同志们的大力支持，同时，还参考了许多专家、学者的著作、论文等科研成果，在此一并致谢！

本书撰稿分工如下（按撰写修订章节为序）：

史殿国：第一章、第十二章；翟中东：第二章；杨习梅、王运红：第三章；孙延庆：第四章；刘世恩、王运红：第五章；冯昆英：第六章；任希全：第七章、第十章；栗志杰：第八章、第十一章；刘世恩：第九章；王志亮：第十三章。

全书由史殿国统稿、定稿。

由于时间仓促，加之水平和经验有限，错误或不当之处在所难免，恳请广大读者批评指正。

编　者

2018年6月

目 录

Contents

第一章 概 述

重点提示

本章作为《监狱学基础理论》教材的第一章，是全书的绪论或引言。本章的基本脉络是从对监狱与监狱学的产生与历史演变的研究探讨中，提炼出监狱学的研究对象，建立与完善监狱学的学科体系，同时探究监狱学与相关学科的关系，进而对监狱学的指导思想和研究方法作深入的探讨。本章需要重点掌握的内容是监狱学的研究对象、指导思想和研究方法。

第一节 监狱与监狱学的历史演变

一、监狱的产生与发展

（一）监狱的产生

监狱作为阶级社会的特有现象，是人类社会生产力发展到一定历史阶段的产物，是随着私有制、阶级的出现和国家的产生而产生的。

在人类进入阶级社会之前的原始社会，由于生产力水平极其低下，人们必须以共同劳动的形式才能维持生存，劳动产品实行平均分配，生产资料是原始社会公有制。当时，没有阶级，没有阶级之间的压迫和剥削，没有犯罪，也没有监狱。到了原始社会末期，由于生产力的发展，社会劳动产品出现了剩余，这些剩余的劳动产品逐渐成为氏族首领使用权力占有的私有财产。由于生产力的发展，家庭成为社会的基本劳动组织单位，生产资料由原始社会公有制逐渐转变为家庭所有制，劳动产品成为家庭的私有财产。私有制的产生导致社会逐渐分裂为奴隶主阶级和奴隶阶级。由于奴隶主阶级和奴隶阶级之间的阶级矛盾不可调和，奴隶主阶级为了维护本阶级的政治统治和经济利益，建立了具有暴力统治性质的国家。监狱作为国家机器的重要组成部分，是阶级矛盾不可调和的产物和表现，是随着国家的产生而产生的,是掌握国家政权的阶级进行统治的工具。

关于国家的产生以及监狱的属性,革命导师有过不少精辟的论述。列宁在《论国家》一文中明确指出:"国家正是这种从人类社会中分化出来的管理机构。当专门从事管理并因此而需要一个强迫他人意志服从暴力的特殊强制机构(监狱、特殊队伍及军队,等等)的特殊集团出现时,国家也就出现了。"①恩格斯曾说,"这种公共权力在每一个国家里都存在,构成这种权力的,不仅有武装的人,而且还有物质的附属物,如监狱和各种强制机关"。② 从革命导师的论述中可以看出,监狱作为阶级社会的特有现象,是随着阶级、国家的产生而产生的,同时,它也会随着阶级、国家的消亡而消亡。

从人类阶级社会发展史的角度来看,监狱是一种普遍存在的社会现象。而监狱作为一种上层建筑,必然要受到经济基础的决定性影响,同时,由于社会、政治、历史、文化、法律等因素的影响,监狱现象又会表现出巨大的差异性。不同的社会形态,不同的历史时期,不同的国情,都会产生不同的监狱理论和监狱制度。

(二)监狱的演变

监狱从产生至今已有几千年的历史。在人类社会发展的历史长河中,先后出现了奴隶制国家监狱、封建制国家监狱、资本主义国家监狱和社会主义国家监狱。监狱的发展与演变,经历了一个相对漫长的历史过程。

奴隶制国家的监狱,是人类历史上最早出现的监狱,其本质是掌握政权的奴隶主阶级用来镇压奴隶阶级的反抗、维护奴隶主阶级统治秩序、实行奴隶主阶级专政的工具。由于奴隶制社会刚刚从生产力水平十分低下的原始社会脱胎而来,因此,刑罚表现得愚昧、落后而残酷,监狱管理非常原始和简单,主要表现为:(1)刑罚观念及刑罚执行以复仇主义为目的;(2)刑罚手段主要是生命刑和身体刑;(3)监狱是关押等待执行刑罚的罪犯和未决罪犯的机构,监狱不是专门的刑罚执行机关。

封建制国家的监狱,其本质是掌握国家政权的封建主阶级用以镇压农民阶级的反抗,维护封建主阶级的政治统治和经济利益,实行封建主阶级专政的国家暴力机器。与奴隶制社会较低的生产力水平相比,封建社会的经济有了一定的发展,统治阶级对监狱及刑罚执行的认识和重视程度有所提高,死刑的适用范围逐步缩小。封建统治阶级不再像奴隶主阶级那样随意杀死奴隶,他们更多的是把犯了罪的农民囚禁起来,强迫罪犯劳动来增加经济收入。因此,封建制国家的监狱设施逐步得

---

① 《列宁选集》(第4卷),人民出版社1995年版,第28页。
② 《马克思恩格斯选集》,人民出版社1972年版,第167页。

到了加强,监狱行刑理念也发生了一些细微的变化。但是,总体而言,封建制国家的监狱并没有摆脱野蛮和残酷,它与奴隶制国家的监狱仍是一脉相承,主要表现为:(1)刑罚观念和刑罚执行以威吓主义为目的;(2)监狱制度和监狱管理残酷、黑暗。

资本主义国家的监狱,其本质是资产阶级专政的工具,但在资本主义发展的不同时期,监狱本质的外在表现是不同的。

在资产阶级推翻封建专制政权成为掌握政权的统治阶级后,针对封建社会的罪刑擅断、刑罚残酷野蛮等现象,提出了罪刑法定、罪刑相适应、刑罚人道的原则,逐步确定了自由刑在刑罚体系中的核心地位,从而推动监狱行刑理论和监狱管理制度向前发展了一大步。但是,资本主义国家早期的刑罚和监狱管理制度并未完全摆脱封建社会刑罚野蛮、残酷的影响,主要表现在刑罚观念和刑罚执行以报应为目的。

19 世纪末 20 世纪初,西方资本主义国家对刑罚理论的研究空前活跃和繁荣,其中,教育刑理论得到长足的发展,刑罚观念和刑罚执行逐渐转变为以矫正和教育为目的。这一时期,资本主义国家的现代监狱管理制度体系基本确立,累进处遇制、分类制以及社会化处遇制等监狱管理制度得到迅猛发展,并且影响着世界各国现代监狱管理制度的建立与发展。

行刑效益观是法律的经济分析学说①的一个分支,20 世纪 70 年代,行刑效益化已日趋成为西方国家执行刑罚的一项重要原则。1958 年,《法经济学杂志》在美国问世,它的创办是"法经济学运动"的里程碑。罗纳德·哈里·科斯教授是法律经济学初创时期最重要的代表人物,也是法律经济学的学科创始人,他在《社会成本问题》一文中提出了著名的"科斯定理"。②

社会主义国家的监狱,作为国家政权的组成部分代表着无产阶级以及广大人民群众的根本利益,其本质是人民民主专政的工具。这一本质的外在表现为:(1)监狱执行刑罚始终贯彻惩罚与改造相结合,以改造人为宗旨的方针,以改造罪犯成为社会守法公民作为监狱工作的根本目的和出发点;(2)在执行刑罚改造罪犯

---

① 所谓法律的经济分析,是运用有关经济学理论、方法来研究法学理论和具体的法律问题的具有交叉性、边缘性的一门学科,它从一种新的方法和视角来透视法学理论和具体的法律问题,更具有真实感和立体感。

② 罗纳德·哈里·科斯(Ronald H. Coase)在《社会成本问题》中论述的"科斯定理"告诉人们:私人之间的交易在谈判、签约、监督执行过程中会产生相关费用,即交易费用,同一交易过程在不同的法律制度框架中进行时,所涉及的交易费用是不同的,过高的交易费用将对私人交易形成障碍,从而影响资源配置的效率。有效的法律制度安排能够节省私人交易的费用,减少私人谈判达成协议的障碍,有利于资源配置结果的改善。

过程中，坚持人道主义、区别对待、给出路等各项政策；(3)在对罪犯的日常管理中，依法行刑，文明管理，切实保障罪犯未被剥夺或者限制权利的行使和实际享有；(4)坚持行刑向外延伸，不断推进行刑社会化，借助社会力量参与对罪犯的教育改造。

社会主义国家的监狱具有强烈的阶级性，既实现了社会正义的基本要求，又反映了历史发展的文明进步。但是，由于经济基础的相对薄弱以及法治理念的落后，一些基本的现代监狱管理制度正在磨合或者发展之中。

二、监狱学的历史演变

尽管监狱产生的时间很早，但由于早期的监狱主要是关押未决犯和羁押等待执行的已决犯（主要是生命刑和身体刑），因此，在相当长的时期内，监狱学的研究无从产生。

到了 18 世纪，随着刑罚方法的进步和自由刑理论的发展，西方国家兴起了监狱的改良运动。1764 年意大利著名刑法学家贝卡里亚《论犯罪与刑罚》一书的问世，对监狱的改良起到了重要的促进作用。在该书中，贝卡里亚提出了罪刑法定、罪刑相适应和刑罚人道化原则，而且，他从人道主义立场出发，批判了传统刑罚的报应观和威吓观，认为刑罚的目的既不是要摧残折磨一个有感知的人，也不是要消除业已犯下的罪行，而仅仅在于阻止罪犯重新侵害社会并规诫其他人不要重蹈覆辙。与此同时，英国慈善家约翰·霍华德(John Howard)为了寻求监狱的改良措施，历时 7 年遍访欧洲各国考察监狱，并于 1777 年出版了《英格兰及威尔士的监狱状况》（又名《监狱事情》）。约翰·霍华德在书中提出了理想的监狱模式，对矫正目的、矫治手段以及奖惩措施等都作出详尽而科学的论述，同时还提出了监狱建造的环境条件应当是空气清新、交通便利等。这部著作既是人类狱制研究史上一个重要的里程碑，同时也标志着监狱学的正式诞生。此后，西方发达国家研究监狱学的队伍日益扩大，研究内容也日新月异。其中，比较具有代表性的是英国著名法学家边沁(Jeremy Bentham)于 1791 年出版的《监狱学》一书，他认为监狱执行刑罚的目的在于对罪犯进行教育，为此，要使罪犯进行强度劳动，使他们反省、领悟刑罚的痛苦，促使他们悔改。

当代西方监狱学研究的发展状况，以美国和英国的研究最为深入，研究领域也最为广泛。从内容来看，当代西方监狱学的研究主要分布在监狱法、监狱社会学和监狱心理学等方面。西方对矫正理念(correctional ideology)（又称为“矫正哲学”）的研究比较广泛，如诺曼·卡尔森(Norman A. Carlson)等人认为，基本的矫正哲学有四个:惩罚(punishment)、控制(control)、治疗(treatment)和预防(prevention)。菲利普·里切尔(Philip L. Reichel)则认为,基本的矫正哲学有五种:威慑(deterrence)、剥夺犯罪能力(incapacitation)、改造(rehabilitation)、恢复(restoration)和报应(retribution)。哈里·艾伦(Harry E. Allen)等人认为,与矫正活动有关的大多数理念,都可以分为三种类型:惩罚、治疗和预防。梅斯(G. Larry Mays)等人认为,指导矫正计划、矫正机构的矫正哲学有八种,它们在不同的历史时期支配着矫正系统。这八种刑罚哲学是:报应、威慑、改造、隔离(isolation)、剥夺犯罪能力、重新整合(reintegration)、赔偿(restitution)和恢复(restoration)。

有的学者还提出了"钟摆效应"(pendulum effect)的概念,来说明矫正理念的历史循环性或者时间共同性。根据这种论述,矫正理念是一个连续体(continuum),它的一端是惩罚,包括报应、犯罪控制和强硬政策;它的另一端是预防,包括治疗和改造、正当程序以及自由裁决权。每个时期的主导矫正理念就是这个连续体中的某个点;不同时期的主导矫正理念就在这两端之间的某个点上产生:矫正理念朝着惩罚一端倾斜,矫正政策就会具有较多的惩罚性;矫正理念朝着预防一端倾斜,矫正政策就会具有较多的改造性和人道性。①

鸦片战争后,清政府多次派人考察西方国家监狱与监狱制度,改良中国传统的监狱制度,并从很多方面对中外监狱制度进行了比较研究,在当时极为特殊的历史背景下肇始了中国近代监狱学的研究。从1912年辛亥革命成功起,中华民国经历了南京临时政府、北洋政府和国民党政府时期,这是中国百年监狱立法最为集中的时期,中国监狱学的体系得到了初步确立。

新中国监狱学的成长有过迅猛的发展时期,尤其是在20世纪八九十年代,但近期一直处于温和发展,形势不容乐观。

第二节 监狱学的研究对象和学科体系

一、监狱学的研究对象

监狱学作为一门综合性的社会科学,既要从监狱作为国家的专政机关即政治的角度去研究监狱,也要从监狱作为国家的刑罚执行机关即法律的角度去研究监狱。从某种角度讲,法律角度的研究可能更为密切和实际。归纳起来,监狱学的研

① 参见吴宗宪:《当代西方监狱学若干问题述评》,载《犯罪与改造研究》2003年第1期。

究对象主要包括以下几个方面：

（一）研究监狱惩罚和改造罪犯的基本理论

监狱学，顾名思义，必须紧紧围绕着监狱的本质、特征、类型，监狱与社会的关系，以及监狱在国家机器中的地位等问题进行理论性的研究，但其中最核心的是研究监狱惩罚和改造罪犯的基本理论。

惩罚和改造罪犯是现代监狱的两项基本职能，是任何一个国家都不能回避的理论和实践问题。但是，一个国家如何对罪犯实施惩罚和改造，以及惩罚和改造罪犯的内容、方法和原则如何界定，却是应该认真研究的重要理论问题。比如，惩罚和改造的理论渊源，既要研究人道主义、西方先进的刑罚思想、行刑原则，更要研究马克思列宁主义的唯物史观、认识论、劳动价值观以及毛泽东思想、邓小平理论关于惩罚和改造罪犯的原理等。

（二）研究监狱和监狱制度的历史发展

监狱作为人类社会发展到一定阶段的历史范畴，从它产生至今已有几千年的历史。随着社会的进步和文明的发展，监狱制度逐步建立和完善，监狱对罪犯的矫正与改造手段也逐步科学化。在监狱的历史发展进程中，除了有残酷、落后、野蛮的一面，也曾出现过先进的监狱思想和理论，在管理、教育、矫正罪犯等方面也积累了一些成功的经验，取得了良好的社会效益。比如，西方一些国家在监狱设备、监狱制度及现代化管理方面的经验和成果，苏联在劳动改造罪犯方面的成果和经验，我国西周时提出的“明德慎罚”，西汉时提出的“德主刑辅”等政治法律思想以及唐朝制定的系囚、悯囚、居作、录囚等监狱制度在监狱史上有着积极的作用。中华人民共和国成立后几十年的监狱工作所取得的举世瞩目的伟大成就和创造出的一整套具有中国特色的监狱制度和基本经验，更是为人类监狱制度的发展增添了不少的光彩。

研究监狱的产生及其历史发展，目的是从丰富的史料中吸取有益的经验。因此，监狱学要以中外监狱发展历史为研究对象，而监狱史学——中国监狱史和外国监狱史，也正是监狱学的重要组成部分。

（三）研究监狱法及监狱法律关系

监狱法是调整监狱行刑活动中所发生的一定社会关系的法律规范，是确保监狱正确执行刑罚的法律依据。监狱法在刑事法律中占有十分重要的位置，是刑事法律体系中不可缺少的重要组成部分。可见，如果没有监狱法，刑罚的主体部分——自由刑就会难以执行，监狱行刑就没有依据。因此，监狱法是监狱学研究的主要内容。研究监狱法主要是研究监狱法的本质、特征、构成要素、监狱法律关系、监狱法的实施及保障体系等问题。

监狱法律关系也即监狱行刑法律关系，是监狱法律规范所确认的具有权利义务内容的特殊社会关系。它所调整的是监狱与服刑罪犯之间惩罚与被惩罚、改造与被改造的刑事关系在法律上的体现，监狱法律关系贯穿于监狱行刑活动的全过程。通过研究监狱法律关系，一方面可以明确监狱及监狱人民警察的职权、职责和义务，另一方面可以明确罪犯的法律地位，以便监狱有效而准确地执行刑罚，依法保护罪犯的合法权益不受侵犯。

（四）研究监狱行刑及改造活动

监狱是国家的刑罚执行机关，对依法判处徒刑的罪犯执行刑罚、实施惩罚是监狱的首要职能，因此，监狱行刑活动是监狱学研究的重要内容之一。从刑罚的本质讲，惩罚是刑罚的基本属性，亦即离开了惩罚的刑罚便不成为刑罚，监狱的活动首先便是落实法院的生效有罪判决，这是监狱工作的法律起点。

现代监狱行刑，已经不是单纯地对罪犯实施惩罚，而是在行刑过程中对罪犯进行教育和改造，寓改造于行刑之中。监狱对罪犯的教育和改造，是通过管理、感化、劳动、说理等手段和方法实施的，因而，监狱管理、感化、劳动、说理也成为监狱学研究的重要内容。

（五）研究监狱运行机制和保障体系

监狱是个小社会，监狱的工作涉及公安、检察、法院、民政、妇联等方方面面，关系十分复杂。监狱的行刑和改造活动是一项复杂的系统工程，集法律性、政策性、教育性、社会性于一体，任务繁重而艰巨。为了确保监狱工作的正常运转，必须建立科学的运行机制和完善的保障体系。其中，完善的监狱法制建设和监狱工作制度建设，高水平、高素质的监狱人民警察队伍建设以及监狱行刑的财政保障和社会保障体系的建立与完善等都是监狱运行机制和保障体系的主要内容。

（六）研究罪犯改造的综合治理

要想真正改造好罪犯，避免刑满出狱人员的重新犯罪，单靠监狱自身的工作和努力是难以完成的。罪犯来自社会，最终还要回到社会中去，他们与社会的联系千丝万缕，因此，罪犯的改造离不开社会的方方面面的帮助与支持。

行刑社会化，是当代监狱行刑的重要原则之一，而行刑社会化的实质就是依靠社会各方面的力量对罪犯进行矫正和改造。它既包括罪犯在服刑期间的综合治理，也包括罪犯刑满出狱后的社会保护，是一项系统的社会工程，尤其是对罪犯刑满出狱后的社会保护，是巩固改造成果，预防重新犯罪和保卫社会的重要措施。

二、监狱学的学科体系

随着监狱工作实践和理论的不断发展，监狱学作为一门综合性的社会科学，已经逐步形成独立的学科体系。监狱学的学科体系主要由基础理论研究和应用理论研究两大部分构成，其下又形成了若干相对独立的分支学科。

（一）基础理论研究

基础理论研究侧重于从学理角度探求监狱学的一些基本理论问题以及对监狱工作有宏观指导意义的原则、方法、手段、措施等，其分支学科主要包括：

1. 监狱学基础理论

监狱学基础理论是以监狱行刑和改造活动中的基本概念、基本原理和基本规则为研究对象的理论学科，它是监狱学最基本的分支学科，同时也是其他分支学科的工具性学科。

2. 监狱法学

监狱法学是以监狱法律规范、法律制度、法律思想及其实施为研究对象的学科，它是从法学的角度对监狱工作所做的基本透视，因此，它既是监狱学的分支学科，又是法学的有机组成部分。

3. 监狱史学

监狱史学的研究范围包括中国监狱史和外国监狱史，它是以中外监狱制度的产生、历史发展及其规律为研究对象的学科，是对监狱这一社会现象纵向发展的历史考察。

4. 比较监狱学

比较监狱学是对近现代世界各国的监狱法规、监狱制度及其理论与实践进行比较研究的学科，它是从横断面上对不同社会制度、不同国家、不同地区的监狱这一社会现象所进行的比较研究，具有相互启迪和取长补短的特殊功效。

（二）应用理论研究

应用理论研究主要是从实践和操作的角度对监狱工作所做的实务性研究，它是在监狱学基础理论的指导下而进行的，强调操作过程和对结果的预期与科学评估，其分支学科主要包括：

1. 狱政管理学

狱政管理学是以监狱执行刑罚、罪犯处遇和监管改造为研究对象，研究我国监狱的狱政管理活动及其规律的学科，它是系统地研究我国监狱对罪犯直接实施的监督控制、组织协调、处遇保障、安全防范以及奖励惩戒等管理活动，并揭示其性质、规律和原则的综合性应用学科。

2. 狱内侦查学

狱内侦查学是研究狱内侦查这一司法活动的现象及其规律的科学，其内容主要包括监狱内预防犯罪、揭露犯罪、证实犯罪、查缉犯罪人等，是研究狱内侦查理论、方法、手段和措施的应用型学科。

3. 罪犯教育学

罪犯教育学是研究罪犯教育现象及其规律的学科，其主要内容包括罪犯教育的内容、原则、方法、措施等，它既是监狱学的重要组成部分，又是教育学的分支学科。

4. 罪犯劳动改造学

罪犯劳动改造学是研究罪犯劳动改造现象及其规律的科学，其内容主要包括罪犯劳动改造的目的、手段、方法、原则等，是我国监狱学中比较有特色的一个独立分支学科。

5. 罪犯改造心理学

罪犯改造心理学是以在监狱服刑罪犯的心理现象及其发展变化规律为研究对象的学科，它是对罪犯内心世界的一种科学考察与评估，以期待对罪犯心理的矫治提供正确的指导方案。它既是监狱学的基础学科，又是司法心理学的组成部分。

6. 罪犯行为学

罪犯行为学是研究罪犯行为现象、特点、规律以及如何控制、矫正、社会化的学科，它从罪犯的日常行为入手，目的是探求罪犯行为背后隐藏或支配行为的思想根源，它是监狱学一个新兴的分支学科。

7. 监狱经济管理学

监狱经济管理学是以监狱经济管理活动及其规律为研究对象的学科，它既是监狱科学的重要组成部分，又是经济管理科学体系的分支学科。

此外，属于交叉学科的还有监狱司法文书、监狱建筑学、监狱警察管理学、监狱医学、回归社会学等，它们从方方面面组成了监狱学完整的学科体系。

第三节 监狱学与相关学科的关系

监狱学作为一门综合性的社会科学，由于其研究对象的广泛性和监狱工作的复杂性，决定了它的研究内容必然会涉及多种学科。研究监狱学与相关学科的关系,对于监狱学科自身的发展与完善具有十分重要的意义。

一、监狱学与政治学的关系

政治和政治学不是同一概念。政治学是监狱学研究必须遵从的学科,研究监狱学必须学习和掌握政治学的科学理论,但监狱学同时必须有自己独立的学术风格和品位。

监狱学研究的主要对象——监狱,在社会有机系统中,属于政治领域的上层建筑,也即监狱是构成国家机器的有机组成部分。因此,监狱作为国家机器的重要组成部分所行使的刑罚执行权,是国家权力的重要内容,甚至可以说是国家政治权力的一种有机延伸。因此,就监狱本质来看,属于政治上层建筑,监狱及监狱行刑制度也是政治学研究的范围。当然,政治学视野上的监狱是宏观的,是从整个国家权力机构的角度探求监狱的属性和地位的,故有学者将监狱学归属政治学也不无道理。

从政治上讲,我国监狱是人民民主专政的工具之一,监狱对罪犯实施的惩罚和改造,反映了广大人民的利益和意志,以监狱为主要研究对象的监狱学必然带有鲜明的政治色彩。因此,监狱学与政治学密切相关,政治学中关于国家产生、发展和消亡的规律,国家的本质和功能、阶级专政、民主与法制建设以及运用国家权力为社会主义建设服务等理论,对监狱学的研究具有直接的指导意义。

二、监狱学与刑法学的关系

刑法学是探究犯罪与刑罚、刑事责任与定罪量刑的科学,是监狱学研究的前置领域。刑法学研究范围主要包括犯罪构成、故意犯罪过程中的犯罪形态、共同犯罪等有关犯罪的问题,刑罚的目的、种类、量刑、数罪并罚、缓刑、减刑、假释、时效等有关刑罚的问题等。一般而言,监狱行刑是以定罪量刑为前提的,定罪量刑的准确与否会直接影响到监狱行刑的客观效果。由此可见,监狱学与刑法学有着特别密切的联系。服刑人依据刑法被判定有罪,因此,他们在监狱服刑期间的认罪、悔罪、接受惩罚与改造,都必须以刑法为基础,法院判决的公正性与准确性就显得十分重要。

监狱是国家的刑罚执行机关,刑法学中提出的刑罚目的、刑罚任务、刑罚原则以及刑法中规定的需要通过刑罚的执行来实现的一系列任务和要求,都是要通过监狱的各项活动来实现的。一般而言,监狱行刑是以定罪量刑为前提的,定罪量刑的准确与否会直接影响到监狱行刑的客观效果。但是,监狱行刑的效果也会反过来影响刑罚的类型与形式以及刑法体系的变化。由此可见,监狱学与刑法学有着十分密切的关系。

三、监狱学与刑事诉讼法学的关系

监狱法与刑法、刑事诉讼法都属于与刑事犯罪做斗争的刑事法律。我国的刑事法律体系是由刑事实体法、刑事程序法和刑事执行法三部分构成的。在同刑事犯罪做斗争中,刑事实体法——刑法是规定犯罪和刑罚的法律规范,解决定罪量刑的实体问题;刑事程序法——刑事诉讼法是关于犯罪立案、侦查、起诉、审判、执行程序的法律规范,解决定罪量刑的法律程序问题;刑事执行法则是将刑事实体法和刑事程序法所确认的对犯罪分子的刑罚惩罚付诸实施。监狱法正是刑事法律体系中的刑事执行法,是对被判处徒刑和死缓的罪犯刑事执行的法律规范。因此,监狱法与刑法、刑事诉讼法三者是一个有机联系的统一整体,缺一不可。

监狱学是研究刑罚执行和对罪犯实施惩罚与改造的科学,必须以刑罚理论为基础,必须掌握和运用刑法学和刑事诉讼法学的有关原理。比如,刑罚执行的目的和任务与刑罚的目的和任务具有一致性;刑罚执行中的减刑、假释既是刑法学研究的对象也是监狱学研究的对象;监狱在刑罚执行中对又犯罪的侦查及处理必须按照一定的诉讼程序进行,等等。而刑事诉讼法学是关于刑事侦查、起诉、审判和执行程序的科学,其研究范围包括刑事诉讼法律规范、刑事诉讼理论、刑事诉讼实务等,它对监狱工作的指导和影响具体而直接。因此,研究监狱学,必须学习和掌握刑事诉讼法学的科学理论。所以,监狱学与刑事诉讼法学的关系十分紧密。

四、监狱学与教育学的关系

教育学是研究教育现象、揭示教育规律的科学。教育学研究的教育现象,从广义上而言,包括一切有目的地增进人们的知识、技能、改进人们思想意识的活动,如家庭教育、学校教育、社会教育等。而对罪犯的教育改造作为监狱刑罚执行的一项重要内容,虽然是一种极为特殊的教育,它是在被教育人员服刑和强制的前提下进行的,但也属于广义教育的范围,自然要接受和遵从教育学的基本理论和指导。

监狱学从改造人的历史使命和预防犯罪的刑罚目的出发,将对罪犯的教育改造作为一项重要的研究内容,并建立了教育改造学(或称罪犯教育学),以监狱对罪犯的教育现象及其规律为研究对象。对罪犯的教育,包括思想、文化、技术教育,这就将监狱学与教育学紧密联系起来。因为,无论是任意教育还是强制教育,无论是对普通公民和青少年的教育,还是对罪犯的教育,都必须遵循教育科学的普遍的基本原理。比如,教育学研究教育与人的发展之间存在的合乎规律的联系、研究教育的社会原理和方法论原理对罪犯教育有普遍的指导意义;教育学所揭示的教学原则——科学学与思想性统一原则、理论联系实际原则、启发性原则、循序渐进原则、直观性原则、因材施教原则等,都是监狱对罪犯教育所必须遵循的准则,而且直接指导罪犯教育的实践。因此,研究监狱学必须研究教育科学所揭示的基本原理,并结合监狱对罪犯教育的特点科学地运用。

五、监狱学与心理学的关系

心理学是研究人的心理现象及其活动规律的科学。心理是人脑的功能,是个人在现实生产活动中对客观事物的主观反映活动,心理现象由心理过程、个性心理特征和心理状态等几部分组成。由于心理学以个人为对象,通过对个人心理活动的研究,去掌握人类心理活动的普遍规律,所以,一切有关人类的学科都会与心理学发生密切的联系。

心理学既然是以人的心理活动及其规律为研究对象,必然会涉及社会上各种类型的人以及不同时期、不同阶段、不同环境下人们的不同心理变化,因此,其研究的范围会越来越广泛。比如,就司法心理学而言,它又包括犯罪心理学、侦查心理学、预审心理学、审判心理学、罪犯心理学、罪犯改造心理学等。

监狱学要研究对罪犯的惩罚与改造,必须了解罪犯、认识罪犯,了解罪犯监禁过程中的心理变化,掌握罪犯心理变化规律,进而寻求对罪犯心理进行矫治的方法和途径,促进罪犯心理向良性的方向转化。因此,监狱学的研究不能离开心理学的指导。在对罪犯进行矫治的实践中,我国已建立起了罪犯改造心理学,这门学科既是监狱学的组成部分,又是心理学的分支学科。

六、监狱学与管理学的关系

管理学是研究一切管理现象及其规律的科学。在人类社会的各种活动中,管理是一种最为普遍、最为基本的组织方式。行政管理与企业管理是两种主要的管理活动,因而行政管理学和企业管理学是管理科学中的两个重要的分支学科。

行政管理学,简称“行政学”,是研究国家行政组织依法对国家事务、社会事务进行有效管理的一般规律的科学。其研究内容主要包括行政原理、行政组织、行政领导、行政决策、人事行政、财务行政、行政方法和技术、行政法规、机关管理等内容。监狱管理属于司法行政管理,它既包括纵向和横向的不同层次的各种行政管理关系,如司法部对各省、自治区、直辖市监狱管理局的管理,监狱管理局对各个监狱的行政管理,也包括监狱内部的各项行政管理以及监狱人民警察对罪犯的狱政管理等。因而,监狱管理是行政管理的组成部分,狱政管理学又是行政管理学的分支学科。因此,监狱学与行政管理学有着密切的关系。监狱管理作为国家司法行政管理的重要组成部分,必然要讲求管理的科学和效率,研究监狱学必须掌握和运用行政管理学的研究成果以及行政管理普遍的原理,所以,监狱学的研究与发展离不开管理学的理论与指导。

企业管理学,是以企业管理为对象,指导人们如何管理企业生产、技术和经营活动的科学。监狱从改造罪犯的需要出发,必须组织罪犯进行生产劳动,而罪犯生产劳动不是无效劳动,也要出产品、出效益,为社会创造物质财富。因此,要组织生产,就会有计划管理、生产管理、技术管理、物资供应和产品销售等活动,而这些正是企业管理的内容。监狱生产具有一般社会生产的共性,必须纳入企业管理范围,但同时也要看到,监狱生产不是一般社会生产,它的主要劳动者是服刑的罪犯。因此,监狱生产的任务具有双重性,这就决定了监狱企业管理的特殊性。它既要遵循一般社会生产的规律,又要遵循监狱生产的特殊规律。为适应监狱生产实践的需要,创立了监狱经济管理学、监狱企业管理学。这些学科既是监狱科学的组成部分,也是经济管理学和企业管理学的分支学科。

监狱学除了与上述学科关系密切外,还与哲学、社会学、经济学、行为学、犯罪学、侦查学等学科有较为密切的联系。因此,对监狱学的研究必须广泛吸收、借鉴和运用相关学科的科学成果与理论原理,不断拓展监狱学的研究范围和空间,提升监狱学的理论价值。

第四节 监狱学的指导思想和研究方法

一、监狱学的指导思想

中国共产党第十九次全国代表大会通过的《中国共产党章程修正案》规定,中国共产党以马克思列宁主义、毛泽东思想、邓小平理论、“三个代表”重要思想、科学发展观、习近平新时代中国特色社会主义思想作为自己的行动指南。第十三届全国人民代表大会第一次会议通过的《中华人民共和国宪法修正案》也明确规定,中国共产党领导是中国特色社会主义最本质的特征。中国各族人民将继续在中国共产党领导下,在马克思列宁主义、毛泽东思想、邓小平理论、“三个代表”重要思想、科学发展观、习近平新时代中国特色社会主义思想指引下,坚持人民民主专政,坚持社会主义道路,坚持改革开放,不断完善社会主义的各项制度,发展社会主义市场经济，发展社会主义民主，健全社会主义法治，贯彻新发展理念，自力更生，艰苦奋斗，逐步实现工业、农业、国防和科学技术的现代化，推动物质文明、政治文明、精神文明、社会文明、生态文明协调发展，把我国建设成为富强民主文明和谐美丽的社会主义现代化强国，实现中华民族伟大复兴。

监狱学是一门政治性和阶级性很强的学科，是为人民民主专政和社会主义制度服务的。因此，我们研究监狱学也必须以党的行动指南为指导思想。具体内容主要包括以下几个方面：

（一）坚持人民民主专政的思想

列宁在《国家与革命》一文中指出："一个阶级的专政不仅对一般阶级社会是必要的，不仅对推翻了资产阶级的无产阶级是必要的，而且对介于资本主义和'无阶级社会'即共产主义之间的整整一个历史时期都是必要的……从资本主义向共产主义过渡，当然不能不产生非常丰富和多样的政治形式，但本质必然是一样的：都是无产阶级专政。"①中华人民共和国成立后，我国建立了以工人阶级为领导的，工农联盟为基础的人民民主专政的国家政权。人民民主专政是有中国特色的无产阶级专政，是新型的民主和新型的专政的国家政权。人民民主专政是建设有中国特色的社会主义的重要保证。

应当看到，我国还处于社会主义初级阶段，剥削阶级作为一个完整的阶级虽然已经不存在了，但是阶级斗争在一定范围内长期存在，在一定条件下还会激化。在当前的经济、政治、文化条件下，不能保证"使资产阶级既不能存在，也不能再产生"。在社会主义初级阶段还有来自国际上的敌对势力妄图颠覆我国社会主义制度，国内有各种刑事犯罪分子进行捣乱和破坏。因此，只有强化人民民主专政的职能，才能打击敌对势力和刑事犯罪活动，保障社会主义现代化建设的顺利进行，保障广大人民群众享有的民主权利和幸福生活。

从宏观上讲，监狱是人民民主专政的工具，因此，强化监狱职能，发挥监狱在社会主义建设中的保障作用，就必须坚持人民民主专政的指导思想。

（二）坚持辩证唯物主义的思想

辩证唯物主义认识论，即马克思主义认识论，其基本观点是反映的观点、实践的观点和辩证的观点。认识是人们的头脑对客观世界的反映，是为了改造客观世界的积极的能动的反映；实践是认识的基础，认识从实践中产生，随着实践的发展而发展，认识是从感性认识到理性认识，再由理性认识到能动地改造客观世界的辩

---

① 《列宁选集》（第3卷），人民出版社1995年版，第140页。

证过程。

坚持辩证唯物主义,就是要坚持马克思列宁主义、毛泽东思想关于罪犯是可以改造的基本原理。马克思主义认为,犯罪不是天生的,它是在一定条件下各种因素综合作用的社会产物,是主观见之于客观的东西。因此,只要具备一定的条件,罪犯是可以被改造好的。

(三)坚持实事求是,一切从实际出发的思想

坚持实事求是,一切从实际出发的思想,其核心就是理论联系实际、主观服从于客观,尊重客观事物的内在联系即规律性,这是我们一切工作和科学研究必须遵循的指导思想。

坚持实事求是,一切从实际出发的指导思想学习和研究监狱学,要将马克思列宁主义、毛泽东思想、邓小平理论、"三个代表"重要思想、科学发展观、习近平新时代中国特色社会主义思想与监狱工作的现实结合起来,运用其理论原理、立场、观点和方法去研究监狱工作和监狱法制建设;要在马克思列宁主义、毛泽东思想、邓小平理论、"三个代表"重要思想、科学发展观、习近平新时代中国特色社会主义思想的指导下,研究新形势下罪犯的构成及其特点,针对各类罪犯的现实特点实施有针对性的惩罚与改造;在对中外监狱制度进行比较研究的时候,要从中国国情和中国监狱工作的现实条件出发,借鉴和吸收国外和历史上一切有益的经验,做到"洋为中用,古为今用"。

二、监狱学的研究方法

监狱学的研究方法,总体上要遵循马克思辩证唯物主义和历史唯物主义的世界观和方法论,这是监狱学研究的一般方法。具体而言,监狱学应当遵循以下几个具体的研究方法:

(一)理论联系实际的方法

理论源于实践,而理论的意义又在于指导实践,并在实践中检验和发展。判定认识或理论是否为真理,不是依主观上的感觉如何而定,而是依据客观上社会实践的结果而定,真理的标准只能是社会实践。监狱学产生于监狱行刑和改造罪犯的实践,是监狱实践经验的科学总结和理论的概括。因此,我们研究监狱学,必须以监狱工作的实践为基础,从客观实际出发。既要总结我国监狱工作过去的经验,又要研究监狱工作现实的情况,要从不断变化的新情况、新问题中揭示我国监狱工作的新特点和客观规律,提出目标明确的新的对策。

运用理论联系实际的方法,一方面要学习和掌握监狱学的基本理论,以及相关

的法律、法规、制度；另一方面要深入实际调查研究，了解监狱工作的新情况、新问题、新经验，并将经验不断升华为理论。

（二）调查研究的方法

调查研究的方法，主要是通过实地走访掌握第一手资料，或运用数字统计分析、定量分析、定性分析等科学方法，从中得出一些带有规律性的东西或结论。一般而言，调查走访和数字分析应该是随机的，不能事前设置框框，否则，结论很可能脱离客观。

监狱学是一门综合性的社会科学，其研究对象比较广泛，研究内容涉及政治、法律、管理、教育、劳动、经济等方面的问题，在研究过程中必然与多种学科相联系。具有中国特色的监狱学始终坚持调查研究的方法，并且注意吸收与借鉴现代科学技术方法。在监狱学的研究过程中，运用数字统计分析、定量分析、定性分析以及信息论、系统论、控制论等科学理论，并结合运用相关学科的研究成果或理论知识，从而使监狱学的理论研究建立在科学的研究手段之上。

（三）比较研究的方法

比较，是就两种或两种以上同类的事物辨别异同或高下、优劣。有比较才有鉴别，有鉴别才能决定取舍。比较法是人类思维的共同特征，人们通过对事物间异同的比较，可以清楚地认识事物的特点，找出事物的本质，使认识进一步深化，同时，通过比较可以借鉴有益的经验。

客观而言，我国监狱学的研究起步较晚，近现代的法学研究出现了不少曲折和起伏，所以，在监狱法律制度、监狱工作实践等方面存在一些不足之处。他山之石，可以攻玉。通过中外监狱制度的比较可以了解不同社会制度下监狱制度的本质特征，也可以学习和借鉴外国监狱制度中先进的方法。如果不进行比较和分析研究，就可能出现盲目崇拜或一概否定，不利于我国监狱制度的改革，也不利于监狱科学的发展。又如，在国内，各个监狱在统一的方针、政策、原则指导下，也会创造出一些不同的经验和方法，这些经验和方法是否可取，还需要通过比较研究进行选择。

第二章　监狱行刑原理

重点提示

法院判处刑罚的逻辑后果就是要实现刑罚、执行刑罚，执行刑罚就是使抽象的刑罚以一定形式的刑事法律制裁措施或某种具体处理结果付诸实施。在漫长的刑罚执行实践中，人类不断摸索、总结行刑经验，将其升华到理论高度，形成了行刑原理。在世界范围内，行刑原理具有广泛的普遍性，一般包括行刑理念、行刑权、行刑效力、行刑效益、行刑制度、行刑原则、行刑方式等内容。

第一节　行 刑 理 念

一、报应刑主义

（一）报应刑主义的概念

报应刑主义把刑罚作为对犯罪人因其危害社会的行为而进行报复的强制措施，以因果决定论为哲学基础，以善有善报、恶有恶报的社会报应观念为理论基础，以刑罚是对危害行为的公正报应求得解除犯罪人罪责的唯一方法为核心思想。在报应刑主义看来，犯罪是因，刑罚是果，犯罪种下恶因，其恶因必结恶果，恶行必有恶报，刑罚就是此种恶报的具体结果。刑罚的意义在于对犯罪人进行报复、惩罚，由其遭受的刑罚痛苦来均衡犯罪人的罪责。

报应刑主义对事物间的因果联系只进行浅层的外观形象的认识，要求刑罚归责严格实施结果责任原则，制定和适用刑罚则必然过多地注重犯罪造成的实际危害结果。可见，行为人的主观状态如何以及行为本身是否合法都无关紧要，唯有实际发生的危害结果才是导致刑罚的渊薮。由于危害结果决定刑罚报应所要造成的损害结果，因而，在刑罚惩罚的轻重程度与犯罪行为的危害结果大小的关系上，采取对等的同害规则，“以血还血，以牙还牙”，具体表现为等值报应与等量报应两种主张。

（二）报应刑主义的内容

对违法犯罪者实施刑事惩罚的哲学根据包含了报应与剥夺的成分。报应刑主义的刑罚基本理论建立在罪犯应受刑罚的认识基础上，因为他们以自己的违法犯罪行为挣得了对他们的刑罚，正义的处罚被视为以通过强制的代价——刑罚消除非法所得——犯罪行为的方法，去实现平等——罪犯与社会之间公平的平衡。现在，报应刑主义的内容包括：第一，根据罪行的严重程度衡量对某一犯罪的刑罚；第二，所有罪犯在监狱的服刑时间都应减少至一个相对的与犯罪严重程度对应的范围内；第三，应实行定期刑或固定刑，可以允许在监狱内实行犯人的"善行折减制"，但其目的是废除不定期刑；第四，取消假释，或至少进行重大修改，减少适用者的自由裁量权；第五，监狱条件应予改善，创造一个公平和平等的服刑环境；第六，监禁不应主要用于实现其他目标，像犯罪预防、矫正或一般性拘留。

剥夺人的犯罪能力的思想并不新颖，可以追溯到人类早期的治罪方式，像流放、驱逐和死刑。当这些刑罚方式被监禁代替后，紧随着就产生了关押罪犯之类的思想。到20世纪中叶，剥夺罪犯犯罪能力的基本原理从实证主义理论那里获得了其合理性。目前，人们对剥夺犯罪人犯罪能力兴趣的恢复表现为两个方面：第一，对所有的重罪犯适用长期监禁刑的集体性剥夺方式，可以是对具体的犯罪，如暴力犯罪，也可以对所有的犯罪实施；第二，有选择的剥夺方式，对那些运用科学的方式预测将重新犯罪的罪犯个体加以拘禁。剥夺罪犯犯罪能力的思想内容主要包括：第一，监禁罪犯，使其与社会隔离，防止他们在社会上犯罪；第二，特别预防，监禁将使罪犯产生对刑罚的恐惧感，释放后可预防他们的重新犯罪，因为他们不想再被监禁；第三，一般预防，监禁罪犯为守法公民作了示范，迫使他们进一步避免违法；第四，矫正，监禁创造了一个促使罪犯改变他们的犯罪态度、生活方式和犯罪倾向的场所，得到成功矫正的罪犯将不再重新犯罪，其原因不只是畏惧刑罚。

二、威慑刑主义

（一）威慑刑主义的概念

威慑刑主义以用残酷的刑罚手段惩罚犯罪人，展示刑罚威慑作用为目的，使人们产生恐惧心理，不敢犯罪。其理论依据为：人具有理性和自由意志，只有在经过慎重思考权衡利弊后才会实施某种行为，犯罪行为的实施也是如此；刑罚可以通过人们对它的畏惧而直接阻止人们犯罪。在犯罪与刑罚的关系上，威慑刑主义实行刑罚结果大于行为责任的重刑主义原则。

（二）威慑刑主义的内容

威慑刑主义就是重刑主义，其用意主要不在于刑罚的对象，而在于由此产生的社会影响，“重一奸之罪而止境内之邪”。在立法威慑上，以严厉的刑罚进行威慑，律外加刑是推行重刑政策普遍采用的一种形式。在司法威慑上，奉行罪刑擅断主义，具体表现为：其一是有罪推定，被告人在未确定有罪以前，就被作为罪犯来对待；其二是类推，对法律没有规定的危害行为，可比照法律规定的最相类似的行为定罪量刑；其三是刑讯逼供，刑事审讯活动中司法人员对嫌疑人、被告人、证人施以肉刑或变相肉刑以及精神折磨的方法逼取口供。

行刑威慑是威慑刑得以最终实现的动态过程。就死刑和肉体刑而言，从行刑定制来看，威慑从依法行刑到法外用刑；行刑过程，以行刑时间、场所、方式进行威慑。就自由刑而言，执行重刑政策主要是终身监禁、不定期刑。在威慑刑主义看来，不知道的和不确定的刑罚，比确定的刑罚更能让人感到惧怕，“刑不可知，则威不可测”。

三、教育刑主义

（一）教育刑主义的概念

教育刑主义或称教育刑思想，也称教育刑论、目的刑论、预防刑论，是指把对犯罪人执行自由刑作为对犯罪人的教育矫正，使之不再犯罪，以达到预防犯罪保卫社会目的的行刑思想。当今世界各国的刑罚无不以教育刑思想为指导。教育刑从16世纪零星出现，到19世纪末20世纪初，已在世界范围内被普遍采用，其中最为重要的、影响最为深远的是强调人的价值的人文主义。这是人类对刑罚认识与实践进行深刻革命的结果。

教育刑主义主张主客观相统一原则的归责原则，犯罪人应当对其本人的犯罪承担刑事责任，这种刑事责任建立在主观罪过心理与客观危害行为统一的基础之上。这是因为，犯罪本身就是主观与客观有机结合的统一整体，主客观相结合的归罪责任原则把犯罪规范为刑罚的起因，其中客观危害行为规范为惩罚否定的对象，主观罪过心理规范为教育改造的对象，使教育刑具备了前提条件。

（二）教育刑主义的内容

教育刑主义指导下，世界各国先后制定实施了行刑方面的法律，规定监狱行刑过程中对罪犯进行教育矫正。具体法名有的称“刑事执行法”，有的称“刑罚执行法”，有的称“劳动改造法”，有的称“刑事监禁法”，有的称“矫正法”，较为普遍的称“监狱法”，我国于1994年颁布了《监狱法》。监狱立法或称行刑立法法典化，有积极的价值蕴含:其一为确定性,是指法律提供行为的可预见性后果的特性,法律规定一定行为与一定后果之间稳定的对应关系,为罪犯提供固定化、法律化的行为模式;其二为制度性,是指法律规范以固定的逻辑结构调整某一种类的法律关系,法律规范使监狱行刑模式法律化。预先规定并引以为准则就是制度。

刑罚不再是对犯罪的机械式的法律规定,而是抗制犯罪,尤其是矫正罪犯的一种手段。以此为指导思想进行刑罚立法,自由刑居于刑罚体系的主导地位,并构成教育刑的基本框架,由监狱付诸实践,则是必然的。树立人权、倡导自由是自由刑盛行的思想基础,只有在"人权自由"登上大雅之堂并受到重视的情况下,人的自由权才会得到普遍的尊重,刑罚对自由的剥夺或限制才会有意义。经济发展是自由刑盛行的社会条件,现代经济形态日益显示出人的劳动生产力的根本性价值,自由刑既能满足国家对罪犯惩罚的需求,也能保留罪犯劳动力,利于国家的经济发展和个人全面发展。自由刑是教育刑主义的最佳载体,在监狱关押罪犯期间对他们进行各种形式、各种内容的教育矫正活动。自由刑给教育刑思想提供了借以实施教育矫正活动的时间、空间、对象条件。

在教育刑思想的指导下,监狱行刑过程中,应注意发挥行刑惩罚对每个犯罪人的实际效果,对不同的犯罪人施以不同的刑罚之遇,实行矫正个别化规则,使矫正方式、内容、对象上具有针对性。矫正的个别化规则表现为:第一,根据犯罪人主观犯罪原因,进行个别化矫正;第二,根据犯罪人的主观罪过心理,进行个别化矫正;第三,根据犯罪人的服刑表现,进行个别化矫正;第四,根据犯罪人的再犯可能性,进行个别化矫正。

第二节　行刑与刑罚消灭

一、行刑

(一)刑罚执行的概念

1. 广义的刑罚执行

广义的刑罚执行,是指根据法院作出的已发生法律效力的刑事裁判,按照法定程序,刑罚执行机关把所确定的各种刑罚内容付诸实施的刑事司法活动。从执行的刑种来看,广义的刑罚执行,既包括生命刑、自由刑的执行,也包括财产刑、资格刑的执行。从执行的对象来看,既包括刑罚种类的执行,也包括缓刑制度的执行,还包括刑种易科制的执行。从执行的主体来看,有监狱执行、法院执行、公安机关执行、社区执行等。总之,广义的刑罚执行,是指执行全部刑罚,是国家刑事司法活动的重要组成部分。

2. 狭义的刑罚执行

狭义的刑罚执行,是指根据法院作出的已发生法律效力的刑事裁判,按照法定程序,监狱把法院裁判确定的各种刑罚内容付诸实施的刑事司法活动。从执行的刑种来看,狭义的刑罚执行,只包括生命刑、自由刑的执行。从执行的对象来看,既包括刑罚种类的执行,还包括刑种易科制的执行。从执行的主体来看,有国家监狱执行、私立监狱执行。总之,狭义的刑罚执行,特指监狱执行刑罚的刑事司法活动,是指执行部分刑罚,是刑罚执行活动的核心主干部分。

(二)刑罚执行的特质

1. 刑罚执行的强制性

作为国家的刑罚执行机关,监狱代表国家根据法律规定对在监狱内服刑的罪犯执行刑罚,强制罪犯服从法律和监狱规章的规定,强制罪犯遵从监狱为执行刑罚开展的各项制度活动。刑罚执行的强制性,是由刑罚本身的强制性特征所决定的,是监狱执行刑罚工作的基础,贯穿于监狱执行刑罚的全过程。因此,刑罚执行的强制性是监狱执行刑罚属性上最根本的特质,是保证刑罚执行活动得以顺利进行、完成的前提条件。

2. 刑罚执行的规范性

监狱执行刑罚的活动,不是一蹴而就、瞬间能完成的,必须严格按照法律规定的内容和程序进行,要符合法律规范的要求。刑罚执行的规范性,是由法律的实体正义和程序正义所决定的,框定了监狱执行刑罚工作运行的框架,贯穿于监狱执行刑罚的整个过程中,对罪犯从收押入监到释放,在管理和教育与劳动上无不在规范的规制之下进行。可见,刑罚执行的规范性是监狱执行刑罚运作上最根本的特质,是保证刑罚执行活动得以顺利进行、完成的制度保证。任何情况下,不允许在法律规定的内容和程序以外对罪犯进行惩罚,不容许罪犯违反法律抗拒监狱的行刑制度。

3. 刑罚执行的目的性

监狱执行刑罚的活动以具体落实法院刑事裁判所确定的刑罚内容为宗旨,就此而言,刑罚执行的目的就在于准确、完整地执行刑罚,可称为监狱执行刑罚的直接目的。监狱的一切工作、活动、制度,都是围绕法院刑事裁判所确定的刑罚内容展开运作的,直接指向惩罚矫治罪犯使之回归社会这个目的,刑罚执行的目的性决定着监狱工作的运作方向。这个直接目的的背后是国家的整个刑事司法活动的目的——预防犯罪,监狱执行刑罚的目的——惩罚矫治罪犯使之回归社会是为预防犯罪服务的。监狱通过惩罚矫治罪犯使之回归社会,这些人回归社会后适应社会不再犯罪,在一定意义上也就实现了预防犯罪的目的。

(三)刑罚执行的意义

1. 刑罚执行是对罪犯实行刑罚惩罚的实际落实

犯罪人应对自己的犯罪行为承担刑事责任,法院审判宣告有罪处刑判决只是表明了国家对犯罪人的法律上的否定评价和谴责,只有通过执行对犯罪人所确定的刑罚,才能使犯罪人实际承担起刑事责任,才能使刑罚实际发生法律作用。可见,只有执行刑罚使犯罪人处于实际服刑的状态,才能实现刑罚对犯罪人的惩罚作用。

2. 刑罚执行是教育矫治罪犯的前提条件

刑罚执行不仅是对罪犯实行刑罚惩罚的实际落实,更重要的是启动了对犯罪人进行教育矫治活动的机制,单就执行刑罚本身便是对犯罪人的深刻法治教育,足以引起犯罪人对所作所为自觉地反思反省,何况执行刑罚一般都伴之以各种形式多种内容的教育矫治活动。因此,刑罚执行是教育矫治罪犯的前提条件。

3. 刑罚执行是实现国家刑罚目的的基本措施

毫无疑问,刑罚执行是对罪犯实行刑罚惩罚的实际落实,刑罚执行启动了对犯罪人进行教育矫治的各种活动。但是,刑罚执行本身不是目的,而是为实现国家的刑罚目的服务的,国家的刑罚目的在于预防犯罪,包括特殊预防和一般预防。实现国家预防犯罪的刑罚目的,无疑要依靠各个方面的措施制度政策,而刑罚执行则是实现国家刑罚目的的基本措施,因为刑罚执行是对应于犯罪的直接措施。

二、行刑权

(一)行刑权的概念

行刑权,或者称为刑罚执行权,是指特定机构根据法院的判决将对犯罪人判处的刑罚付诸现实执行的权力,属于刑罚权的重要组成部分之一,是刑罚权的最终体现和落实。行刑权必须由刑罚执行机关来行使,不论是生命刑、自由刑,还是财产刑、社区刑,均必须由相应的行刑机关来执行。执行刑罚的根据是法院的判决,没有法院的判决或者法院的判决没有判处刑罚,即不发生刑罚执行权的问题。行刑权执行的必须是刑罚,刑罚必须是由刑法所规定的,同时也是法院判决所确定的,这是罪刑法定原则的必然要求。

行刑权在内容对象上,主要包括对服刑罪犯的收押、释放,对服刑罪犯行为自由的剥夺限制、监禁控制,对罪犯服刑劳动、服刑教育、服刑生活的管理组织,对服刑罪犯的减刑、假释以及对服刑罪犯的其他行刑事务的处理。

(二)行刑权的制约

1.行刑权的制约原则

正确行使行刑权,必须在合法的范围内、有效的程序内行使,必须按照一定的原则加以制约。

首先是宪法原则,宪法是国家的根本大法,规定了公民的基本权利及国家保障;宪法具有最高法律效力,任何其他法律的制定都不得超越宪法规定的权限范围。这本身就是对行刑权的制约,要求行刑权的行使必须以宪法为根据,不能侵犯公民的基本权利,并有责任实现对这些权利的保护,防止行刑权的滥用。

其次是刑事法原则,刑法规定了罪刑法定原则、罪责刑相应原则、刑法面前人人平等原则,具体规定了犯罪的概念、犯罪构成要件、刑罚体系、各种具体犯罪及相对应的具体刑罚措施,刑事诉讼法规定了适用刑罚的具体诉讼程序,执行方面的法律规定了刑罚执行的各种具体制度。这就从具体法律上严格框定了行刑权行使的条件,严格限制了行刑权的任意行使。

2.行刑权的制约标准

正确行使行刑权,使之保持合理限度,是制约行刑权的标准,包括社会公正性与社会功利性两个因素。行使行刑权必须符合社会公正性与社会功利性,因为,社会公正性代表着社会的一定评价标准,社会功利性是社会的一定价值尺度,只有满足这两个标准,才能具有坚实的社会基础,与社会心态相吻合。

3.行刑权的制约表现

对行刑权的制约必须使之法律制度化,主要包括行刑权主体法律化、行刑权客体法律化、行刑权落实措施法律化、行刑权落实程序法律化、行刑权落实目的法律化。

三、刑罚消灭

(一)刑罚消灭的概念

刑罚消灭是指由于法定的或事实的原因致使国家对犯罪人的刑罚权归于消灭。有些国家的刑法做了明确的表述,如《日本刑法典》总则第六章的章名为“刑罚的时效及刑罚的消灭”,有些国家的刑法做了类似相关的表述,如《意大利刑法典》总则第六章的章名为“罪及刑之消灭”,《西班牙刑法典》总则第五章的标题为“责任及其效果之消灭”。根据外国刑法的规定及理论来看,刑罚消灭具有以下特征:

第一,刑罚消灭以行为人构成犯罪为前提。刑罚是犯罪的法律后果,无论是应当适用刑罚,还是正在执行刑罚,抑或已经适用刑罚,都以犯罪为前提。同样,刑罚消灭也必须以行为人构成犯罪为前提，因为，刑罚消灭是应当适用刑罚、正在执行刑罚、已经适用刑罚的后续现象，如果没有构成犯罪，则不会有应当适用刑罚、正在执行刑罚、已经适用刑罚的法律后果，进而也就不会存在刑罚消灭的结果。所以，行为人的行为构成犯罪是刑罚消灭的必要前提条件。

第二，刑罚消灭由法定的事实的原因所引起。刑罚消灭是应当适用刑罚、正在执行刑罚、已经适用刑罚的后续法律结果，这个法律结果的产生必然是由法定的事由所引起的。引起刑罚消灭的法定事由中，法律明确规定的称为法定原因，如时效期满、赦免等；法律虽没有明确规定但认可的客观发生的使刑罚自然消失的事实称为事实上的原因，如犯罪人死亡，刑罚执行完毕等。除此之外，任何情况都不能引起刑罚消灭。

第三，刑罚消灭以国家对犯罪人的刑罚权消灭为结果。国家对犯罪人的刑罚权，是国家通过刑罚惩罚犯罪人的权力，包括刑罚创制权、刑罚请求权、刑罚裁量权、刑罚执行权。除刑罚创制权不能消灭外，刑罚请求权、刑罚裁量权、刑罚执行权都可基于法定的事由而灭失，最终的结果都是刑罚消灭。而刑罚执行权灭失导致的刑罚消灭，尤其是监禁刑刑罚执行权灭失导致的刑罚消灭，与监狱执行刑罚有着密不可分的关系。

（二）刑罚消灭制度

刑罚消灭制度是由国家法律规定各种导致罪或刑消灭事由所确立的一项刑罚制度，规定刑罚消灭的法律包括宪法、刑法、刑事诉讼法、监狱立法、行政法等。当代世界各国实行的刑罚消灭制度，是随着法治统治经验的丰富而逐渐形成的，还会随着法治文明程度的提高而进一步发展完善。根据各国的立法规定来看，刑罚消灭制度是由宪法、刑法、刑事诉讼法、监狱立法、行政法各自规定的有关内容综合形成的，其具体内容包括赦免、刑罚执行完毕和犯罪人死亡、时效、缓刑和假释考验期满、前科消灭等。刑罚消灭制度以犯罪和刑罚的有关事由为内容，涉及许多法律及其司法实践，某中赦免、刑罚执行完毕和犯罪人死亡、时效、缓刑以及假释考验期满等涉及监狱立法与监狱行刑工作。

1. 时效制度

时效制度是指刑事法律规定的国家对具体犯罪人行使刑罚请求权或刑罚执行权在特定时期内有效的制度，超过时效则刑罚请求权或刑罚执行权归于消灭。时效制度最先规定在公元前1世纪古罗马的《儒里亚法》中，只适用于特定的犯罪。法国古代刑法效仿古罗马的时效制度并有所发展，创立了普遍适用的行刑时效制度。以后，各国立法竞相规定了时效制度，并逐渐发展为现代各国普遍实行的时效制度,具体包括追诉时效与行刑时效两部分内容。追诉时效是指刑事法律规定的对犯罪人追究刑事责任的有效期限,超过时效则刑罚请求权归于消灭。行刑时效是指刑事法律规定的对被判处刑罚的犯罪人执行刑罚的有效期限,超过行刑时效则刑罚执行权归于消灭。

具体而言,行刑时效是指对于一定的犯罪人,在处以刑罚的刑事判决确定并生效后,超过法定期限未曾执行,则行刑权归于消灭,所处刑罚不再执行的制度。执行刑罚是刑事司法活动的最后一道程序,实施了犯罪行为的人应对自己的罪行承担刑事责任,当犯罪人被交付给刑罚执行机关服刑时才是实际承担起了刑事责任,但是由于客观的复杂情况,并非任何处刑判决都能在发生法律效力时即开始执行,并非开始执行的任何处刑判决都能执行完毕。可见,行刑权的行使也会受客观情况的限制,此种情况不应无限期地延续下去,因而应对行刑权行使的时期限制以及不能执行或不能执行完毕的情形作出规定。根据这个理由,当代许多国家规定了行刑时效制度。

2. 赦免制度

赦免制度简称赦免,又称恩赦,是指国家免除或减轻犯罪人罪责或刑罚的一项制度,包括大赦、特赦、刑罚的免除、赦免减刑等。古代雅典法律就有受害人"赦免"加害人的规定,欧洲中世纪的封建诸国都有赦免制度。现代世界各国基本上都有赦免制度,一般由宪法或行政法来规定。赦免的实施涉及监狱行刑,直接导致了刑罚的消灭。

对于赦免制度,国外存有针锋相对的两种不同观点。否定者突出赦免的消极影响并认为,赦免基于恩赐,会助长受刑者的侥幸心理,不利于发挥教育矫治作用,会降低国家的威望、破坏法治的尊严,在社会上产生不良影响。肯定者强调赦免的积极影响并指出,赦免立足于国家政治和社会形势的变化,利于调整平衡国内某些重大的政治关系,可以弥补缓刑、减刑、假释等刑罚制度覆盖面狭窄的不足,利于灵活地满足国家的政治需要。不论怎样评说,赦免的消极影响、积极影响都是客观存在的。

大赦是指国家对某一时期犯有一定罪行的不特定多数的犯罪分子免于刑事追诉或者免除其刑罚执行的一项制度。大赦由国家元首根据最高权力机关的决定,以命令的形式颁布实行。这种命令称为大赦令,大赦令只在大赦期间内有效,大赦完毕命令也随之失效。根据各国法律规定来看,大赦的具体内容普遍含有以下几点:第一,大赦的对象,是不特定的多数犯罪分子,也可能是整个国家某一事件的全体犯罪分子,适用对象广,一般不公布被赦人名单;第二,大赦的效力,既可以免除刑罚的执行,也可以免除刑事责任的追究,既可以消灭刑,也可以消灭罪,大赦后再犯罪的不构成累犯;第三,大赦的程序,通常要经过立法程序,制定成法律。总之,大赦的特点在于,既赦免犯罪人的罪,也赦免犯罪人的刑,涉及面比较宽,通常在国家举行重大庆典时实施,或者根据政治斗争的需要随时实施。

特赦是指国家对特定的犯罪分子免除执行其刑罚的全部或者部分的一项制度。特赦由国家元首根据最高权力机关的决定,以命令的形式颁布实行,这种命令称为特赦令。特赦令只在特赦期间可内有效,特赦完毕命令也随之失效。根据各国法律规定来看,特赦的具体内容一般包括以下几点:第一,特赦的对象,只限于特定犯罪分子,可能是多人、也可能只有一人,一般要公布被赦免人的姓名;第二,特赦的效力,只免除刑罚的执行、不消灭罪,特赦后再犯罪的符合累犯条件的仍可构成累犯;第三,特赦的程序,一般不需经过严格的程序,往往是经一定的机关、团体或个人提出申请,由有特赦权的国家元首、最高行政机关或政府首脑决定即可实施。可见,特赦的特点在于,一般只赦免犯罪人的刑,而不赦免犯罪人的罪。

刑罚执行的免除。刑罚执行的免除简称刑的免除,是指对于受刑罚宣告执行的特定犯罪人,免除其刑罚执行的一项制度。由于免除了刑罚执行,而使得刑罚归于消灭。

赦免减刑是指按照赦免的程序减轻犯罪人刑罚的一项刑罚消灭制度,包括一般赦免减刑和特别赦免减刑。一般赦免减刑,又称为全国性赦免减刑或普遍性赦免减刑,是指对一般犯罪或特定种类或判处特定刑罚的犯罪全部实行赦免减刑的制度。特别赦免减刑,又称为个别赦免减刑或特定赦免减刑,是指对犯某罪的特定犯罪人实行赦免减刑的制度。

3. 刑罚消灭的其他事由

第一,犯罪人死亡。在法院判决之后、刑罚执行完毕之前,犯罪分子因自然死亡或者自杀身亡或者被他杀身亡的或者由于事故死亡的,由于失去了执行刑罚的承受者,而使行刑权自然消灭,从而导致承担的刑罚归于消灭。第二,刑罚执行完毕。对犯罪人所判刑罚,包括主刑和附加刑,执行完毕后因没有再执行的理由,行刑权自然归于消灭,而导致刑罚消灭。第三,缓刑考验期满。缓刑是附条件不执行所判刑罚的刑罚执行制度,在缓刑考验期内被宣告缓刑的犯罪分子没有撤销缓刑的法定情形,在缓刑考验期届满后其刑事责任归于终结,所判刑罚就不再执行,行刑权归于完结,从而导致刑消灭。第四,假释考验期满。假释是对犯罪人附条件提前释放的刑罚执行制度,在假释期间被假释的犯罪分子没有撤销假释的法定情形,假释期届满后,就认为所剩余的刑期执行完毕,犯罪分子的刑事责任归于终结,行刑权归于完结,从而导致刑罚消灭。

第三节 行刑效力与行刑效益

一、行刑效力

(一)行刑的对象效力

1. 生命刑的行刑对象效力

生命刑行刑对象效力在于剥夺犯罪人的生命,具有程度最高的严厉性和不可逆转复原性。在外国生命刑一般在监狱内执行,为了保证死刑立即执行的正确适用防止错案,获得社会各界的支持,追求死刑适用的良好法律效果和社会效果,国外刑法、刑事诉讼法一般规定了死刑的慎重执行原则、秘密执行原则、不增加受刑人痛苦的原则。

慎重执行原则,要求在死刑执行阶段应当进行最后审查,包括签发下达执行死刑令、刑前审查、临刑审查,慎重执行以防止错杀、滥杀。秘密执行原则,要求执行死刑的过程应当秘密进行,不能公开示众,并由专职人员监督,通常在监狱内执行。不增加受刑人痛苦的原则,1984 年联合国通过的《关于保护面对死刑的人的权利的保障措施》规定,死刑的执行必须给予受刑人最小限度的痛苦。最小限度的痛苦,不仅指在执行时要尽量减轻受刑人肉体上的痛苦,还包括禁止给予受刑人精神上不人道或有辱人格的待遇。

随着人类社会发展及法治文明程度的提高,人道主义昌盛,现代世界各国对死刑执行方法进行了革新,废除了残酷的执行方法,代之以简便易行、效果立竿见影而痛苦最小且最人道的方法,使死刑执行方法趋于一致。最具典型性的方法有枪决、斩杀、绞杀、电杀、毒杀、静脉注射等。

2. 自由刑的行刑对象效力

在刑罚执行工作中,监狱对自由刑的执行居于主导地位,根据国外监狱立法规定与监狱行刑实践情况,一般情况下,自由刑的行刑对象效力在于剥夺或限制罪犯的人身自由,主要体现在以下三个方面:

第一,剥夺或限制罪犯的个人生活自由。监狱行刑剥夺或限制罪犯的个人生活自由,包括三个方面的内容:其一,剥夺或限制罪犯的饮食自由,这是指罪犯不能根据自身的需求挑选自己喜欢食用的食物,必须严格按照监狱的规定和要求来满足自己的饮食要求,而没有选择的自由;其二,剥夺或限制罪犯的穿戴自由,这是指罪犯不能根据自身的需求和喜好随意着装打扮,必须严格遵守监狱的规定和要求,只能穿囚犯服、不能刻意打扮,如蓄长发、文眉、涂口红、做双眼皮等;其三,剥夺或限制罪犯的居住自由,这是指罪犯不能根据自己的需求和意愿,选择并装饰监舍,必须服从监狱的统一部署和安排。

第二,剥夺或限制罪犯的社会生活自由。监狱行刑剥夺或限制罪犯的社会生活自由,包括三个方面的内容:其一,剥夺或限制罪犯的学习自由,这是指罪犯不能根据自己的意愿进行学习,必须服从监狱对学习时间、学习场所、学习课程、学习程度的统一安排;其二,剥夺或限制罪犯的劳动自由,这是指罪犯不能根据自己的需要和意愿选择劳动,必须遵守监狱的劳动工种、劳动时间、劳动岗位、操作规程等方面的统一部署;其三,剥夺或限制罪犯的活动自由,这是指罪犯不能根据自己的需要和意愿随便活动而必须遵守监狱的有关规定。

第三,剥夺或限制罪犯的家庭生活自由。监狱行刑剥夺或限制罪犯的家庭生活自由,包括三个方面的内容:其一,剥夺或限制罪犯的性爱自由,监狱执行刑罚,把罪犯与社会隔离并监禁于特定的监舍内,使罪犯脱离了家庭生活,这就剥夺或限制罪犯的性爱自由;其二,剥夺或限制罪犯的赡养自由;其三,剥夺或限制罪犯的抚养自由,这是因为,监狱对罪犯执行刑罚,把罪犯的行为活动限制于监狱之内,就剥夺或限制了罪犯与其家庭的日常生活联系,使之不能身体力行地尽赡养、抚养的行为自由。

上述内容,实际上是剥夺或限制了服刑罪犯的人身自由及其与人身自由相联系的权利自由,通常包括服刑罪犯的日常生活及社会活动方面的权利自由,或者对权利自由的内容进行限制,或者对权利自由行使的方式进行限制。监狱行刑剥夺或限制罪犯的人身自由,不仅仅是对罪犯的惩罚,更重要的是使罪犯丧失在社会上实施犯罪的身体能力和客观社会条件。

(二)行刑的时间与空间效力

1.行刑的时间效力

行刑的时间效力,是指监狱执行刑罚实现刑罚强制约束力的时间期限,是刑罚时间效力的自然延伸,是刑罚时间效力的实践过程。根据国外刑法、刑事诉讼法、监狱立法的规定,除生命刑之外,监狱执行的刑罚主要有终身监禁刑、有期徒刑、禁锢刑、监禁刑、拘禁刑等,不论时间长短,这些刑罚方法本身就有效力期限。监狱行刑奉行教育刑理论,对罪犯施以惩罚教育矫治,根据罪犯的悔改情况实行减刑、假释制度等,这样实际的刑罚期限会有所缩短;根据罪犯的违法违纪行为,加重惩罚,甚至加重刑罚,这样实际的刑罚期限会有所延长。监狱行刑的时间效力,为惩罚教育矫治罪犯的活动提供了时间因素,从而使行刑活动呈现出过程的形态。

2. 行刑的空间效力

行刑的空间效力，是指监狱执行刑罚实现刑罚强制约束力的所在的场所。根据外国刑法、刑事诉讼法、监狱立法的规定，包括生命刑、终身监禁刑、有期徒刑、禁锢刑、监禁刑、拘禁刑等，不论时间长短，都要在监狱内执行，刑罚的强制约束力必须施加于刑罚执行场所内。这些刑罚的行刑空间效力，要求刑罚执行不仅要有执行机关，而且要有刑罚执行场所。监狱执行刑罚就使行刑的空间效力有了具体的物质空间环境，奠定了监狱内一切行刑活动的法律依据及其行刑特性，除了依法假释、依法狱外学习、劳动、探亲和依法释放等以外，一切脱离监狱的罪犯的行为都成为违法犯罪行为，要求罪犯在监狱内依法自觉接受惩罚教育矫治。

二、行刑效益

(一)行刑效益的分类

1. 行刑效益的概念

行刑效益，是指执行刑罚的活动发挥行刑效力的作用实现行刑预防犯罪目的的程度，是行刑目的的实现的现实状态。行刑机关是为了完成行刑任务、实现行刑目的而进行行刑活动的，行刑活动所取得的结果，有的是良性的，如通过惩罚改造使罪犯回归社会成为守法公民而达到了国家预防犯罪的目的；有的是非良性的，如罪犯在服刑期间仍实施违法犯罪行为。毫无疑问，执行刑罚活动所追求的是改造罪犯促使罪犯回归社会预防犯罪的良性结果，这是行刑效益的根本内容。

2. 行刑效益的种类

根据不同的标准，可以对行刑效益进行不同的分类，既可以从不同的角度单项地看待行刑效益，又可以综合各种角度整体地看待行刑效益。正是行刑效益，才决定了缓刑制度、减刑制度、假释制度、社区矫正制度的存在必要性。

第一，行刑中效益与行刑后效益。行刑中效益与行刑后效益，是以行刑效力起始与终结为标准对行刑效益的划分。行刑中效益是行刑效益的核心部分，从一定意义上讲，是行刑效益的代称，指的是行刑效力对服刑犯人的直接作用后果。行刑后效益是指行刑效力终结后对刑满释放人员的潜在影响，由于失去了直接作用的法律依据，行刑后效益实际上是社会接纳、同化、消化刑释人员的效益。

第二，监狱行刑的狱内效益与狱外效益。监狱行刑的狱内效益与狱外效益，是以监狱行刑效力的作用场内外为标准，对监狱行刑效益的划分。监狱行刑的狱内效益是监狱行刑效益的实体部分，指行刑效力在监狱场所实现的状况。监狱行刑的狱外效益是监狱行刑效益的延伸，指监狱行刑效力对于社会的威慑、安抚等辐射作用。

第三，行刑群体效益与行刑个体效益。行刑群体效益与行刑个体效益，是以行刑效力作用对象的存在形态为标准，对行刑效益的划分。行刑群体效益是指行刑活动对一定数量的服刑罪犯所产生的效果，行刑个体效益是指行刑活动对具体的一个个服刑罪犯所产生的效果。

（二）行刑效益的评估

1. 行刑代价

行刑效益是一种投入与产出之比。如果行刑实践成本、投入不变，效用、效果越大，则效益越高；如果行刑实践效果、效用不变，行刑投入越大，则行刑实践效益越低。行刑效益反映了行刑实践的水平，用最小的行刑代价换取最大的行刑效益，就是行刑效益所追求的目标。关于行刑代价，主要有以下几个方面：

第一，行刑成本。行刑成本是指为完成行刑任务达到行刑目的所耗费的行刑实践活动投入，主要是包括人、财、物在内的行刑资源的付出，这是保障、维持行刑工作正常运作所必需的。

第二，行刑副作用。世界上一切事物没有纯粹的"好"，也没有纯粹的"坏"，"有一利必有一弊"，有积极作用就有消极作用。行刑副作用一般指的是行刑主要作用以外附带产生的不好的作用，主要包括犯人的监狱化、监狱人格、恶习传染等。犯人监狱化，是指曾在监狱服刑的人，把监狱的生活规则内化，沉积于自己的心理、精神、人格乃至生理方面，形成不良的身心状态，主要表现为长期性冷淡甚至功能障碍、生活节律监狱化、罪责感导致精神抑郁等，监狱化会随着时间的推移而趋于淡化，最后消失。犯人监狱人格，是指罪犯因服刑生活而形成的一种特殊人格，主要包括抗争型人格、职从型人格、伪装型人格。恶习传染，是指监狱关押的犯人形形色色，他们在服刑过程中由于生活在一起，不可避免地会相互传染恶习，这种现象是不可避免的，只是程度不同而已。

第三，行刑失误。监狱行刑实践由于受到种种主客观条件的限制，因而有成功也有失误。从一定意义上讲，失误是不可避免的。失误是所有代价中最大的一种，不仅有难免与可免之分，而且有局部与全局之别，还有短期与长期的不同。监狱行刑失误常见的形式为狱内违法犯罪及犯人的非正常死亡等现象。监狱行刑工作的主要功能之一就是剥夺罪犯的犯罪能力，罪犯的监内犯罪率是检验行刑工作是否正常发挥的重要指标，也是衡量行刑效益的重要因素。

2. 行刑效益的评估

行刑效益的评估，主要有自评法与比较法两种方法。自评法是指各监狱就同期行刑工作的预期目的与行刑代价相比较,需要把两者转化为可比性的因素进行逐条衡量对比,以测出实现及发挥作用的程度。比较法又分为两种具体方法:一为横向比较法,指不同行刑机关就某一时期的行刑效益进行比较;二为纵向比较法,指同一行刑机关就不同时期的行刑效益进行比较。

行刑效益评估,以反馈的方式对指导行刑有重大影响。第一,是对行刑范围的影响,行刑效益意味着,行刑机关不仅要依法执行刑罚,而且要主动地提高行刑实效。国家不仅应普遍地直接部署行刑资源的使用问题,也应重视合理投入行刑成本问题。第二,是对行刑方法的影响,行刑效益要求行刑方法应具有灵活性,凡能发挥行刑效力、有助于完成行刑任务、有利于实现行刑目的的方法,均可纳入行刑之列。第三,是对行刑权力职责分配的影响,行刑效益,意味着对行刑机关不仅按正义的要求分配行刑权力职责,而且要以效益作为分配行刑权力职责的标准。第四,是对行刑程序的影响,行刑效益通过降低行刑程序的成本而对监狱行刑程序产生影响,一般来讲,尽快地结束行刑,可以降低行刑程序的成本,只要犯人改好了就给予减刑或假释,从而缩短了行刑程序,提高了行刑效益。

第四节 行刑原则及行刑制度

一、行刑原则

(一)行刑教育化原则

在现代教育刑理论指导下,世界各国监狱对囚犯的行刑处遇,诸如监禁控制、生活卫生、教育矫治、劳动等,都以教育矫治囚犯为本借以达到使囚犯回归社会的目的,这是预防犯罪的根本措施。监狱行刑处遇的中心是教育,教育内容的重点为公民道德、社会生活的必要常识、正常社会生活所必需的技能等。

根据世界各国监狱立法的规定,监狱行刑教育化原则主要体现为以下几个方面:第一,对囚犯进行宗教教诲,真正的宗教以诲人向善为本,所谓“放下屠刀,立地成佛”的宗教用语正是此意;第二,对囚犯进行道德规劝,道德是法律的先导,是做人的最基本要求,以道德为标准要求囚犯的所作所为应符合人的最基本的伦理要求,以消除囚犯的不良心态从而树立社会公德观念;第三,对囚犯进行文化教育,文化教育主要是为了消除囚犯愚昧无知的智力状态,提高囚犯的识别判断能力;第四,对囚犯进行职业培训,职业培训主要是为了消除囚犯非法的社会生存技能,树立劳动勤勉观念与习惯,回归社会后能够自食其力而不致再次犯罪。

（二）行刑个别化原则

西方国家的监狱实务者与学者认为，犯人的年龄、经历、思想、性格、所犯罪行的轻重、人格危险性程度等各不相同，因而要实现教育刑的目的，仅依据一般性理论或单纯依靠制度所实施的处遇，对于罪犯个人的再社会化包括再教育与感化并没有起到什么真正作用，而应该从罪犯的个人情况出发，实行个别处遇。监狱行刑的目的在于采用教育矫治方式施教，以矫治罪犯的不良主观意识和客观危害行为，鉴于囚犯的个人情况各不相同，自然应采取不同的处遇方法因材施教对症下药，实行行刑个别化原则。

根据世界各国监狱立法的规定，监狱行刑个别化原则的贯彻，主要体现为以下几个方面：第一，在横向范围内普遍实行犯人调查分类制度，从心理学、精神病学、犯罪学、教育学和人类学、管理学等角度，对犯人的体质、性格、宗教信仰及矫治可能性及其难易程度等方面进行调查的基础上，实行犯人及监狱分类，以使监禁警戒与个人的情况相适应。这是行刑个别化原则的基础。第二，在纵向范围内广泛实施累进处遇制度，把对犯人的处遇分为若干级别，并保持相对的升降动态，与犯人的服刑矫治情况相联系，刑期及行刑处遇随着犯人的恶性消长而缩伸，针对性地引导犯人自觉地走改造自新之路。这是行刑个别化原则的实质内容。第三，在法院审判阶段刑罚的种类与内容因人而异，刑罚的种类及内容应与罪犯的犯罪原因、个性特征相对应，使刑罚方法具有针对性，即刑罚个别化。这是行刑个别化原则的法律前提，否则，没有刑罚个别化，行刑个别化就成了无源之水。

（三）行刑民主化原则

在西方国家的社会中，累犯、再犯现象较为突出严重，引起了社会各界的关注。社会要求介入监狱行刑工作，在监狱这个固有的机构基础上，设置各种刑务委员会，如假释委员会、分类委员会、减刑委员会、累进处遇委员会、监察委员会等，协助和监督监狱当局管理一部分狱政事务，以达到矫治犯人使之回归社会、适应社会的目的。

根据世界各国的社会形势及监狱行刑实践情况，监狱行刑民主化原则出台的原因主要有两个：第一，为防止监狱当局的擅断和专横。监狱行刑过程中，监狱当局由于独断专行而随意侵犯囚犯权利的现象时有发生，为预防并纠正监狱行刑过程中的偏差错误，保证行刑罚当其罪的公正性，某些西方国家的学者把刑务委员会制度称为“行刑陪审制”。第二，监狱的基本任务发生了根本变化，监狱不仅仅是行刑施以惩罚之苦的机关，更重要的是担负起了“教化善导”犯罪人再社会化的重任，而要完成这个任务，单靠监狱独木难支，于是协助监狱行刑的各种刑务委员会便应运而生。

（四）行刑效益化原则

监狱行刑效益化原则，是指监狱行刑应以尽可能少的投入获取尽可能大的行刑矫正囚犯的效果，要求避免人力、物力、财力的浪费。西方国家的监狱实务者与学者认为，监狱行刑就在于教化善导囚犯使之回归社会，过正常的社会生活，所以，一旦囚犯有所改好就应给予相应的良好待遇，一旦囚犯改好了回归社会不至于犯罪就应释放出狱，否则，就是不人道的，而且会造成监狱人力、物力、财力的浪费和损失。

监狱行刑效益化原则的贯彻，主要表现为以下几点：第一，根据囚犯的悔改给予相应处遇，囚犯认识到自己所犯罪行并有所悔改，就可获得优厚的待遇；第二，根据囚犯的悔改给予减刑，只要囚犯真诚悔改并有所改好就应获得减刑，以避免对囚犯生活时间的不珍惜和浪费；第三，根据囚犯的改好表现认为不致再危害社会就可释放出狱，这就避免了刑罚资源的浪费，尊重出狱人的生命价值，使监狱的人力、物力、财力发挥最大的效益。

二、行刑制度

（一）行刑制度的概念

行刑制度，是指行刑机关对罪犯将已发生法律效力的刑事裁判所确定的刑罚付诸实践所凭借的制度，包括死刑执行制度、自由刑执行制度、财产刑执行制度、资格刑执行制度等。行刑制度，是以常规行刑为原则，以延期行刑、中止行刑为例外，以减刑、假释为变更。行刑制度中，尤以死刑执行制度、自由刑执行制度最为重要。世界上许多国家，死刑、自由刑是由监狱执行的，监狱行刑制度指监狱行刑所赖以运作的程序制度，其内容直接关系到刑罚执行的开始、刑罚期限的变更、刑罚执行的结束，包括收押制度、减刑制度、释放制度等。监狱行刑制度具有以下特征：

第一，监狱行刑制度法定性。监狱行刑制度是由刑法、刑事诉讼法、监狱法规定的，不论是法院、检察院、警察部门，还是监狱，尤其是监狱处理刑罚执行有关事务必须依法进行，严格按照法律规定的要求办理行刑有关事务，除了法律标准之外，没有其他任何标准。

第二，监狱行刑制度过程性。监狱行刑制度，从收押到释放，根据刑罚的期限，不论具体每个罪犯的刑期长短，所有罪犯都要经历一个惩罚教育矫治的过程，具有时间、空间、层次、发展方向等一般过程因素。最具特色的是，监狱行刑制度实际上是使囚犯回归社会的过程。

第三,监狱行刑制度有序性。监狱行刑制度在时间、过程上是唯一的,不可逆转的。所有需要在监狱里服刑的罪犯,都要经过监狱的收押制度;符合减刑条件的,都要经历减刑制度;刑期届满,都要经历监狱的释放制度,具体的行刑制度的顺序不能颠倒。

(二)常规行刑制度

1.不同刑种的常规执行

生命刑是以剥夺犯罪人生命为内容的刑罚方法,俗称或简称为死刑,具有程度最高的严厉性和不可逆转复原性,一般在监狱内执行。

自由刑的执行。自由刑是指以剥夺或限制犯罪人的人身自由为内容的刑罚方法,包括无期徒刑和有期徒刑。国内外对于自由刑的种类称谓不尽一致,普遍称为徒刑、监禁刑、禁锢刑、拘留等。自由刑普遍由监狱执行,终身监禁、长期监禁均由监狱执行;对短期自由刑,有的国家由警察部门执行。

财产刑的执行。财产刑是指以剥夺犯罪人财产利益为内容的刑罚方法,包括罚金和罚款。在外国财产刑的执行,一般是根据检察官的命令执行,执行财产刑的命令具有等同于民事法律执行的效力,执行方式主要有立即缴纳、分期或定期缴纳、延期缴纳、强制缴纳。此外,还有财产刑与自由刑易科执行方式,易科执行则可能涉及监狱。

资格刑的执行。资格刑是指以剥夺犯罪人享有或者行使一定权利资格为内容的刑罚方法的总称,包括剥夺一定的政治权利、剥夺担任一定职务的权利、剥夺从事特定行为的权利、剥夺名誉上的某些权利等。资格刑的执行不必将犯罪人拘禁起来,而只需由社会各界认可遵循配合即可,因为资格刑的执行是应在社会上落实完成的。

2.常规行刑制度

刑罚体系中,以死刑、自由刑为主,刑罚执行也以死刑、自由刑的常规执行为主。常规行刑制度,是国家赋予刑罚执行权的刑罚执行机关,根据法院已经发生法律效力的刑事判决所确定的刑罚,将刑罚内容不折不扣原本地付诸实践的刑事执行活动,在刑事责任实现中居于主导地位。

(1)收押制度。收押制度是监狱接受关押交付执行的刑事法律判决已发生法律效力的罪犯入监服刑的制度。收押是严肃的刑事司法活动,是刑罚执行的起始环节,标志着监狱对罪犯执行刑罚的开始。各国的刑事立法对收押制度都作了明确的规定,收押过程中一般包括办理囚犯入狱手续、建立囚犯档案、进行检查登记等方面的事项。关于收押的法律效力,有的国家规定,刑罚执行时间从收押罪犯入狱服刑之日起算,判决生效的起始时间与刑罚生效的起始时间是两个不同的法律概念;有的国家规定,刑罚生效时间从判决生效之时起算,判决生效时间与刑罚生效时间是同一法律概念。

收押之前需要明确收押管辖,在世界各国的监狱行刑实践中,根据罪犯的犯罪性质、罪行轻重、死刑与自由刑的不同刑种、自由,不同的刑期、年龄大小及性别等不同情况,划分了各类监狱的收押管辖范围。一般做法是,未成年犯监狱收押未成年犯人,男犯监狱收押男犯人,女犯监狱收押女犯人;高度警戒监狱收押高度危险性的犯人,中度警戒监狱收押中度危险性的犯人,低度警戒监狱收押低度危险性的犯人,开放式监狱收押轻微危险性的犯人。具体到某个犯人要被收押到哪座监狱里,有三种决定方式:第一种由分类中心决定,美国采用的就是这种办法;第二种由监狱的行政主管部门决定,其一由所在地区的监狱行政主管部门决定,其二由中央的监狱行政主管部门决定;第三种由判决法院决定。

(2)释放制度。释放制度是指监狱执行刑罚对被监禁的刑期届满的服刑罪犯,解除监禁状态恢复其人身自由,使他们回归社会的结束刑罚执行的一项制度。释放是执行刑罚的最后环节,标志着对罪犯执行刑罚的终结,施加于罪犯的强制、监管、矫正等项行刑措施停止运作,是被释放人重新步入社会开始新生活的根本转折点,意味着被释放人适应社会生活环境的再度开始,也意味着社会再度接纳社会成员的开始。

(三)延期行刑与中止行刑制度

1. 延期执行刑罚

延期执行刑罚制度或称为暂缓执行刑罚制度,是指在刑事判决生效后刑罚执行开始前,由于存在阻碍刑罚执行的法定事由,而规定延期执行刑罚直到延期执行的事由消失再启动刑罚执行的制度。世界上实行延期执行刑罚制度的国家为数并不多,如德国、波兰、阿尔及利亚、土耳其等国,主要是出于人道主义的考虑,同时也是为了体现法律的严肃性、权威性,贯彻有罪必罚、罪刑相应的刑事法治原则。

根据一些国家监狱立法的规定,延期执行刑罚制度的内容可归纳为几个方面:第一,延期事由。根据一些国家监狱立法的规定,阻碍刑罚执行的法定事由包括没有捕获被判刑的犯罪人,被判刑的犯罪人患有精神病或其他严重慢性病,特殊的社会利益需要,立即执行刑罚会给被判刑人或其家庭带来严重后果,自然灾害,罪犯家庭成员死亡,有不能替代的活动,怀孕女犯或哺乳自己婴儿的女犯等。第二,延期期限。延迟期限有两种:一种是有明确期限可确定的,一般规定为6个月,延缓期满就启动刑罚执行;另一种是自然的不便确定,如犯罪人患有精神病等,阻碍刑罚执行的法定事由消失就启动刑罚执行。第三,延期实施。根据一些国家监狱立法的规定,延期执行刑罚制度的实施,可由几种因素引起,法院自行裁定,检察机关提出建议,罪犯自己提出请求,后两者由法院裁定决定。第四,延期监督。检察机关对法院决定延期执行就达到了刑罚目的,刑罚无须一定执行完毕,于是减刑制度就应运而生了。减刑制度首见于1817年美国纽约州刑罚执行法律。在整个19世纪,世界上规定减刑制度的国家较少,在20世纪采用减刑制度的国家逐渐增多。

根据现代世界各国刑法、刑事诉讼法、监狱法的规定,减刑可分为一般减刑和特别减刑两种。一般减刑是对一般人的一般犯罪普遍自然取得的减刑,特别减刑是对具备特定减刑条件的罪犯实施的减刑。各国的刑事司法实践证明,减刑作为一项刑罚执行制度对于鼓励服刑罪犯积极悔改具有重大的促进作用,只要真心悔罪、积极改造,那么原判刑罚可以通过自己的努力缩短,实际上就把缩短刑期提前出狱的主动权交到了服刑罪犯手里。

2. 假释

假释是指对于被判处徒刑的犯罪人在刑罚执行一定时间后,根据其表现予以附条件提前释放的一项制度。假释起源于19世纪的欧洲,法国的一个监狱曾首先采用了对罪犯提前释放的做法,但由于当时只适用于未成年犯罪人,故影响不大。对一般罪犯适用假释制度,则起源于1790年英国殖民地澳洲对受流刑宣告而被送到澳洲的犯罪人给予附条件赦免,到1832年澳洲创设累进制度并将附条件释放的做法吸收进去,累进制把第四阶段作为假释期。总之,19世纪中期以后世界各国纷纷采用英国式的假释制度,使之与累进制度相配合,成为促进服刑罪犯积极悔改向善、回归社会的重要手段。1950年在海牙召开的国际刑法及监狱会议曾作出决议,充分肯定了假释制度的作用,号召各国采取这一制度,当今世界各国无不采用。

在世界各国刑法的规定中,假释大体可分为两种类型:一种是裁量假释,另一种是法定假释。裁量假释也称为任意假释,是指犯罪人经过执行原判刑罚的一定刑期后,根据其犯罪性质、犯罪原因、犯罪情节以及犯罪人的个人情况、服刑期间的悔改程度、对犯罪人回归社会后表现的估计等,由有关执行机关决定附条件提前予以释放。法定假释则是由法律具体规定的,犯罪人服够原判刑罚一定刑期之后,就可以或当然予以假释。假释专为补救长期自由刑之不足而设,以行刑合理化和目的化为宗旨。

第三章　罪犯改造原理

重点提示

“改造”一般是指通过适当的措施和活动改变犯罪人的犯罪行为和态度。在我国，“改造”是指监狱在执行刑罚过程中，通过监管、教育、生产劳动等手段，促使罪犯转化思想，矫正恶习，增长知识，掌握劳动技能，成为守法公民和自食其力劳动者所进行的系统影响活动。罪犯改造在生理学、心理学和行为科学方面都有充分的依据。马克思主义者从辩证唯物主义及辩证法出发，提出了罪犯是可以改造的，并具体分析了改造罪犯的条件。

第一节　罪犯改造概述

一、罪犯改造的产生

在现代汉语中，“改造”一词的含义是改变旧的、建立新的，以适应新的形势和需要。在我国监狱学中，罪犯改造，是指监狱在执行刑罚过程中，通过监管、教育、生产劳动等手段，使罪犯转化思想，矫正恶习，增长知识，掌握劳动技能，成为守法公民和自食其力劳动者所进行的一系列活动。罪犯改造思想则是对这一活动过程加以总结和提炼的理论升华。

我国古代的罪犯教化思想和西方的基督教悔罪思想是与罪犯改造思想相近的思想。罪犯教化思想早在西周时就已出现。圜土之制的产生，是西周统治集团“明德慎罚”政策的体现，它以强制劳役、束缚自由、加以耻辱的方式，作为“德教”的手段。圜土行刑的一大特点是重视罪犯教化，以罪犯改悔程度作为标准，对能改悔的，刑满即释放，对脱逃的，予以处死。到西汉以后，在“宽缓刑狱”这一总的法律思想指导下，罪犯教化思想进一步明确化，并以“刑以弼教”作为治狱的指南。我国古代刑罚的实质是威吓主义，因此罪犯教化只是“德主刑辅”思想在监狱工作中的具体体现。

西方基督教教义的核心内容之一就是悔罪思想。作为一种观念形式,基督教在欧洲中世纪的长期统治必然对监狱制度产生深刻影响。在这方面最明显的表现就是教会法上"告解"规定的延续使用。所谓"告解"就是由教徒向神职人员告明对上帝犯下的罪过,并表示忏悔。这一规定被纳入封建时期乃至以后资产阶级国家的监狱制度中,允许信奉基督教的罪犯,在监禁期间仍然履行"告解"的义务。用现代语言就是对罪犯在适用刑罚时进行"灵魂净化",以利思想改造和行为矫正。那么在监狱制度上的反映就是注重对罪犯的思想感化。从客观上讲,基督教的悔罪思想对近世监狱的出现与发展有一定的影响。1703 年(一说 1704 年)罗马教皇克里曼斯十一世(又称"克莱门特十一世")建立了圣·米歇尔教养院。是近世监狱的范本,而曾经风行一时的"独居制""沉默制"则与修道院的"苦修赎罪"相近似。但是,也应看到,基督教悔罪思想的出发点与现代罪犯改造思想仍是有区别的,因此它也不可能发展为现代罪犯改造思想。

现代罪犯改造思想以及制度的产生,与教育刑的出现密切相关。19 世纪末,由于资本的集中、工业寡头的形成以及经济上的不平等,使西方国家的社会生活更加复杂。在犯罪率急剧上升的情况下,刑事社会学派应运而生。意大利犯罪学家龙勃罗梭(Cesare Lombroso,1836 ~ 1909)根据天生犯罪人论,提出了剥夺罪犯犯罪能力的观点。这是一种消极的个别预防思想。他的门徒恩里科·菲利则明确地提出了矫正这个概念。菲利的矫正概念来源于治疗,他经常将犯罪与疾病相类比,把对犯罪的社会预防看作公共卫生,而把对犯罪的个别预防看作个人卫生,并且认为有些犯罪人本身就是精神病人,对这些人只能采用治疗的办法,而惩罚是无济于事的。刑事社会学派的另一代表人物弗兰茨·冯·李斯特(Franz von Liszt,1851 ~ 1919),则更明确地提出罪犯矫正思想。他提出刑罚的本质是教育,刑罚的目的应当是教育罪犯。虽然刑事古典学派所主张的报应刑也是近世刑罚理论,但是报应刑中不包含罪犯矫正、改造的思想。报应刑认为,刑罚是一种报应,因而犯罪人受到惩罚是罪有应得,罪犯接受惩罚被认为是咎由自取,是一种罪犯应补偿的债。很明显,报应刑中是没有矫正观念的,当然也不存在矫正的概念。

罪犯矫正思想及制度由萌发而进入生长期,突出表现在累进制的出现、不定期刑的产生和假释制度的传播上。矫正工作在 20 世纪又有了新的发展,现代罪犯分类制度、开放性处遇走进了监狱领域。罪犯分类制度是为实现刑罚个别化而采取的制度,刑罚个别化并非首创于菲利。如今,罪犯分类制度已成为世界各国监狱的重要制度,开放式机构的监狱模式始于 19 世纪末期。其特点主要是不设围墙、铁栅等安全防范设备,在监狱管理方面运用教育刑的思想,注重对罪犯的品格和技术方面的培训。开放性处遇设立的目的是激发罪犯的自尊心。“二战”后,对罪犯实施开放性处遇成为西方多数国家的做法,并呈现出发展的态势。

我国的罪犯改造实践尽管早在根据地时期就已经开始,但是作为上层建筑的罪犯改造制度则是在中华人民共和国成立后建立的。它是在马克思列宁主义、毛泽东思想指导下,学习借鉴了苏联的劳动改造制度,批判借鉴了西方各国的矫正制度,立足于我国国情,经过60余年的发展形成了自己的特色。这些特色主要体现在:实行惩罚与改造相结合,以改造人为宗旨;建立以政治思想教育为核心,文化教育为基础,技术教育为重点的教育改造体系;把劳动作为改造罪犯的基本途径和手段;体现狱政管理的矫治功能,发挥监管环境的熏陶作用和保障作用;实行人道主义,将严格管理与教育、感化、挽救结合起来;对罪犯改造采取“向前、向外、向后”的延伸方法,实行综合治理;坚持从严治警,重视监狱人民警察法制教育、职业教育、文化知识教育;对刑满释放人员不歧视,维护他们的合法权利。

二、罪犯改造的理论依据

罪犯改造在生理学、心理学和行为科学方面都有充分的依据。根据生理学和心理学理论,罪犯主观意识形成和改变的过程,即是其犯罪心理形成和改变的过程。犯罪意识的生理心理机制是其犯罪思想内容的物质载体。而在行为科学的研究者看来,不同的环境会产生不同的行为,环境的改变会引起行为的改变。

(一)罪犯改造的生理学依据

从生理学依据来看,俄国生理学家巴甫洛夫对人的高级神经系统进行研究的理论成果,为研究罪犯改造问题提供了科学依据。他指出,人与外界的联系形式是反射。反射分两种:一是无条件反射,是有机体生来具有的,是一种经常的固定的联系;二是条件反射,是有机体在个体生活中获得的,是暂时的神经联系。巴甫洛夫指出:“暂时的神经联系是动物界和人类本身的一种最普遍的生理现象。”这种暂时神经联系活动的模式是动力定型,由于外界事物经常的重复和刺激,大脑皮层的不断活动及信息存储的固化,某些条件反射组合达到非常牢固的程度。这种巩固了的条件反射组合被称为动力定型。它一旦形成就具有相当的稳定性。但是,大脑中的暂时神经联系具有可塑性,因而动力定型又具有了可变性。条件反射本质上是一种暂时性的反射,可以随着外界环境、刺激的变化而变化。就罪犯而言,其犯罪意识由不良刺激形成,可以由改变刺激消除其犯罪意识。由于罪犯个体的生活实践是可变的,因而决定了罪犯的犯罪意识作为其大脑中的暂时神经联系,是可塑的、可变的。当罪犯的高级神经系统大脑形成了符合社会规范的动力定型,则罪犯被改造成新人,成为守法公民和自食其力的人。

(二)罪犯改造的心理学依据

就心理学依据而言,主要有:第一,人的心理是不断变化的。人的心理是随着客观外部世界的变化而变化的,这种变化是绝对的,而心理稳定是相对的。既然心理是变化的,人的道德能向不良心理甚至犯罪心理转变。相应地,犯罪心理、不良心理也可以向道德心理转化。第二,罪犯的犯罪心理在监管环境内是可以改变的。罪犯的犯罪心理是在后天社会生活和活动中,在与他人交往和个人经历中逐步形成的,是外界不良刺激物反复作用的结果。因此,给予罪犯以全新的生活实践,改变其旧的不良的社会环境及条件刺激物,罪犯的心理必然会发生相应变化,直至形成新的现实存在的心理。显然,监狱实行科学、文明、体现人道主义的管理,可以促进罪犯心理转化。第三,多数罪犯具有某些可接受改变的内在因素。多数罪犯有接受国家义务教育的经历,受过正统的教育影响,仍然存在健全的道德感,有着正当的兴趣、爱好和能力,其内心深处潜藏着不同程度的上进心,有重返社会的美好愿望。这些都可以发展为有利于社会的因素,从而最终达到罪犯心理转化的目的。

(三)罪犯改造的行为学依据

依据行为科学的理论,人的每一行为都受环境和强化的影响。美国学者斯金纳认为,人的行为分两类:一类是由某个特定刺激引发的反射行为,另一类是由环境引发的复杂的操作行为。人类的大多数行为属于操作行为。不同的环境会产生不同的行为,环境的改变会引起行为的改变。同时,人的行为不仅受环境的影响,而且受强化作用的影响,即要受行为所带来的结果的影响,因此,我们可以通过改变环境和运用强化手段对人的行为加以控制和改造。对罪犯而言,监狱是一个全新的环境,其行为会发生改变,而且要受强化的影响和控制。在我国,为促进罪犯改造,设立了一套奖惩制度,这实际上就是强化。运用奖惩手段调动罪犯的改造积极性,打击反改造行为,是我国监狱经常使用的手段。

第二节　马克思主义关于罪犯改造的理论

在马克思主义、毛泽东思想的理论体系中,改造罪犯被视为无产阶级改造社会、改造人类伟大事业的重要组成部分。

一、改造罪犯是无产阶级伟大历史使命的重要组成部分

马克思主义认为,无产阶级只有解放全人类,才能最后解放自己。无产阶级的历史使命就是改造世界。改造罪犯是无产阶级改造旧世界、解放全人类的伟大历史使命的重要组成部分。毛泽东在《实践论》中指出:“社会的发展到了今天的时代,正确地认识世界和改造世界的责任,已经历史地落在无产阶级及其政党的肩上。这种根据科学认识而定下来的改造世界的实践过程,在世界、在中国均已到达了一个历史的时节——自有历史以来未曾有过的重大时节,这就是整个儿地推翻世界和中国的黑暗面,把它们转变过来成为前所未有的光明世界。无产阶级和革命人民改造世界的斗争,包括实现下述的任务:改造客观世界,也改造自己的主观世界——改造自己的认识能力,改造主观世界同客观世界的关系。”①“所谓被改造的客观世界,其中包括了一切反对改造的人们,他们的被改造,须要通过强迫的阶段,然后才能进入自觉的阶段。世界到了全人类都自觉地改造自己和改造世界的时候,那就是世界的共产主义时代。”②毛泽东所提出的“一切反对改造的人们”,其中就包括罪犯这一特殊社会群体。在此明确了罪犯及犯罪思想作为主客观世界的统一体,必然会成为改造的对象和客体,对罪犯的改造也必将是对人的改造的有机组成部分。在此,毛泽东直接把罪犯改造工作与实现共产主义理想联系起来,使人们充分认识到改造罪犯的意义。我国的监狱工作早在中华人民共和国成立之初就备受党和国家的重视和关注,并取得了巨大的成就,与毛泽东这一改造社会、改造人类的指导思想有着密切的关系。此外,这一论述明确了监管改造罪犯是促进罪犯思想转变,改造罪犯是从强迫改造到自觉改造的过程,从而揭示了改造罪犯的基本规律,为我国监管改造罪犯指明了方向。

二、罪犯是可以改造的

马克思主义历来认为社会是可以改变的,人也是可以改造的。马克思主义者正是从辩证唯物主义及辩证法出发,提出了罪犯是可以改造的。

人们的社会存在决定人们的社会意识,这是马克思主义历史唯物论的一条基本原理。社会意识总是社会的人对于社会生活、社会关系的反映。作为监管改造的对象——罪犯,其错误存在产生错误意识,而错误意识导致犯罪。因此,对他们的改造就需要改变其错误的存在方式,把他们关押在监狱里,对其进行惩罚与改造,促

---

① 《毛泽东选集》(第1卷),人民出版社1991年版,第296页。

② 《毛泽东选集》(第1卷),人民出版社1991年版,第296页。

使其错误意识得到真正的转变。人的思想,包括罪犯的犯罪的思想,并不是人的头脑中固有的,而是自然界和社会的客观存在在人的头脑中的反映。客观世界始终处在不断的发展变化之中,斯大林认为:"辩证法不是把自然界看作静止不动、停滞不变的状态,而是看作不断运动和变化、不断更新和发展的状态,其中始终有某种东西在产生、在变化,有某种东西在破坏、在衰颓。"[①]列宁在十月革命胜利后曾指出:"在理论上不存在不能改造的罪犯。"

毛泽东一贯坚持对罪犯实行改造的政策。毛泽东指出:"对于反动阶级实行专政,这并不是说把一切反动阶级的分子统统消灭掉,而是要改造他们,用适当的方法改造他们,使他们成为新人。"[②]1960 年他在接见斯诺时指出,许多犯罪分子是可以改造好的,是能够教育好的。[③] 犯罪分子之所以可以改造和能够改造,除了客观条件的影响之外,主要还由于存在可以接受改造的内部因素。毛泽东指出:"事物发展的根本原因,不是在事物的外部而是在事物的内部,在于事物内部的矛盾性。任何事物内部都有这种矛盾性,因此引起了事物的运动和发展。"[④]罪犯对自由的丧失与争取,这是矛盾的外在表现,它贯穿于罪犯改造的整个过程;罪犯内部的矛盾性是积极因素和消极因素的矛盾和斗争。因此,在强迫改造的前提下,应该尽可能地激活和启动罪犯在社会化过程中形成和保留的某些积极因素,转化为有利于改造的思想动力,使罪犯从内心深处真正认罪、真正愿意接受改造和教育。也正是在这个基础上,监管改造机关所进行的一切才得到了罪犯的回答性反应,最终使罪犯按照设定的目标和轨迹发生变化,实现由争取自由尊严和前途到社会主义"守法公民"和"有用之才"的转变。在我国,正是把改造罪犯作为监狱工作的基本任务和主要目的。1954 年颁布的《中华人民共和国劳动改造条例》第 2 条规定:"中华人民共和国劳动改造机关,是人民民主专政的工具之一,是对一切反革命犯和其他刑事犯实施惩罚和改造的机关。"1994 年颁布的《中华人民共和国监狱法》(以下简称《监狱法》)第 3 条规定:"监狱对罪犯实行惩罚和改造相结合、教育和劳动相结合的原则,将罪犯改造成为守法公民。"

三、罪犯在一定条件下是可以改造好的

毛泽东在《矛盾论》中指出:"一切矛盾着的东西,互相联系着,不但在一定条件

---

① 《斯大林选集》(下卷),人民出版社 1979 年版,第 426 页。

② 《建国以来毛泽东文稿》(第 10 册),中央文献出版社 1996 年版,第 26 页。

③ 国务院新闻办公室:《中国改造罪犯的状况》白皮书,法律出版社 1992 年版,第 15 页。

④ 《毛泽东选集》(第 1 卷),人民出版社 1991 年版,第 301 页。

之下共处于一个统一体中，而且在一定条件下互相转化，这就是矛盾同一性的全部意义。”①这是揭示了条件在矛盾转化中所起的作用。对罪犯实行改造有没有现实性可能性？毛泽东的回答是肯定的：罪犯是可以改造的，并具体分析了改造罪犯的条件。

（一）人民民主专政是改造罪犯的必要条件

我国是人民民主专政的社会主义国家，通过人民民主专政的形式，来保护最广大人民群众的根本利益。人民民主专政就是对人民实行民主，对敌人实行专政。在人民民主专政的条件下，法律面前人人平等，国家为了维护社会秩序，保障经济发展，必须打击违法犯罪活动，将犯了罪的人判刑入狱，接受人民民主专政工具的监管改造机关的惩罚和改造，在监禁、限制自由的环境中，使罪犯明了社会对犯罪行为的否定评价，以改造主观恶习，转化犯罪思想，成为遵纪守法的新人。因此，只有在中国共产党领导下，在社会主义制度下，在人民民主专政条件下，罪犯才能得到改造。正如毛泽东所言：“我们相信人是可以改造过来的，在一定的条件下，在无产阶级专政的条件下，一般说是可以把人改造过来的。”

（二）正确的方针、政策是改造罪犯不可缺少的条件

毛泽东指出，人是可以改造的，就是政策和方法要正确才行。并强调，在一定的条件下，在敌人放下武器、缴械投降以后，敌人中的绝大多数是可以改造的。但要有好的政策、好的方法。只有好的社会经济条件，而没有正确的方针政策和方法，同样达不到改造罪犯的目的。因此我国的监狱工作历来非常重视方针和政策的研究。在监狱工作初创时期，确立的监狱工作方针是“惩罚管制与思想改造相结合，劳动生产与政治教育相结合”。随着监狱工作的开展，重新制定为“改造第一，生产第二”的方针，正是在新的方针指导下，使得原来突出的改造与生产之间的矛盾开始向良性转化。在监狱工作政策上，根据改造罪犯的需要，确立了阶级斗争与人道主义相结合的政策、给出路的政策、区别对待的政策等。这些正确的方针、政策，在规范、引导罪犯改造工作方面发挥了重大作用。

四、罪犯必须在劳动中改造

（一）马克思主义的劳动观

马克思主义的一个基本观点是劳动创造人。恩格斯指出：劳动创造了人本身。世界是劳动创造的，人也是劳动创造的。一切邪恶都来源于不劳动。劳动创造人

① 《毛泽东选集》（第1卷），人民出版社1991年版，第330页。

类,劳动改造人类。改造罪犯的不劳而获的剥削阶级思想和许多恶习,劳动是最好的办法。

马克思主义认为,劳动是人类生活的第一个基本条件,劳动首先是人和自然之间的过程,是人以自身的活动来引起、控制人和自然之间的物质交换的过程。正是在这一物质交换过程中,人和人类社会从自然界中分离出来。劳动作为人类的本质活动,是社会人的本质及其表现,它对人和人类社会的产生和发展,具有根本性的意义,是人的生命存在和全部社会生活的基础和源泉。因此,改造罪犯不能离开劳动这种形式。马克思指出:人的本质并不是单个人所固有的抽象物。在其现实性上,它是一切社会关系的总和。人的本质是通过劳动产生、实现并得到证明的,也就是说,生产劳动给每一个人提供了全面发展和表现自己的全部,即体力和脑力的机会。这样,生产劳动就不再是奴役人的手段,而成了解放人的手段。此外,人与人的交往方式、行为习惯等都要在劳动中培养,因为人类"通过生产而发展和改造自身,造成新的力量和新的观念,造成新的交往方式,新的需要和新的语言。"①因此,罪犯必须在劳动中改造。马克思认为,劳动是伟大的社会消毒剂。他非常重视用劳动的手段改造剥削阶级分子,并突出地强调了生产劳动是罪犯"改过自新的唯一手段"。②

(二)辩证唯物主义的实践论

辩证唯物主义认为,任何事物的变化,都必须具备一定的条件。在这些条件中,实践是最重要的。人的正确认识来源于实践。实践是人们有目的地运用一定手段改造客观的活动,是主观见之于客观的东西。实践是认识的来源,人类的劳动生产实践是最基本的实践活动。毛泽东继承了马克思主义关于通过劳动改造罪犯的学说,精辟地指出:"人的认识,主要地依赖于物质的生产活动,逐渐地了解自然的现象、自然的性质、自然的规律性、人和自然的关系;而且经过生产活动,也在各种不同程度上逐渐地认识了人和人的一定的相互关系。一切这些知识,离开生产活动是不能得到的。"③认为"人类的生产活动是最基本的实践活动,是决定其他一切活动的东西",④并多次阐述通过劳动的途径和手段改造罪犯的观点,"让他们在劳动中改造自己,成为新人。他们如果不愿意劳动,人民的国家就要强迫他们劳动。"⑤对

---

① 《马克思恩格斯全集》(第46卷)(上),人民出版社1979年版,第494页。

② 《马克思恩格斯全集》(第19卷),人民出版社1965年版,第35页。

③ 《毛泽东选集》(第1卷),人民出版社1991年版,第282~283页。

④ 《毛泽东选集》(第1卷),人民出版社1991年版,第282页。

⑤ 《毛泽东选集》(第4卷),人民出版社1991年版,第1476~1477页。

罪犯的改造不能离开生产劳动,否则就失去了认识的基本源泉,那么罪犯的思想转化也就无从谈起。为此,1953 年中央成立了“劳动生产委员会”,指导全国的改造罪犯工作。1954 年通过了《中华人民共和国劳动改造条例》,使监管改造罪犯工作有了正式法规,标志着我国的监管改造工作已经走上了正规发展的道路。新中国近七十年的实践证明,劳动是改造罪犯的基本手段。

五、罪犯是能够教育好的

在马克思主义的罪犯改造理论中,教育也占有十分重要的位置。马克思指出,生产劳动和教育的结合是改造现代社会的最强有力的手段之一,“要改变一般人的本性,使他获得一定劳动部门的技能技巧,成为发达的和专门的劳动力,就要有一定的教育和训练”。[①] 列宁非常重视对罪犯进行教育,苏联的劳动改造实践中存在要求监狱官员成为教育家的主张。毛泽东也十分重视对罪犯的教育,他在 1960 年接见斯诺时说,“许多犯罪分子是可以改造好的,是能够教育好的”。1961 年毛泽东接见古巴青年代表团时指出,阶级是能够改造的,阶级基础消灭了以后,意识形态、思想方面是可以改造的。但时间要长。这讲的是他的大多数。1965 年他在接见外宾时说:“犯了罪的人也要教育。动物也可以教育嘛! 牛可以教育它耕田,马可以教育它耕田、打仗,为什么人不可以教育他有所进步呢?”“问题是方针和政策问题,还有方法问题,采取教育的政策,还是采取丢了不要的政策;采取帮助他们的方法,还是采取镇压他们的方法。采取镇压、压迫的方法,他们宁可死。你如果采取帮助他们的方法,慢慢地来,不性急,一年、两年、十年、八年,绝大多数的人是可以进步的。”并强调,“做人的工作,就是不能压服,要说服。”毛泽东充分肯定了罪犯的可改造性。只要把他们可改造的潜质发掘出来,通过教育和强制劳动,逐步扩大其社会性,缩小其反社会性;启发其尚存的人性,就可以把他们改造成为新人。

马克思主义关于罪犯教育的观点反映在我国的监狱工作中,就是罪犯教育是我国监管改造罪犯的基本手段。我国对罪犯的改造历来贯彻以教育为主的原则。根据《监狱法》的规定,监狱应当对罪犯进行法制、道德、形势、政策、前途等内容的思想教育,在教育改造罪犯中,实行因人施教、分类教育、以理服人的原则,采取集体教育与个别教育相结合、狱内教育与社会教育相结合的方法。最终促使罪犯从被迫服刑转向自觉改造,摒弃以罪恶手段达到个人欲望的思想,树立尊重别人、爱护社会的观念,获得劳动就业技能,成为遵纪守法的公民。

---

① 《马克思恩格斯全集》(第 23 卷),人民出版社 1972 年版,第 195 页。

第三节　罪犯改造实现的一般条件

一、有明确、突出的改造罪犯目标

改造罪犯的目标是指监狱对罪犯进行改造后所要达到的标准。改造罪犯是一种非常复杂的社会活动，是对罪犯进行的各种有意识、有目的的活动。毛泽东指出："判定认识或理论之是否真理，不是依主观上觉得如何而定，而是依客观上社会实践的结果如何而定。真理的标准只能是社会的实践。"[①]显然，改造罪犯的实践就是一个运用、发展改造罪犯学说的过程，同时也是检验改造罪犯学说的过程。那么为了达到改造罪犯的目的，就要使改造罪犯这种复杂活动的每一个方面、每一个环节都围绕着罪犯改造来进行，为此，必须确定明确、突出的改造罪犯的目标，以使得所有的监狱工作都紧紧围绕这一目标进行，形成一个有序、和谐的系统。否则，就会导致监狱的改造功能衰竭。因此，明确、突出的改造罪犯目标的确立，自然就成为实现罪犯改造的首要条件。

就我国改造罪犯的目标而言，《监狱法》第3条中规定："……将罪犯改造成为守法公民。"这是我国监狱改造罪犯的目标，也是我国监狱对罪犯进行改造后所要达到的法律标准。纵观我国监狱工作发展的历史，不同时期有着不同的表述。中华人民共和国成立初期针对当时押犯的特点，《劳动改造条例》第1条规定："……为了惩罚一切反革命犯和其他刑事犯，并且强迫他们在劳动中改造自己，成为新人，特制定本条例。"到20世纪80年代，为适应我国社会主义现代化建设的需要，中共中央于1981年12月在《第八次全国劳改工作会议纪要》的批示中，提出了"把罪犯改造成为拥护社会主义制度的守法公民和社会主义建设的有用之才"的目标。《监狱法》第1条规定："为了正确执行刑罚，惩罚和改造罪犯，预防和减少犯罪，根据宪法，制定本法。"从而明确了新时期我国监狱改造罪犯的目标。正是由于这一目标的基本定位，我国建立了一套改造罪犯的手段体系，在监管改造实践中形成了许多有效的改造罪犯方法，而这一系列的手段与方法在改造罪犯目的的控制下可以实现最佳组合，从而产生最大的改造力。我国监狱工作取得的巨大改造成就，证明了我国改造罪犯目标的正确性。

---

① 《毛泽东选集》(第1卷)，人民出版社1991年版，第284页。

二、有一套科学的改造罪犯的手段

所谓手段，就是为达到目的而采取的方式方法和措施。在监管改造罪犯过程中，为了实现改造罪犯的目的，建立一套科学的改造手段是不可缺少的。改造罪犯的基本手段，就是监狱为了将罪犯改造成为守法公民所采取的措施及方法。在我国，根据改造罪犯的需要，广大监狱人民警察在马克思主义关于罪犯改造理论的指导下，经过长期辛勤的实践探索，建立了一套行之有效的改造罪犯的手段体系。根据《监狱法》的规定和改造罪犯的实践，适用于我国监狱工作的科学改造手段，主要是劳动改造手段、教育改造手段、狱政管理手段。

劳动改造手段是监狱组织罪犯进行生产劳动，促其转变思想、矫正恶习、培养劳动技能所采取的方法和措施。其适用范围主要包括：罪犯劳动项目的选择、罪犯劳动组织的确定与管理、罪犯劳动过程的监督管理、罪犯劳动教育技能培训等。监狱借助劳动的形式作为改造罪犯的基本手段，组织有劳动能力的罪犯从事有益于社会的生产劳动，这既有矫正恶习的功能，同时又发挥着改造罪犯的桥梁和纽带作用。通过劳动，可以观察罪犯的劳动态度、行为表现，也可以向罪犯灌输新思想、新观念，帮助他们树立新的生活方式，矫正好逸恶劳的不良习气，洗涤头脑中的污垢，掌握一种或几种劳动技能，为刑满释放后的就业谋生创造条件，我国几十年的监管改造实践证明，劳动改造是改造罪犯的基本途径和手段。

教育改造手段是监狱为对罪犯进行深入的政治思想教育、文化知识教育及职业技术教育所采取的方法和措施。教育改造具有传授知识的功能、转化罪犯思想意识的功能、重塑罪犯灵魂的功能，为了实现对罪犯的改造，《监狱法》第 4 条规定："……对罪犯进行思想教育、文化教育、技术教育。"并具体规定了对罪犯实施各项教育的任务、原则、内容、方法和措施。对罪犯的教育，是一种特殊的再教育，在转化罪犯思想、矫正恶习、灌输知识、培养技能中处于关键地位，发挥着主导作用。

狱政管理在监狱工作中，不仅承担着维护监狱正常监管秩序以实现刑罚惩罚任务的功能，而且其自身有着强劲的改造罪犯的功能，即行为养成功能、感化功能、激励功能，其中狱政管理所具有的独特的激励功能，能够激发罪犯积极接受改造。组织罪犯从事生产劳动和对罪犯进行思想教育、文化教育和职业技术教育，作为监狱执行刑罚活动的两项主要内容，都是在严格、文明、科学和人道的狱政管理中进行的。因此，狱政管理是劳动手段和教育手段发挥作用的必要条件。

三、有科学运用改造罪犯手段的原则

有了科学改造罪犯的手段，并不能保证改造罪犯目的的必然实现。只有对科

学改造罪犯的手段予以有效地运用,才有可能实现改造罪犯的目的。为此,需遵守以下原则:

（一）劳动与教育相结合的原则

劳动改造手段与教育改造手段有着极为密切的关系,并行于改造罪犯的过程中,不能割裂使用。马卡连柯曾说:“劳动如果没有与其并行的教育——没有与其并行的政治和社会的教育,就不会有教育的好处,会成为不起作用的过程。”①在监管改造中,思想教育只有与劳动结合起来,才能将人生哲理、社会道德、行为规范、科学文化知识灌输给罪犯,引起罪犯原有的心理结构瓦解,进而形成新的心理结构;劳动只有与教育相结合,才能最大限度地发挥劳动的意识转化功能、培养罪犯劳动技能的功能以及转化罪犯情感的功能。在监狱工作中,要时刻重视劳动与教育两者的有机结合,即在组织生产劳动时要注意对罪犯进行劳动意义的教育;在进行教育时要开展劳动技能教育和劳动项目的社会价值等教育。只有综合使用劳动和教育的手段,把对罪犯的劳动改造和教育改造进行有机结合,才能实现改造罪犯的目的。

（二）教育与管理相结合的原则

在改造罪犯工作中,要做到教育改造手段与狱政管理手段的紧密结合,相互渗透,使教育工作中有管理,管理工作中有教育,这是提高教育与管理有效性的需要。教育只有与管理结合起来,才能使教育更有权威,而管理只有与教育相结合,才能使管理更快更好地实现管理目标。可见,教育改造手段与狱政管理手段相辅相成,缺一不可。

（三）劳动与管理相结合的原则

劳动改造手段与狱政管理手段的紧密结合,是实现改造罪犯的必要条件。对罪犯实施的劳动改造,与社会上的一般劳动是不同的,劳动改造需在强迫的前提下实施,其目的不在于创造利润,而在于改造罪犯。在这里,监狱的劳动管理是狱政管理,而非一般意义上的劳动管理。可见,狱政管理是在监狱内对罪犯实施的管理,其管理范围包括生活、学习、劳动三大现场。因此,劳动改造与狱政管理在监管改造中具有相容性,两者存在相互结合的内在需要,是改造罪犯所必需的。根据这一原则,狱政管理要坚持在劳动现场“管到边,管到沿”,对罪犯劳动进行考核,并进行相应的奖惩。

---

① [苏联]马卡连柯:《论共产主义教育》,刘长松等译,人民教育出版社1954年版,第317页。

四、建设一支高素质的监狱人民警察队伍

毛泽东指出,政治路线确定之后,干部就是决定的因素。建设一支高素质的监狱人民警察队伍,是监狱正确执行刑罚,有效惩罚和改造罪犯的组织保障。因此,监狱人民警察必须具有良好的政治素质、业务素质、文化素质、心理素质和身体素质。那么,如何建设这样一支队伍?第一,必须重视监狱人民警察的思想作风建设。要在广大监狱民警中进行马克思列宁主义、毛泽东思想、邓小平理论、“三个代表”重要思想、科学发展观、习近平新时代中国特色社会主义思想的教育,不断提高其政治思想觉悟和理论水平;要进行组织纪律教育,使其遵纪守法,秉公执法,廉洁奉公,提高依法办事的能力;要坚持进行职业道德教育,培养其勇于献身于监狱事业的精神。第二,必须在监狱人民警察中大力开展业务建设。改造罪犯是一项艰巨复杂的系统工程,涉及刑罚执行、监管、教育、劳动以及生活卫生管理、生产管理等许多方面的业务,这就需要监狱人民警察具有渊博的知识和很强的业务能力。当然,由于业务分工的不同,监狱民警的知识结构应有所侧重,但必须要求其掌握与本职业务相适应的文化业务知识。这是新时期监狱事业发展的需要。第三,要重视监狱基层中队(分监区)队伍建设和监狱各级领导班子建设。监狱基层中队(分监区)队伍建设是监狱民警队伍建设的基础,监狱各级领导班子建设是监狱民警队伍建设的关键。

我国监狱工作的历史进程表明,监狱人民警察队伍是一支政治坚强、业务精通、事业心责任感强、党和国家完全可以信赖的队伍,这支队伍在巩固国家政权、维护社会稳定、促进经济发展方面起着十分重要的作用,肩负着为新时代我国社会精神文明和物质文明建设保驾护航的重大使命。

第四章 监 狱 法

重点提示

本章比较全面地介绍了监狱法的概念、特征、制定依据、立法原则以及监狱法的法律体系。通过这些知识的介绍，能够进一步明确监狱法的内涵和外延，为实现依法治监更好的服务。

第一节 监狱法的概念与特征

一、监狱法的概念

监狱法是刑事法的法律部门之一，属广义上的刑事法。但它作为广义上的刑事法，又有自身的特点。同刑事诉讼法相比，它有大量的关于主体权利义务的实体性规范，同刑法相比，又有许多程序性的规范。从监狱法本身来看，它有广义和狭义之分。狭义的监狱法是指国家立法机关制定和认可的系统规范监狱行刑与罪犯改造的监狱法典；广义的监狱法还包括监狱法典以外的其他有关监狱工作的法律规范。本章所要研究的是广义上的监狱法。因此，所谓监狱法，是指国家立法机关和司法、行政机关制定的调整监狱行刑活动中所涉及的有关主体的程序性和实体性权利义务的法律规范的总称。这一规范包括以下几方面的含义：

（一）从制定主体来看，监狱法是由拥有不同立法权限的主体所制定的，因此监狱法是由不同效力层次法律规范所形成的一个法律体系

监狱法的制定主体既有专门的立法机关——全国人民代表大会常务委员会；又有全国人大授权立法的国务院，同时还有在一定范围内可以制定行政规章的主管机关司法部；另外，作为司法机关的最高人民法院发布的有关司法解释也是调整监狱工作的事实上的规范。这些主体所制定的有关监狱法的法律规范，内容和表现形式十分丰富，各种不同层次、不同效力的法律形式相互补充，由立法法所调整，

形成了内部和谐、完整的监狱法法律体系。由于监狱行刑活动涉及的内容和社会关系极为广泛,因此,需要多种法律法规角度、多方位地进行规范调整,监狱法正是调整监狱行刑活动中一系列法律规范所形成的法律体系。

(二)从监狱法的调整范围来看,它是以监狱行刑活动为中心而展开的

我国刑事法律体系主要是由刑事实体法(《刑法》)、刑事程序法(《刑事诉讼法》)和刑事执行法(以监狱法为主体)三部分组成的。刑事实体法和刑事程序法是从刑事诉讼的角度来解决定罪量刑问题,即依法确认犯罪嫌疑人有罪或无罪以及刑罚轻重的问题。虽然在刑事实体法和刑事程序法中也有少量条款涉及刑罚执行,但其主要作用还是表现为刑事法律之间的一种联系或有机衔接,刑罚执行主要部分还是由监狱法律来调整的。

监狱行刑是我国行刑活动的重要组成部分,具体是指对在监服刑的,被判处死刑缓期二年执行、无期徒刑和有期徒刑的罪犯执行利罚,实施惩罚和改造的活动。在对死刑缓期二年执行期满减为无期徒刑的行刑方式上,《刑法修正案(九)》增加了终身监禁。① 我国是人民民主专政的社会主义国家,因此,监狱行刑活动是基于国家惩罚和改造罪犯的需要而产生的一种特殊的实践活动,它不是简单、被动和消极地行刑,而是在依法惩罚的基础上融入了更为先进的改造内涵。社会主义的监狱行刑活动,强调依法治监,更加注重对罪犯合法权利的保护,更为人道。我国社会主义监狱行刑活动的升华,对监狱法的内容提出了更高要求。

从时间跨度来看,监狱行刑包括罪犯从入监到出监的全部活动;从空间范围看,监狱行刑活动主要是在狱内,但又不仅仅局限在狱内。因此,监狱法规范围绕监狱行刑活动而制定,涉及方方面面的内容,这决定了监狱法内容的复杂性与多维性。

(三)从监狱法所调整的主体来看,它主要调整监狱、罪犯两个主体的行为

罪犯走上犯罪道路,除了个人的主观原因以外,还有着复杂的社会原因。因此,对罪犯的惩罚和改造是一个综合的社会工程,不仅涉及狱内,而且需要狱外的力量参与进来。从监狱法规范的性质来看,主要是刑事法律规范和行政法律规范,属于公法的范畴,具有强行性。因此,监狱法所调整的主体都负有积极作为的义务。从监狱法所调整的主体看,它主要调整监狱、罪犯两个主体的行为,另外,围绕监狱行刑活动还涉及公、检、法、武警部门和其他国家行政机关、社会团体、社会组织以及个人,也属于监狱法所调整的主体范围。

---

① 修正后的《刑法》第383条第4款规定:"犯第一款罪,有第三项规定情形被判处死刑缓期执行的,人民法院根据犯罪情节等情况可以同时决定在其死刑缓期执行二年期满依法减为无期徒刑后,终身监禁,不得减刑、假释。"

监狱作为国家的刑罚执行机关,从社会与犯罪作斗争的整体来看,它是公检法工作的有机延续与发展,属于政法工作的一个有机组成部分。监狱在收监、管理、奖惩以及处理申诉、保外就医、假释、追捕等方面,都必须与公安机关、检察院、法院、武警等发生相互制约、相互配合的关系;在对罪犯的教育改造上,尤其是对罪犯的认罪服法、认罪服判教育、社会教育和刑满安置就业与接茬帮教等方面,也需要公安、检察、法院等部门的配合与支持。因此,这些主体在上述活动中的权利义务也需要监狱法来规范调整。

监狱惩罚与改造罪犯是一项社会性比较广泛的工作,需要社会有关部门如民政、财政、工、青、妇等部门的协助与支持,需要罪犯家属、亲朋好友及其原所在单位、街道的紧密配合,这些都是改造罪犯和提高监狱行刑效益必不可少的重要条件。从实践中看,只有监狱法对这些关系进行规范和调整,充分发挥法律调节的强制作用,才能使罪犯的社会帮教落到实处。

应该指出的是,有些因为监狱惩罚和改造工作而发生的社会关系,单凭监狱法自身是难以完全调整的,需要制定一些与监狱法相互照应的配套法规,形成一个有机的法律调节网络。

二、监狱法的本质和特征

法的本质是相对于法现象的一个基本范畴,它是指隐藏在现象背后的内在特质。不了解法的本质,就不可能很好地理解法的现象与特征,因而也就不可能准确地把握法的内在精神。

(一)监狱法的本质

法是国家制定或认可并由国家强制力保证实施的一种社会规范,是国家意志的表现形式之一。因此,监狱法和其他任何法律的本质一样,体现的是国家统治阶级的根本意志,是统治阶级用以维护自己统治的重要工具。由于监狱法属于国家刑事法律的重要组成部分,因而集中体现了国家同犯罪现象作斗争的策略与意志,在反映统治阶级及意志的具体内容上、方法手段上具有自己的特征。

一般而言,国家的性质决定国家意志的基本内容,并通过政策、方针、法律等形式表现出来。我国是人民民主专政的社会主义国家,在对待犯罪问题上的国家意志便是广大人民群众的意愿,即坚持惩办宽大相结合,惩前毖后、治病救人的基本刑事政策。在刑事基本政策的指导下,我国刑事法律所奉行的刑罚目的是以预防犯罪为核心,坚持依法惩罚罪犯基础上的改造罪犯。这种以预防犯罪为核心的社会主义新型刑罚目的观,是我国刑事基本政策在刑罚理论上的演化与发展,它必然要在监狱法中得到充分的体现。监狱法作为调整监狱惩罚和改造罪犯的法律规范,必须秉承国家所奉行的基本刑事政策和刑罚目的。从实质上讲,有什么样的刑事政策和刑罚目的,就必然有与其相适应的监狱法。当然,这种决定从根本上讲,监狱法所体现的统治阶级意志是由其物质生活条件决定的。

首先,从生产力方面来说,任何统治阶级都会自觉或不自觉地用法律来维护生产力发展的一般要求,这是统治阶级把法律作为阶级统治工具的必然选择。其次,从生产关系方面来说,统治阶级属于在生产关系中处在支配地位以及接受最大利益的阶级,因而反映为法的统治阶级意志必须符合统治阶级赖以生存的生产关系的基本要求。从监狱法的内容与表现形式来看,监狱法的本质所体现的国家意志,正是社会主义生产力与生产关系的基本要求,亦即化消极因素为积极因素,最大限度地解放和发展生产力和生产关系。因此,社会主义中国的监狱行刑不再是旧监狱的残酷报复,而是赋予了更为丰富与人道的改造内涵。

监狱的行刑活动是国家刑事司法与执行的重要组成部分,它与刑事侦查、刑事检察、刑事审判构成了完整的刑事司法与执法活动体系。从根本上讲,公安、检察、法院是从刑事诉讼的角度体现国家的刑事政策和刑罚目的,从法律上确定罪与责、罪与刑的关系,这是实现刑罚目的的前期工作或基础条件。而监狱的行刑活动已经远远超出了刑事诉讼的范围,它是在法律实现的终极上落实刑罚目的。没有监狱严格的惩罚与改造罪犯,公安、检察、法院的工作就会失去意义。由此可见,贯彻国家基本刑事政策和落实刑罚目的,是监狱行刑的基本内容,而作为规范监狱行刑活动的监狱法,必然要在本质上反映国家改造罪犯的意志,并把惩罚与改造罪犯结合在一起。

(二)监狱法的基本特征

我国监狱法由于是社会主义新型的监狱法,因此,它除了具有监狱法的一般本质特征外,还具有自己不同的显著特征:

1. 人民性

由于我国是人民民主专政的社会主义国家,人民是国家的主人,因此,反映在监狱法中的国家意志便是人民的意志。从我国监狱法规定的监狱工作目的、原则、手段与方法等内容看,无不体现着人民改造罪犯的根本意愿,而且,从监狱工作的方针政策看,都充分体现了“惩前毖后、治病救人”的基本精神,这是人民民主专政国家对待犯罪与罪犯最为积极开明的态度。

2. 改造性

受国家性质和刑罚理论的影响,我国监狱法所确定的刑罚执行制度有了重大发展,它不仅彻底摒弃了旧监狱单独惩罚罪犯的做法,而且在批判借鉴的基础上建立起了一套全新的以改造罪犯为核心的刑罚执行制度。我们不仅在政治上公开宣布社会主义中国的阶级性,而且在刑事立法、刑事司法和刑事执行领域也明确表现出了阶级性与人民性,使改造罪犯成为守法公民的刑罚理论在监狱法律制度上得到了充分体现。实际上,改造性是人民性的法律化和具体化。

3. 科学性

我国监狱法虽然也强调惩罚罪犯,但同时要求必须严格依法办事,坚持科学、文明管理原则。在刑罚综合预防理论的指导下,我国监狱法规定的惩罚罪犯更加注意如何在依法惩罚的基础上教育改造罪犯,因此,客观上对监狱行刑内容的科学性提出了更高的要求。在监狱行刑内容科学化上,我国监狱法最突出的表现就是确定了严格规范的行刑程序,选择与建立了科学的改造手段体系,以及各种行之有效的管理与教育方法。在行刑程序上,监狱法严格规定了收监、释放、保外就医、减刑、假释等环节,以确保刑罚能够得到及时、有效和准确的执行。在改造手段上,形成了以狱政管理、劳动改造和教育改造为主要内容的改造手段体系,有效地保证了监狱行刑的社会效益和改造罪犯的质量。在教育方法上,我国监狱法更是融进了启发引导法、感化法等行之有效的教育方法,使教育改造工作目的性强,具有明显的针对性。

4. 说理性

监狱对罪犯的惩罚,主要是通过强制剥夺或限制罪犯的某些权利,从实质上讲,具有使被惩罚者感到一定痛苦、损失和耻辱的客观效应,但我们对罪犯的惩罚不是监狱行刑的最终目的。

改造与被改造的关系,是在惩罚与被惩罚关系基础上形成的刑事法律关系,这一关系既具有强制性,又具有说理性,是强制与说理的高度统一。从法律角度而言,监狱在国家授权范围之内依法对罪犯进行强制性改造,而罪犯则必须无条件地接受改造。但是,从改造最终目的看,是要把罪犯由犯罪人改造成为守法公民,需要触及罪犯的思想与灵魂,而从罪犯转变的内因看,不仅需要强制,而且更重要的是要有说理。只有把强制与说理结合起来,改造罪犯的艰巨任务才有可能最终完成。改造罪犯成为守法公民作为我国监狱法的根本目的和中心任务,也是国家对监狱工作的最高要求。它要求监狱在刑罚执行过程中,必须始终把改造罪犯成为守法公民的根本任务放在各项工作的首位,这就决定了说理性必然成为我国监狱法的一个显著特征。

第二节 监狱法的制定根据和立法原则

一、监狱法的制定根据

《监狱法》第 1 条规定:“为了正确执行刑罚,惩罚和改造罪犯,预防和减少犯罪,根据宪法,制定本法。”由此可见,宪法是我国监狱法制定的最直接的法律依据。另外,国家成熟的刑事政策也要通过人民代表大会的立法程序反映到监狱法中来,这成为监狱法创制的政策依据。而且,《监狱法》的制定离不开我国 60 多年来的监狱实践工作基础,它必然要抓住监狱工作中的主要矛盾,总结成熟的工作经验,在看清实践当中问题的基础上,大胆借鉴国外解决类似问题的成功做法,这些都成为监狱法制定的实践根据。因此,作为监狱法律赖以创制、完善的客观基础,监狱法的制定依据其内容主要包括以下三个方面:

(一)宪法是制定监狱法的最根本的法律依据

宪法是国家的根本大法,在国家法律体系中具有最高的法律效力,是制定其他所有法律必须遵循的法律依据。也就是说,如果其他法律与宪法的规定相抵触,则该法律就被视为违宪而应予废除。由此可见,宪法在国家法律体系中作为“母法”的地位是至高无上的。监狱法作为从属于宪法的一个部门法,它的制定必须以宪法为根据,依据并服从于宪法。

我国《宪法》第 28 条明确规定:“国家维护社会秩序,镇压叛国和其他危害国家安全的犯罪活动,制裁危害社会治安、破坏社会主义经济和其他犯罪的活动,惩办和改造犯罪分子。”监狱法与宪法的依存关系,除了上述具体的法律规定外,还具体表现为:监狱法律制度的构建贯彻了宪法的政治要求,即有法可依,有法必依,执法必严,违法必究;宪法规定公民享有广泛而真实的政治、经济、文化和社会生活权利,是监狱法确定罪犯法律地位的重要参数,同时也是确定罪犯基本权利义务的法律标准;如果服刑罪犯的合法权益受到侵害,有依法请求赔偿的权利,等等。实质上,监狱法作为我国三大刑事法律之一,其创制的根本目的是保障宪法所确定的国家的准则得以遵守与实现,而且,宪法规定的根本制度有相当的部分必须转化为具有强制力的刑事法律规范,才能最终得以实现。由此可见,监狱法对宪法的依从表现在字里行间。

除宪法以外,监狱法的创制还必须协调好与刑法、刑事诉讼法的关系。刑法、刑事诉讼法作为国家刑事法律体系中的实体法与程序法,与负责刑罚执行的监狱法有着非常密切的联系,三者构成了国家完整的刑事法律体系。在监狱法的制定过程中,与刑法、刑事诉讼法相关联的条款必须保持一致,这充分体现了三者之间的有机联系。

(二)以改造罪犯成为守法公民为宗旨的刑事政策是制定监狱政策依据

改造罪犯成为守法公民,是我国监狱行刑活动中一项最基本的政策,其基本内容是:在严格依法管理的前提下,对罪犯运用管理、劳动、教育等手段,从政治、思想、行为、道德上全面进行医治和改造,最终把罪犯改造成为安分守己的社会公民。它体现着人类崇高的正义精神,是建立社会主义物质文明与精神文明不可分割的重要组成部分。

在改造罪犯成为守法公民这一基本政策的指导下,我们党和国家又制定了许多具体的政策,如惩罚与改造相结合、劳动与教育相结合、严格管理与教育、感化、挽救相结合、区别对待、社会主义人道主义等,形成了指导监狱惩罚与改造罪犯工作周密的政策网络。惩罚与改造相结合,既强调了监狱执行刑罚惩罚罪犯的必要性,同时又融进行刑的改造内容,突出了改造罪犯的目的性,并体现了宽严相济的基本精神。劳动和教育相结合,是指监狱改造罪犯工作中两项基本手段的密不可分,劳动离开了教育有可能变为劳役和单纯的惩罚,教育离开了劳动这一社会主要生产方式有可能变为单纯的说教或无本之木。上述各项政策的基本精神都在监狱法的制定过程中得到了充分的体现,其中最突出的就是把惩罚与改造相结合、劳动和教育相结合上升为监狱法的两项基本原则。

除此之外,在我国监狱法律的制定过程中,刑罚个别化、教育化以及管理科学化、文明化等内容都得到了较为切实的体现,如分类制度、减刑制度、假释制度、离监探亲制度等,这些都是监狱改造罪犯刑事政策的具体化、条文化和制度化。

(三)我国社会主义法治实践尤其是监狱工作的实践是制定监狱法的实践依据

在我国60多年的社会主义建设过程中,虽然社会主义法制建设经历了不少曲折与磨难,但从总体上看还是取得了许多成就和经验,尤其是党的十一届三中全会以来,社会主义法制建设更是取得了长足的进步。在刑事司法领域,20世纪70年代末至80年代初是一个值得记忆的重要历史转折时刻,国家相继颁布实施了《刑法》、《刑事诉讼法》以及监狱法律方面的一些细则、单行法规等,使我国在刑事立法和刑事司法方面迈出了非常坚实的一步。

在国家大力加强社会主义民主与法制的前提下,我国监狱工作的改革与单行立法也在有条不紊地展开。监狱系统相继推行的百分考核法、"三分"工作等改革内容都取得了空前的成功，以改造罪犯思想，补习文化技术知识为主要内容的“特殊学校”更是风起云涌。劳动改造罪犯制度的巨大成功，各项方针、政策在监狱惩罚与改造罪犯工作实践中的有效运用，都为监狱法的创制提供了基本的素材和模式。可以说，我国《监狱法》得以顺利颁布实施的一个重要原因，就是监狱法律的构建不仅吸收了社会主义法制的文明成果，而且还成功地总结了监狱工作60多年的基本经验，并积极汲取了其他国家监狱立法中的一些合理成分。

理论来源于实践，但又要高于实践，并且对实践有一定的指导作用。监狱法的创建也是遵循着上述这一基本原理，从社会主义法制建设和监狱工作的经验教训中吸收营养，不断充实和发展着自身的内容和形式。客观而言，中国监狱工作取得的举世瞩目的伟大成就，正是中国监狱法律创建的根本源泉之所在。

二、监狱法的立法原则

监狱法的立法原则，是指国家立法机关在监狱立法活动中必须遵循的指导思想和基本准则。我国社会主义法律的制定，在坚持四项基本原则这一根本指导思想的前提下，还必须遵循立法工作自身的一些规律和基本原则，监狱法的制定也是如此。从监狱立法工作的实践来看，其遵循的立法原则主要有：

（一）实事求是，从实际出发的原则

实事求是，从实际出发，是我国社会主义立法工作的本质要求和基本原则，是辩证唯物主义思想路线在立法工作中的具体运用和体现。在监狱法制的创建中坚持实事求是，一切从实际出发，最重要的是要把监狱的发展与社会主义初级阶段这个最大的实际相结合，并充分考虑监狱目前的基本状况和在押罪犯的实际情况，监狱法的创制要与社会现实相符合，不能超越客观条件和现实需要。

社会主义社会的根本任务是以经济建设为中心，大力发展社会生产力。监狱的根本任务就是惩罚和改造罪犯，维护国家安全和政治稳定，为社会经济的发展创造良好的环境条件。在社会主义初级阶段，我们必须正视经济不发达这一社会现实，同时正视监狱工作面临的现实困难，把行刑条件的综合改善、行刑观念的整体提高与社会的发展水平结合起来，要站在国家和社会的高度看待监狱的发展与提高。客观而言，目前我们已经认识到了监狱的现状、条件与其所承担的繁重任务存在诸多的不适应，解决这些问题是非常必要的，但像改造设施、经费、干警素质等问题的解决，需要一个相对渐进的过程。因此，监狱法的创制绝不可抛开这些现实问题而一味求新，更不能追求立法上的简单到位而形成监狱法司与行刑实践两张皮。

（二）原则性与灵活性相结合的原则

原则性与灵活性相结合是马克思主义的一条重要原则，也是社会主义监狱立

法工作必须坚持的一项基本原则。监狱立法中所应坚持的原则从根本上说是指四项基本原则,其中民主原则和社会主义原则是其主要内容。

监狱法作为我国社会主义刑事法律体系的三大法律之一,从政治上讲最根本的就是要坚持四项基本原则,这是制定监狱法律最基本的前提。由于监狱惩罚与改造罪犯工作的政治性、政策性与法律性极强,而且监狱又是国家机器的重要部分,如果监狱法的创制不以四项基本原则为基础,那么,监狱法的创制就会表现为与国家宪法的强烈冲突,因为四项基本原则是我国宪法明确规定的基本原则。所以,监狱法的创制只有坚持原则性,才能保持其社会主义法律的性质。

灵活性是与原则性相对应的一个基本范畴。为了实现原则性,需要一定许可的和必要的灵活性。灵活性是为了实现原则性而采取的适当的方法和手段,如果没有灵活性,原则性甚至很难实现。监狱刑罚执行和改造罪犯工作作为国家刑事法律活动的重要组成部分,只有坚持四项基本原则,才能保证改造罪犯的社会主义属性。但同时,由于全国各地的经济发展不平衡,每一个监狱的情况都不尽相同,这就更应在统一的原则要求之下,允许有一定的灵活性,因地制宜。监狱法的条文原则性较强,正是体现了原则之下的灵活性。当然,坚持原则性与灵活性相结合,原则性是前提和主导,灵活性是实现原则性的条件和保证。

(三)稳定性、连续性与可变性相结合的原则

稳定性与连续性,是法的内在属性之一。稳定性是指法律一经制定和颁布,必须保持其严肃性,绝不能朝令夕改,任意废弃。连续性是指法律不能随意中断,在修改、补充或制定新的法律时,应保持与原有法律的承续关系,尤其是不能因领导人的改变而改变。

我国社会主义监狱的改造罪犯工作是一项十分严肃而神圣的执法工作,维护社会主义监狱法的稳定性与连续性,既是监狱工作本身内在属性的必然反映,同时也是做好这项工作的客观要求。实践证明,保持监狱法律的稳定性与连续性,对于维护正常的监管秩序和社会稳定,保护和发展社会生产力,以及维护监狱法律本身的权威性和尊严,都是十分必要的条件与保障。如果监狱法律朝令夕改,随意中断或废弃,不仅会降低法律本身应有的规范作用与号召力,而且还会使监狱工作的组织管理者无所适从,正常的监管秩序和罪犯的有效改造更是无从谈起。

监狱立法要坚持稳定性,这是立法的基础,但稳定性又是有条件的。社会主义法律作为国家的上层建筑,必然会随着经济基础的变化而变化,受社会经济、政治、文化等各种条件的发展所制约。这种变化表现在立法以上,就是要适应社会客观发展变化的需要,不断进行制定、修改或废止法律规范的活动。所以,监狱法律不可

常变,但又不能不变,需要恰当地把监狱法的稳定性同其可变性有机地结合起来。1994 年颁布施行的《监狱法》,就是在 1954 年《劳动改造条例》的基础上制定而成,内容上既有承续又有变化与发展,体现了监狱立法的稳定性、连续性与可变性的有机统一。

(四)法制统一的原则

法制统一的原则,即法的内部必须协调一致。法制统一的一致性具体表现在:必须统一立法尺度和标准,一切法的制定都必须以国家宪法为依据,并且不能与宪法相冲突。一个部门法律与其相近或相关的部门法律必须保持协调一致,特别要注意各个部门法之间的相互补充和相互配合。部门法律内部的各种法律规范必须协调统一,不能出现自相矛盾或前后不一的立法冲突。

在监狱法的制定中,法制统一的重点是要协调好监狱法与其他刑事法律的相互关系,在内容上除和宪法保持高度一致外,还必须处理好与刑法、刑事诉讼法的关系,并在相关联的内容与程序上保持持协调一致。加强社会主义民主与法制建设,法制统一是前提和基础,而在刑事法律制度体系和刑事司法、执法领域,法制统一更显得尤为重要,因为它涉及的是人最重要的权利直至生命权。

维护社会主义法制的统一和尊严,是人民民主专政的社会主义中国保护人民权益的最集中的体现,同时也是限制司法枉纵和建设社会主义法治国家的基本要求。在与监狱改造罪犯工作密切相关当刑事司法领域,避免各个刑事法律之间的冲突或不协调,是监狱立法贯彻法制统一原则最需迫切解决的问题之一。

(五)比较借鉴的原则

监狱立法工作要从我国的社会实际和监狱的现实情况出发,这是我国社会主义监狱立法工作的基本出发点。但是,同时又必须吸取、借鉴古今中外监狱法制的一切有益经验,摆正现实状况与历史经验及外国经验的辩证关系。基于人之本性所产生的社会,无论东方西方,必然有其共性。于是有老子的古训"人法地,地法天,天法道,道法自然"。而古希腊斯多葛学派也主张"按照自然而生活"。由此可知,同属自然之人类,本有其共同的理念与法则。以法律而言,中国、西方法律虽文化传统各异,然而毕竟都是人类社会的法律;必然有其共同的人性内涵。所以,考察法律,应着眼超越地域、国度和民族,甚至超越时空的人际层面,努力发现本来属于整个人类的理念和规范,并在此基础上寻求并促进人与人、民族与民族、国家与国家之间越来越普遍深入的交往。

因此,只有在借鉴古今中外立法经验的基础上,才能使我国的监狱立法工作真正奠基于科学之上,并能适应指导监狱工作及加强监狱工作国际间交流的需要。

事实证明，古今中外的监狱法制对我国社会主义的监狱立法都有一定的启示。当然，这种吸取和借鉴，不是简单的照抄照搬或拿来主义，而是要在批判的基础上，汲取其精华，剔除其糟粕，并使之在本质上有新的升华。

第三节 监狱法律体系

一、监狱法律在法律体系中的地位

法律体系（legal system）是指由一国各法律部门构成的、具有内在联系的整体。如果把法律体系整体看成宏观结构，那么法律体系的宏观结构是由公法、私法、社会法三方面构成的。而公法、私法和社会法三方面各自又都有自己的结构，它们就是各个法律部门。某个部门法在法律体系中的地位是由其调整对象、调整方式等因素决定的。据此，监狱法在中国法律体系中的地位可分析为：

监狱法属于公法范畴。法律在古罗马时期就被分为公法与私法两大类。罗马法学家乌尔比安认为，有关罗马国家的法是公法，有关私人的法为私法。这种划分一直沿用到今天的大陆法体系。关于什么是公法，什么是私法，历来存在争议。一般来说，所谓公法主要是指关于国家或国家与个人之间权利义务关系的法律部门的总和，包括行政法、刑事法、组织法、财政法等。监狱法从其调整对象来看，主要是代表国家的监狱与罪犯之间的权利义务关系；从调整方式来看，是以国家的强行干预为主，监狱和罪犯之间地位是不平等的，是处于支配与被支配的地位；从监狱法的本位来看，是以国家为本位的法；从追求的价值目标来说，监狱法在价值取向上侧重于程序与公平。从以上几点可以看出，监狱法带有浓重的公法色彩。

监狱法在性质上属于刑事法。监狱法是调整国家审判机关生效刑事判决执行过程中有关社会关系的法律规范的总和，是中国刑事法律的一个组成部分。需要指出的是，有论者认为，监狱法调整的是监狱的刑罚执行活动，监狱由司法部——司法行政机关领导，因此，监狱是行政机关，监狱法是行政法。这种观点是失之偏颇的。因为监狱和罪犯之间虽然是支配和被支配的关系，监狱处于主导地位，但是我们应该看到这种关系的产生是基于审判机关的刑事判决而产生的，刑罚执行也是国家刑事诉讼活动的一个重要环节。当然，监狱系统内部有其行政管理活动，但这是一种内部行政，一般不涉及罪犯的权利义务。所以，这种以机关性质而确定监狱法为行政法的观点是不正确的，其在理论和实践上都是无益的。因为刑事法和行政法从立法权限、法律后果、罪犯权利义务的保护等方面都是不同的。

监狱法属于刑事执行法。在刑事法律体系中,监狱法调整的是国家审判机关生效刑事判决所确定的刑罚执行过程中的社会关系。监狱法事实上已经构成我国刑事执行法的基本和主要部分。可以相信,我国第一部监狱法典的制定和实施,必将为我国刑事执行法律体系的日益科学、完善和刑事执行司法体系的建立,提供良好的理论的、立法的和实践的条件和基础。

监狱法具有基本部门法律的属性和特点。它与刑法、刑事诉讼法共同构成刑事法律的三个基本组成部分,三者相互衔接、相互支持,共同构筑起我国刑事法律的基本框架。由于社会主义国家监狱的性质、任务和职能,不再是审判机关的附属,监狱的刑罚执行活动也不只作为审判活动的结果或附属而存在,因此,监狱法的基本核心部分实质上具有与刑法、刑事诉讼法同样的基本刑事部门法的地位和特点。从国家刑事司法活动,对犯罪的侦查、起诉、审判和刑罚执行四个基本环节划分的角度,监狱法同样具有刑事基本部门法的意义。

二、监狱法律体系

监狱法的体系是指监狱法的组成和结构,它是指监狱法律渊源形式在整个体系中的有次序、有层次的排列。监狱法律体系与监狱法的渊源可以说是同一个事物的两个方面,两者共同地从种类或性质、内容或形式两个方面说明了监狱法的存在与结构。

在法学上,法的渊源一般是指法的表现形式,即国家机关制定或认可的法律规范文件所具有的各种不同的形式与名称,如法律、法令、法规、条例、决议等。由此可见,监狱法的渊源,是指由国家机关制定或认可的监狱法律规范文件所具有的各种不同的形式与名称。它主要表现为一定的监狱法律规范性文件的形式,既反映了不同的立法规格,又体现了不同的法律效力。我国监狱法的内容和表现形式都很丰富,形成了一个比较完整的法律法规体系。监狱法的渊源从内容层次上可以分为五级:

(一)《宪法》中的有关条款是监狱法最高的表现形式

宪法是我国的根本大法,是国家制度的总章程,在国家法律体系中具有最高的法律地位和法律效力。宪法作为我国各部门法的最主要的渊源,其与有关部门法相关联的条款,既是制定各个部门法的法律依据,同时又可以从广义上理解为属于该部门法的渊源。当然,宪法有关条款的这种渊源,与部门法的其他法律表现形式相比具有一定的特殊性。

《宪法》第28条明确规定了国家同犯罪现象作斗争的基本方向，其中的"惩办和改造犯罪分子"更是奠定了监狱法的基础，它也可以理解为监狱法律规范的起点，所以，应该作为监狱法的最高表现形式。

(二)《监狱法》规定了监狱行刑活动的基本范围，是监狱法的主要表现形式

第八届全国人大常委会于1994年12月29日颁布实施的《监狱法》，是与《刑法》和《刑事诉讼法》相并列的部门法。它以规制监狱惩罚与改造罪犯活动为主要内容，是一部全面、系统、专业的监狱工作最基本的法律。《监狱法》明确规定了监狱的性质、任务、职能，监狱管理的基本制度，行刑运转的基本原则与机制，罪犯的法律地位与权利保护，未成年犯的行刑与改造以及监狱经费保障等问题。和《劳动改造条例》相比，《监狱法》无疑更具权威性、专业性和时代性，是一部较为完备和成熟的法律，也是指导监狱行刑与改造罪犯工作的主要法律依据。

(三)国务院及其有关部委制定的监狱行刑工作的行政法规和规章，是监狱法的重要表现形式

国务院及其所属各部委，主要包括司法部、公安部、民政部等，它们依法制定的有关监狱行刑与改造罪犯工作的行政法规和规章，是对监狱基本法律规范的补充与完善，它们是在依据《刑法》《刑事诉讼法》《监狱法》的基本规定的基础上，对监狱法中一些原则性规定的进一步阐释与扩充，主要解决《监狱法》中不够明确或者没有规定的监狱行刑与改造罪犯工作的细节性问题，以便为监狱行刑与罪犯改造工作提供更为明确具体的法律标准和要求。由于监狱改造罪犯工作的实践性和可操作性都很强，因此，单靠一部《监狱法》不可能既解决宏观上的理论、原则、方向、指导思想，同时又解决微观上的具体操作问题。

《监狱法》作为一个部门法律，有严格的创制要求和制定规范，它主要还是起提纲挈领的作用。从社会主义法制的角度看，《监狱法》规定的基本精神必须通过一些可操作性很强的具体的行政法规与规章来体现，这反映出了监狱法的层次性。一部《监狱法》所作的规范性调整，针对复杂的监狱行刑与改造工作而言，它不可能无所不包。因此，监狱立法中的系统组合，既是监狱立法工作内在规定性所致，也是监狱改造罪犯工作的一种客观要求。

(四)《刑法》《刑事诉讼法》中有关刑罚适用和监狱改造罪犯工作的条款，也是监狱法的一种表现形式

《刑法》《刑事诉讼法》作为与犯罪现象作斗争的刑事实体法与刑事程序法，除了规定定罪量刑的标准、尺度、原则、程序等外，还有一些具体条款涉及自由刑的执

行问题。这些条款虽然不多，但却成为监狱组织行刑与改造罪犯法律活动的直接依据。《刑法》《刑事诉讼法》中有关刑罚执行的法律规定，必然会对监狱立法及执法工作产生重要而直接的影响。由于《刑法》《刑事诉讼法》《监狱法》同为刑事法律，因此，在我国社会主义刑罚目的的指导下，三者在法律内容上必然有着密切的联系与衔接，而且，作为刑罚执行法的监狱法律应该受《刑法》《刑事诉讼法》的业务指导，如减刑、假释及适用法律的程序等。所以，《刑法》《刑事诉讼法》中的有关条款便成为监狱法律的一种渊源。并且，这些条款具有渊源上的两重性。

（五）有关监狱行刑与改造罪犯工作的法律解释，也是监狱法的表现形式

在监狱法律规范中，具有法律效力的法律解释有二：一是国家立法机关的立法解释；二是国家司法机关的司法解释。全国人民代表大会及其常务委员会，作为国家立法机关对有关监狱法律法规的规范要求所作的阐释，和原监狱法律规范条文的效力一样，属于监狱法律规范的有机组成部分。最高人民法院和最高人民检察院作为国家最高的司法机关，针对监狱法律规范贯彻实施过程中遇到的一些问题所作出的具有规范性文件意义的解释为司法解释，该解释对监狱行刑与改造罪犯工作也具有规范的约束作用。此外，地方各级政府和人大制定颁布的有关监狱工作的政令、法规性文件等，也是监狱法的有机组成部分。

总之，监狱法的具体表现形式多种多样，各种不同层次、不同效力的法律形式相互补充，构成了一个完整的监狱法律体系，有机地调整着监狱行刑和改造罪犯工作。监狱法指的正是这一完整的法律规范体系。

第五章　监狱工作的方针、政策和原则

重点提示

监狱工作的方针是指国家为监狱刑罚执行、惩罚与改造罪犯工作确定的指引监狱工作方向和目标的总体性规定；监狱工作的政策是指党和国家为监狱工作确定的在刑罚执行过程中应遵循的行动准则；监狱工作的原则是指监狱在对罪犯进行惩罚和改造过程中所依据的具有普遍约束力的标准。中华人民共和国成立以来的各个历史时期，监狱工作方针、政策和原则对我国监狱工作的发展起到了重要的指导作用。

第一节　新中国监狱工作的方针

监狱工作的方针是指国家为监狱刑罚执行、惩罚与改造罪犯工作确定的指引监狱工作方向和目标的总体性规定。

监狱工作方针是针对我国特定历史时期监狱工作的整体确定的，具有整体性和导向性。监狱工作方针对我国监狱工作的发展起到了重要的指导作用，这种作用不仅体现在监狱工作的实践当中，也体现在监狱法律规范的制定当中。随着国家的形势和监狱工作实践的发展，监狱工作方针需要适时加以调整，因此，监狱工作方针是不断发展完善的。

中华人民共和国成立以来，党和国家为了指导监狱工作，先后为监狱工作制定过四个方针，我们一般将这几个方针概括为“三个为了”方针、“两个结合”方针、“改造第一，生产第二”方针和“惩罚与改造相结合，以改造人为宗旨”方针。其中“惩罚与改造相结合，以改造人为宗旨”是我国监狱工作现行的指导方针。

一、“三个为了”方针

中华人民共和国成立后，为了巩固新生的人民政权，1950 年 10 月 10 日，中共中央发出《关于镇压反革命活动的指示》，在全国范围内开展了大规模的镇压反革命运动。一大批危害国家安全的犯罪分子和普通刑事犯罪分子依法被判刑羁押，监狱在押罪犯人数一时激增。由于新生的人民政权接管的旧监狱大多残破，且基础设施较差。如何对大批被判处徒刑的罪犯进行有效羁押、管理、改造成为急需解决的问题。在这样的背景之下，1951年5月，在中央直接领导下，公安部召开了第三次全国公安会议，组织全国犯人劳动改造是这次会议的一个重要议题。第三次全国公安会议通过了《关于组织全国犯人劳动改造问题的决议》，决议指出："大批应判徒刑的犯人，是一个很大的劳动力。为了改造他们，为了解决监狱的困难，为了不让判处徒刑的反革命分子坐吃闲饭，必须立即着手组织劳动改造工作。"在这个决议当中，明确了劳动改造罪犯的指导思想和主要措施，并且对监狱管理体制、武装看押罪犯、罪犯劳动项目、监狱经费来源都作出了具体规定。决议中所指出的"三个为了"在中华人民共和国成立初期实际上成为监狱工作的基本方针，在这一的方针指引下，各地迅速建立起比较完整、系统的监狱工作管理体制，逐渐解决了监狱押犯拥挤和罪犯坐吃闲饭的问题，罪犯改造工作得以全面展开。

"三个为了"方针的基本内容就是："为了改造他们，为了解决监狱的困难，为了不让判处徒刑的反革命分子坐吃闲饭。"劳动是改造罪犯的一种基本手段，监狱组织罪犯劳动改造的根本目的和任务是把罪犯改造成为自食其力的劳动者。监狱组织罪犯参加生产劳动，目的是使罪犯在参加劳动的过程中改造思想、矫正恶习。同时，监狱在组织罪犯参加生产劳动的过程中，不仅要完成改造罪犯的政治任务，同时还要让罪犯作为劳动力为国家创造物质财富，完成一定的经济任务。这是由当时特定的历史背景决定的。

在"三个为了"方针的指引下，公安部着力推进监狱各项工作的展开。一是成立劳改管理机构，在公安部三局（治安行政局）组建了第四处，负责全国劳改工作；在大行政区和省（自治区）设劳改处，在专署设劳改科，在县设劳改股。二是组建劳改干部队伍。劳改干部队伍主要来自五个方面：公安机关内部调配、解放军转业复员人员、党政机关选调、毕业学生、少量留用的旧监狱专业人员。总体来看，具有"三多"的特点，即复转军人多、党团员多、年轻人多。尽管当时干部配备比例仅仅达到押犯人数的1.58%，但就是这批人数严重不足的创业者，为新中国的劳改事业奠定了基础、打开了局面。三是建设劳改场所，发展劳改生产。在"三个为了"方针的指引下，中华人民共和国成立初期的监狱把场所建设和组织生产结合起来，坚持自力更生、服务于国家经济建设的原则，广大劳改干部顶烈日、战严寒，风餐露宿、披荆斩棘，在后人难以想象的艰难条件下，带领犯人垦荒造田、开矿建厂、架桥筑路、兴修水利,在短时间内就基本实现自给,新建了一大批劳改单位,其中有许多万亩以上的大农场和千人以上的大型工矿生产企业。在“三个为了”方针的指引之下,新中国的劳改工作取得了非常突出的成就。

二、“两个结合”方针

在“三个为了”方针的指引下,新中国监狱工作大规模地创建,迅速地解决了一大批罪犯的监管改造问题。但由于经验不足,在监狱工作创建过程中也出现了一些问题,如中央、大行政区、省、专署、县五级办劳改,在缓解监狱押犯激增压力的同时,也带来管理上过于分散的问题,由于管理上过于分散,在刑罚执行上出现了一些问题。又如,监狱组织罪犯劳动项目问题,出现个别地方的监狱在组织罪犯劳动的项目安排上有单纯营利、与民争利、不适应国家经济建设需要等现象。再如,在对罪犯的惩罚与改造、劳动与教育关系的认识和处理上,还存在一些认识上的偏差。

1952年6月,召开了第一次全国劳改工作会议。会议重点解决了在监狱工作中存在的一些突出问题,确定了监狱设置和监狱组织罪犯的生产劳动项目逐步走向集中的发展方向。在监狱组织罪犯生产劳动项目上决定今后主要从事兴修水利、筑路、开荒、开矿等国家基本建设。在罪犯的监管改造上提出:“在强迫罪犯劳动生产中,必须同时进行严格的管制和经常的教育工作,两者不得脱节。”第一次全国劳改工作会议在我国监狱工作中具有重要的作用,它奠定了建立新中国监狱制度的基础,同时也孕育着“两个结合”监狱工作方针的诞生。

1954年9月,政务院颁布了《劳动改造条例》。《劳动改造条例》第4条明确规定了监狱工作的方针:“劳动改造机关对于一切反革命犯和其他刑事犯,所施行的劳动改造,应当贯彻惩罚管制与思想改造相结合、劳动生产与政治教育相结合的方针。”这就是我们所说的“两个结合”的工作方针。

“两个结合”方针的基本内容是:我国监狱在执行刑罚的过程中,不仅对罪犯实施惩罚管制,而且要对罪犯进行思想改造,二者同时进行、互相结合,充分发挥其各自的作用,从而达到我国刑罚的目的;监狱对罪犯的改造是通过一定的方法和手段进行的。劳动改造作为一种改造手段,其根本目的是使罪犯在参加生产劳动的过程中,感受到劳动改造这一手段的作用,体会到劳动的意义和价值,在思想上发生潜移默化的改变。但是,监狱组织罪犯参加的生产劳动与社会上的生产劳动不同。它不仅要生产出物质财富,更重要的是要在生产劳动中把罪犯改造成为新人。如果在生产劳动中不对罪犯进行政治教育,这种生产劳动就会成为单纯的创造社会财富的过程,劳动改造这一基本手段就难以发挥作用,也难以达到改造罪犯成为新人的目的。为此,劳动生产必须与政治教育相结合,才能发挥劳动改造这一手段的作用,才能实现监狱组织罪犯参加生产劳动的真正意义。

三、“改造第一,生产第二”方针

在“两个结合”的监狱工作方针提出之后,新中国监狱工作不仅充分发挥了劳动改造这一基本手段的作用,而且为国家和社会创造了一定的社会财富。但是,在我国监狱工作进入全面发展时期后,由于个别监狱和少数监狱管理干部对我国监狱工作的宗旨认识不足,在监狱工作中也出现了严重偏差——片面追求经济利益,把是否赚钱放在第一位,生产指标过高、劳动强度过大,甚至出现了单纯惩罚罪犯的违法现象。针对监狱出现的一系列问题,刘少奇于1956年代表党中央提出了“改造第一,生产第二”的监狱工作新方针。在1964年召开的第六次全国劳改工作会议上,“改造第一,生产第二”的方针被正式写入会议纪要。这条方针是在“两个结合”方针的基础上制定的,由于需要解决的问题不同,所以在表述上突出的重点不同,但这两个方针在内涵上都是以改造人为宗旨的。“改造第一,生产第二”的监狱工作方针从1964年全国劳改工作会议确立后,先后共使用了30年。这一监狱工作方针是中华人民共和国成立后所制定的方针中使用时间最长的一个。

“改造第一,生产第二”方针的基本内容是:把大多数罪犯改造成自食其力的守法公民,是监狱首要的、第一位的政治任务;在完成罪犯改造政治任务的同时,通过组织罪犯生产劳动,为社会创造一定的物质财富和经济利益,是第二位的,是为改造罪犯的政治任务服务的。这一方针包括了改造和生产两个基本的方面。由于对罪犯的改造是监狱的一项基本职能和任务,所以监狱在任何时候都要坚持把对罪犯的改造放在最重要的位置。但是,对罪犯的改造必须通过一定的手段来完成。劳动改造就是改造罪犯的基本手段。在对罪犯使用劳动改造这一手段时,必须组织罪犯参加有益于社会和人民的生产劳动。如果脱离改造而单纯搞生产劳动,把完成经济指标放在第一位,就失去了监狱组织罪犯参加生产劳动的本来意义。

四、“惩罚与改造相结合,以改造人为宗旨”方针

1978年党的十一届三中全会以后,国家进入了以经济建设为中心的历史新时期。改革开放的不断深化和扩大,给监狱工作带来了重大影响。20世纪80年代开始,我国罪犯构成较20世纪五六十年代发生了一系列重大变化。从犯罪性质上看,由以反革命罪犯、社会渣滓为主转变为以侵犯财产型罪犯为主;从罪犯年龄结构上看,由以中老年罪犯为主转变为以中青年罪犯为主;从罪犯的文化程度上看,由具

有较高文化程度的罪犯占较大比例转变为文化程度低下和文盲、半文盲的罪犯占较大的比例;从犯罪趋势上看,一些新的犯罪类型从无到有,逐渐增多,如计算机犯罪、黑社会犯罪、跨国犯罪等。罪犯构成的变化及罪犯思想、心理、行为特征的变化使改造工作难度增大。在这种历史背景下,1995 年在国务院国发〔1995〕4 号文件《国务院关于进一步加强监狱管理和劳动教养工作的通知》中,明确提出了监狱工作要坚持"惩罚与改造相结合,以改造人为宗旨"的方针。

"惩罚与改造相结合,以改造人为宗旨"方针的基本内容:(1)"以改造人为宗旨"是监狱工作的总体性要求。监狱的基本职能和任务是惩罚和改造罪犯,但是仅仅对罪犯实施惩罚不能满足预防和减少犯罪的社会要求,这就要求监狱不仅惩罚罪犯,而且要把罪犯转变成为无害于社会和他人的公民。但是,受认识水平、社会角度、利害关系等因素的影响,监狱在执行刑罚时,对罪犯实施惩罚和改造时可能会出现偏差。监狱工作除了刑罚执行工作外,还有其他工作,在处理这些工作之间的关系时需要分清主次。这就需要从总体上对监狱工作提出一个要求,以确保监狱各项工作都要以这个要求为目标进行。"以改造人为宗旨"就是党和国家对监狱工作的总体要求,它体现了国家和人民的意志和根本利益。(2)"惩罚与改造相结合"是我国监狱实现监狱工作宗旨的根本途径。惩罚罪犯与改造罪犯是我国监狱执行刑罚中两项最主要的活动,这两项活动互相联系,又互相区别,有机地统一于我国监狱刑罚执行工作之中。

正确地贯彻实施"惩罚与改造相结合",必须处理好惩罚与改造之间的辩证关系。(1)"惩罚与改造相结合"对惩罚罪犯的基本要求是:监狱依法对罪犯实施监禁,剥夺其人身自由,使其与社会隔离;强制罪犯遵守监狱法律、法规,履行义务。对于违反监狱法律、法规和拒绝履行义务的罪犯,依法严惩。惩罚要为罪犯接受改造提供前提和保证,体现刑罚的内在属性,也为我国监狱各项工作的顺利进行提供前提和保证。(2)"惩罚与改造相结合"对改造罪犯的基本要求是:监狱依法对罪犯实施以思想转变为目的,包括管理、劳动、教育等各种手段在内的有系统的改变犯罪思想、矫正犯罪恶习的活动,这种活动在惩罚的前提下进行,其目的是将罪犯转变成为守法公民。为了实现这种转变,监狱不仅要改变罪犯的犯罪思想,而且要使其树立正确的世界观、人生观、价值观;不仅要矫正犯罪恶习,而且要使其掌握一种或几种谋生的技能,以便其回归社会后能够自食其力。(3)"惩罚与改造相结合"对二者相结合的要求是:在监狱的刑罚执行活动中,惩罚罪犯与改造罪犯二者并举,努力把握好二者的结合点。(4)"惩罚与改造相结合"正确的做法是:对罪犯严格按照监狱法规进行监禁,强制其遵守监狱法规、纪律,履行义务。对于违反监狱法规、纪律和不履行义务的罪犯,给予严厉打击。同时对罪犯进行系统的、有目的的改造,进行政治思想、文化知识、职业技术教育;组织罪犯进行生产劳动,使其养成劳动习惯,学会劳动技能。在改造过程中充分发挥管理、劳动、教育等手段的作用,使罪犯在认罪服法的基础上,痛改前非,成为遵纪守法、自食其力的社会公民。

第二节　新中国监狱工作的政策

监狱工作政策是指党和国家为监狱工作确定的在刑罚执行过程中应遵循的行动准则。我国的监狱工作政策主要包括:惩罚管制与思想改造相结合;劳动生产与政治文化技术教育相结合;严格管理与教育、感化、挽救相结合;社会主义人道主义;区别对待。

一、惩罚管制与思想改造相结合

对罪犯实施惩罚管制是监狱的一项基本任务,也是监狱工作的一项主要活动。对罪犯实施惩罚管制,是在法定的范围内进行的,按照法律的规定剥夺其人身自由,管制其行为。这种惩罚管制仅限于罪犯依法被剥夺或限制的权利,不得侵犯罪犯未被依法剥夺或限制的权利,更不得对罪犯体罚、虐待。惩罚管制既是刑罚固有属性的体现,也是对罪犯进行思想改造的前提和保证。罪犯只有在其人身自由被剥夺、其行为受到管制时,才能够接受对其进行的各种改造。

对罪犯实施思想改造是监狱的又一项基本任务。罪犯之所以走上犯罪道路,是因为多种因素相互作用的结果。这些因素包括政治的、经济的、社会的、思想的等多种因素,其中思想的因素起着支配的作用。如果其犯罪思想得不到彻底改造,罪犯刑满释放回归社会后仍有可能重新犯罪。为此,对罪犯的改造主要是对其犯罪思想的改造,使其在改造思想的过程中逐渐树立正确的世界观、人生观、价值观、道德观、法制观等。

惩罚管制与思想改造相结合就是使监狱的两项任务有机地结合在一起。对罪犯依法惩罚、严格监管,这项工作做得越好,监狱的监管秩序越稳定,对罪犯接受改造就越有利。否则,如果罪犯感受不到刑罚的威严,监管改造秩序混乱,对罪犯的改造也难以进行。对罪犯依法进行思想改造,促进其认罪悔罪、痛改前非,早日实现向守法公民的转化,则促进惩罚管制各项工作的顺利进行。因此,二者的结合越密切,对监狱工作的发展越有利。在监狱工作中,偏废任何一方,或者是两项工作没有有机结合,都会给监狱工作带来重大影响。

二、劳动生产与政治文化技术教育相结合

劳动改造是我国监狱改造罪犯基本手段之一。监狱组织罪犯参加生产劳动,是运用劳动改造这一手段的具体表现形式,生产劳动是劳动改造这一手段的载体。把劳动作为对罪犯进行改造的一种手段,是由劳动自身的特性和对罪犯有着独特的意义决定的。劳动是人类最基本的实践活动,罪犯在劳动中可以逐渐树立“不劳动者不得食”的观念,矫正好逸恶劳、贪图享受的恶习。罪犯在劳动过程中可以掌握一种或几种劳动生产技能,为刑满释放后就业创造条件。罪犯参加的生产劳动多为劳动力密集型的生产项目,可以培养罪犯与他人的协调和合作精神,使之在回归社会后能够尽快适应环境。但是,劳动对罪犯的作用不是自发地进行的,单纯的劳动不可能改变罪犯的思想认识。在罪犯生产劳动过程中,必须同时进行政治、文化、技术教育,同时使用教育改造手段,才能使罪犯转变思想,成为守法公民。

劳动生产与政治、文化、技术教育都是改造罪犯的手段,各自的作用、功能不同,单纯地使用一种手段或者把二者人为地割裂开来,都不会实现将罪犯改造成为守法公民的目的。只有二者密切结合、有机联系,才能充分发挥这两种手段的作用。

三、严格管理与教育、感化、挽救相结合

对罪犯进行严格管理和对罪犯进行教育、感化、挽救是我国监狱在刑罚执行工作中一直坚持的做法。但是作为一项刑事执行政策是在1981年第八次全国劳改工作会议确定的。这一政策是在新的形势下根据罪犯出现的新的特点提出的。

严格管理是指依据监狱法律、法规的规定,对罪犯的管理必须有严肃的纪律、严密的组织、严格的要求、严明的奖惩。这样在刑罚执行工作中才能充分发挥管理在改造罪犯中的约束、矫治、激励和引导作用。但是,严格管理的目的是强迫罪犯遵纪守法,以保证刑罚的顺利执行,为改造罪犯创造前提条件。教育、感化、挽救是对改造罪犯提出的方法和要求,即用教育、感化来启迪罪犯的心灵,转变其犯罪思想,达到挽救的目的。二者之间的关系也是一种辩证统一的关系,二者的区别主要在于,严格管理主要侧重于罪犯的行为规范方面,以严格管理来规范罪犯的行为。教育、感化、挽救主要侧重于罪犯的思想转化方面,以教育、感化、挽救的方法来改造罪犯的思想。二者的有机结合才能既转化罪犯的思想,又矫正罪犯的恶习,使罪犯成为思想上和行为上都符合社会要求的守法公民。

四、社会主义人道主义

对罪犯实行社会主义人道主义政策，是我国监狱的一个显著特征。我国监狱在改造罪犯的实践中注重贯彻社会主义人道主义的政策，对罪犯不仅保障其应有的生活条件，更尊重其人格，禁止侮辱；对罪犯在监狱服刑期间应享有的合乎人道的物质生活待遇和监狱管理人员必须对罪犯实行文明管理，都作了明确的规定。在监狱工作中贯彻执行这一政策，要做到以下几点：一是将罪犯改造成为守法公民是社会主义人道主义政策的集中体现；二是要把罪犯当公民看待；三是要为罪犯创造一个改恶从善、悔过自新、有利于养成良好习惯的环境氛围。

对罪犯实行社会主义人道主义政策必须在法律规定的范围内，不能超越法律的界线。在监狱刑罚执行工作中贯彻社会主义人道主义政策的根本目的是把罪犯改造成为守法公民。

五、区别对待

区别对待这一政策的基本精神是：针对改造对象的不同情况，采取不同的方法和措施进行管理、教育。由于罪犯在犯罪性质、主观恶性、个人经历、文化水平、家庭环境等方面都存在差别，这就决定了他们在改造过程中有着不同的需求和表现，因此，实行区别对待的政策，能有效地促进罪犯的改造。区别对待的政策，其主要内容有：

1. 管理上的区别对待。根据罪犯的犯罪性质、年龄、刑罚种类，同时综合考虑其犯罪手段、行为方式，对罪犯实行分管分押。目前，我国监狱正在全面推行分类管理、分级处遇制度，这是区别对待政策在罪犯管理上的主要表现。

2. 教育上的区别对待。教育上的区别对待主要表现为对罪犯的分类教育和个别教育上，尤其是个别教育，它是对罪犯有针对性地进行政治、思想、道德、法制等方面的教育。教育上的区别对待对于疏导和转化罪犯的思想，促进罪犯的改造，具有特别重要的作用。

3. 劳动上的区别对待。参加劳动是罪犯的一项义务。《监狱法》第 69 条规定：“有劳动能力的罪犯，必须参加劳动。”罪犯由于年龄、体质、性别等不同，决定了监狱在组织罪犯劳动时，要根据罪犯的具体情况，科学合理地安排劳动项目，规定劳动任务。

4. 奖惩上的区别对待。《监狱法》第 56 条规定：“监狱应当建立罪犯的日常考核制度，考核的结果作为对罪犯奖励和处罚的依据。”在监狱改造罪犯工作中，对于接受教育改造,确有悔改或立功表现的,根据具体表现给予相应的奖励。对于违反监狱法规,抗拒改造的,及时给予处罚。奖罚分明、充分发挥奖惩的激励和制约作用。

第三节 新中国监狱工作的原则

监狱工作的原则是指监狱在对罪犯进行惩罚和改造过程中所依据的具有普遍约束力的标准。我国《监狱法》第3条规定:“监狱对罪犯实行惩罚和改造相结合、教育和劳动相结合的原则,将罪犯改造成为守法公民。”根据《监狱法》的这一规定,我国监狱工作的原则为:惩罚和改造相结合;教育和劳动相结合。

一、惩罚和改造相结合

(一)惩罚和改造相结合是实现我国监狱基本功能的要求

监狱作为国家的刑罚执行机关,依照法律的规定,对被人民法院判处死刑缓期二年执行、无期徒刑、有期徒刑的罪犯关押在监狱内执行所判处的刑罚,实施惩罚和改造,将罪犯改造成为守法公民。这是监狱在与犯罪现象作斗争,维护社会的稳定与发展中所承担的任务。监狱是通过这一任务的完成来体现自身的价值所在。

惩罚和改造是我国监狱的基本功能。

对罪犯实施惩罚是监狱所具有的本质属性,我国监狱对罪犯的惩罚表现为:依据法律的规定,将被人民法院判处死刑缓期二年执行、无期徒刑、有期徒刑的罪犯收监,按照法律确定的期限剥夺其人身自由,进行监禁。同时依法限制和停止罪犯其他权利的行使,强制罪犯履行法律规定的特定义务。

对罪犯实施矫正、改造是近现代社会新的行刑思想诞生后,由国家赋予监狱的一项功能。我国以马克思列宁主义、毛泽东思想中的罪犯改造理论为指导,用法律的形式明确规定监狱对罪犯进行改造的功能。

我国监狱对罪犯的改造表现为:监狱依据法律的规定,对监狱内服刑罪犯进行有目的、有计划地以转变思想,树立法律意识为核心。矫正罪犯犯罪恶习,养成守法行为习惯,同时对罪犯进行文化知识教育和职业技能培训,使罪犯具有一定文化知识和谋生职业技能的过程。

将罪犯改造成为守法公民既是监狱工作的目标,又是监狱工作的任务。为了将罪犯改造成为守法公民,必须对罪犯实施一系列改造措施。这些改造措施只有在罪犯被依法剥夺自由,实行严格的监禁管理条件下才能具体运用。惩罚是改造的前提,改造是惩罚的目的,二者的有机结合才能将罪犯改造成为守法公民,最终实现监狱工作的目标,完成监狱工作的任务。

(二)惩罚和改造相结合的价值

惩罚罪犯和改造罪犯是我国监狱的基本功能,我国监狱的这两项基本功能都必须实现,缺一不可。确立"惩罚和改造相结合"的原则其价值取向就在于解决监狱基本功能在实现过程中出现的问题。

惩罚和改造虽然都是监狱的基本功能,但是,二者的内涵不同,表现表式不同,二者的运作方式也不相同。由于思想认识上的原因或者其他因素的影响,可能出现对罪犯只讲惩罚不讲改造,或者只讲改造不讲惩罚的现象,还可能出现重视惩罚轻视改造,或者轻视惩罚重视改造的倾向。这些现象或倾向需要通过贯彻实施"惩罚和改造相结合"的原则加以调整、解决,实现监狱对罪犯的惩罚和改造两项基本功能的。

二、教育和劳动相结合

(一)教育和劳动相结合是实现我国监狱工作宗旨的要求

我国监狱罪犯的改造是通过一定的方法和手段具体实施的。正如毛泽东同志指出的:"我们的任务是过河,但是没有桥或没有船就不能过。不解决桥或船的问题,过河就是一句空话。不解决方法问题,任务也只是瞎说一顿。"[①]对罪犯的改造也是如此,是通过具体的方法和手段的实施完成改造罪犯成为守法公民的任务的。教育和劳动是我国监狱改造罪犯的基本手段。

对罪犯进行教育是世界上许多国家监狱普遍进行的一项工作。我国监狱对罪犯的教育表现为:依法对罪犯进行思想教育、文化教育、技术教育。通过有目的、有计划地系统性的教育活动,实现改造罪犯成为守法公民的目的。

组织罪犯参加劳动是世界上大多数国家通行的做法。我国监狱组织罪犯参加劳动的活动表现为:监狱依法安排每一个有劳动能力的罪犯参加劳动,劳动的项目包括生产性劳动、习艺性劳动、自我服务性劳动,对参加劳动的罪犯,根据其劳动表现和劳动效果,给予相应的奖励和适当的报酬。

(二)教育和劳动相结合的价值

教育和劳动是我国监狱改造罪犯的基本手段。在改造罪犯的过程中,教育和

---

① 《毛泽东选集》(第1卷),人民出版社1991年版,第139页。

劳动这两项基本手段必须同时运用,缺一不可。确立"教育和劳动相结合"的原则,其价值取向就在于解决监狱在运用教育和劳动这两项基本手段过程中出现的问题。

1. 协调教育和劳动这两项基本手段的使用

教育和劳动虽然都是监狱改造罪犯的基本手段。但是,二者在运行过程中,不仅内容、形式不同,而且其资金投入、效益产生也存在较大的差别。就对罪犯的教育而言,需要投入大量人力、物力、财力,而产生的只是社会效益。监狱组织罪犯劳动,虽然也需要投入一定的人力、物力、财力,但产生的不仅有社会效益,还有经济效益。所以,在教育和劳动这两项活动进行时,易于产生重劳动,轻教育的倾向,也易于产生重视发挥劳动改造手段作用、轻视教育改造手段作用的现象。贯彻执行"教育和劳动相结合"的原则,才能充分发挥教育和劳动这两项改造罪犯基本手段的作用。

2. 促进实现改造罪犯成为守法公民的目的

对罪犯进行教育和组织罪犯劳动是监狱工作中改造罪犯的两项主要活动。这两项活动的目的就是实现改造罪犯成为守法公民的目的。单独对罪犯使用教育改造手段或单独对罪犯使用劳动改造手段都不能达到改造罪犯成为守法公民的目的。为此,需要在罪犯的改造上贯彻教育和劳动相结合的原则,使教育和劳动这两种手段在罪犯改造上达到有机的结合,最终实现将罪犯改造成为守法公民的目的。

第六章　监狱行刑法律关系

重点提示

监狱行刑法律关系与实现依法治监、提高监狱人民警察执法水平、贯彻人道主义之间有着密切的联系。通过本章的学习，掌握监狱行刑法律关系的概念，监狱行刑法律关系的构成以及监狱行刑法律关系的产生、变更和消灭的原因。

第一节　监狱行刑法律关系的概念和特征

一、监狱行刑法律关系的概念

法律关系是法律规范在确认和调整人们行为过程中所形成的特定的权利和义务关系。由于调整人们行为的法律不同，所形成的法律关系也就不同。监狱行刑法律关系，是由监狱行刑法律事实引起，并由监狱法律规范所确认和调整的，监狱与服刑罪犯之间的权利和义务的关系。它是由我国监狱法律规范所确认的，在特定当事人之间形成权利义务内容的刑事法律关系，是特定主体之间惩罚与被惩罚、改造与被改造的特殊社会关系在法律上的表现。

监狱行刑法律关系这一概念的含义是：

（一）监狱行刑法律关系被监狱法律规范所确认和调整

国家、监狱、监狱人民警察与罪犯之间的关系，并不都是监狱行刑法律关系，只有被监狱法律规范确认和调整的监狱行刑活动，才能成为监狱行刑法律关系，即只有监狱及其人民警察在其职务权限范围内的公务行为，才与罪犯构成监狱行刑法律关系，除此之外不能成为监狱行刑法律关系。

监狱法律规范既包括《监狱法》，也包括《刑法》《刑事诉讼法》中有关监狱执行刑罚的规定，还包括有关监狱执行刑罚的单行法律以及涉及行刑管理的条例、指示、命令等法律性文件。这些法律规范，所主要涉及的是监狱在惩罚和改造罪犯的活动中,与罪犯发生的权利和义务关系,它具体包括惩罚与被惩罚、改造与被改造的关系等。

(二)监狱行刑法律关系发生于监狱行刑活动参加者之间

监狱行刑法律关系,从本质上讲是国家与罪犯的关系。但是,国家作为一个抽象概念,其职能职权一般是通过国家特定的职能部门来完成的。国家通过监狱法律赋予监狱及其人民警察以刑罚执行权,因此,监狱实质上是代表国家行使惩罚与改造权。实际上,监狱作为国家职能部门,监狱的活动也就是国家的活动。监狱行刑活动的参加者,主要是指具有行刑权的监狱和依法被判刑并在狱内服刑的罪犯。

(三)监狱行刑法律关系是一种权利义务关系

监狱行刑法律关系是监狱法所调整的监狱(代表国家)同罪犯之间的惩罚与被惩罚、改造与被改造的关系,它是一种相对独立的特殊刑事法律关系。监狱行刑法律关系在职权职责和权利义务方面同刑法法律关系、刑事诉讼法律关系相比,具有相对的确定性,即罪犯的法律资格已被确定。因此,在监狱行刑法律关系中,作为执行主体的监狱和服刑主体的罪犯,主要是围绕着如何惩罚改造和如何接受惩罚改造的问题而展开活动的,监狱的职权职责和罪犯的权利义务都是十分明确的。而且,在监狱行刑法律关系中的权利义务关系,具有明显的刑事强制性,是以国家强制力作为后盾来保证的。

二、监狱行刑法律关系的特征

(一)监狱行刑法律关系产生的法定性

任何一种法律关系的产生,都是以相应的法律规定作为前提的,监狱行刑法律关系也是如此。监狱法明确规定了监狱行刑法律关系的主体、客体及其权利义务,对于监狱行刑法律关系来说,它的产生源于整个监狱法律体系,也就是说,源于广义上的监狱法。

(二)监狱行刑法律关系的强制性

监狱行刑法律关系的强制性,也就是说,监狱行刑法律关系受国家强制力的保护,这意味着监狱行刑法律关系的主体一方或双方自己不能随意设定或者取消、变更监狱行刑法律关系,监狱行刑法律关系的运行必须受监狱法的强制性调整,如果监狱行刑法律关系主体的一方或双方违反监狱法规定的权利和义务,就要受到法律的制裁。

(三)监狱行刑法律关系的确定性

监狱行刑法律关系的确定性,即监狱行刑法律关系具有特定的时空和主体范围。第一,监狱行刑法律关系具有时间性,即只有在法律规定的时间期限内,监狱行刑法律关系才能继续,超出了法律规定的时间期限,监狱行刑法律关系就随之消失。在监狱行刑法律关系中,这种时间期限是由人民法院的生效判决和罪犯在服刑期间的减刑、假释裁定确定的,当罪犯被执行完该被确定的刑期后,监狱机关必须释放刑满人员,不得延期释放或超期羁押,否则就是违法。第二,监狱行刑法律关系具有空间上的确定性。即监狱行刑法律关系只存在于监狱和其他受监狱机关管辖的空间内。其他受监狱机关管辖的空间,主要是指罪犯进行劳动、学习的等监外场所、押解和转送途中的车辆等运输工具和途中临时羁押的场所等。第三,监狱行刑法律关系具有特定的主体,即监狱和在监狱中服刑并受监狱管辖的罪犯。如果不具有这种主体身份,也不构成监狱行刑法律关系。例如,被判处有期徒刑但是余刑在3个月以下的罪犯,虽然也是罪犯,但是对他们的刑罚并没有在监狱中执行,因此与监狱之间不存在监狱行刑法律关系。同样,在服刑期逃跑的罪犯,虽然其人身超出了监狱和其他受监狱管辖的空间范围,但是,他们仍被视为是正在服刑并受监狱管辖的罪犯,他们与监狱机关之间的监狱行刑法律关系仍然存在。

(四)监狱行刑法律关系主体之间权利义务的对应性

监狱行刑法律关系主体之间权利义务的对应性,也就是说,在监狱行刑法律关系的主体之间,一方的权利就是另一方的义务,反之,一方的义务也就是另一方的权利。因此,尽管监狱法在许多地方只规定了监狱行刑法律关系主体一方的权利义务,但是,由于监狱行刑法律关系主体权利义务的对应性,这种对主体一方的规定同时也包含着对另一方的授权或要求。例如,《监狱法》第7条第1款规定:"罪犯的人格不受侮辱,其人身安全、合法财产和辩护、申诉、控告、检举以及其他未被依法剥夺或者限制的权利不受侵犯。"这项规定同时也就意味着监狱有义务保障罪犯行使这些权利,而不能把这项规定仅仅看作罪犯的事情,不能认为这项规定与监狱无关。

第二节　监狱行刑法律关系的主体

一、监狱行刑法律关系主体的概念

监狱行刑法律关系的主体,是指依照监狱法律规范享有权利和承担义务的监狱行刑法律关系的参加者。从以上概念可以看出,监狱行刑法律关系的主体具有以下特点:

(一)监狱行刑法律关系主体是监狱行刑法律关系的参加者

监狱行刑法律关系是监狱法律规范调整监狱行刑活动过程中所产生的关系,因此监狱行刑法律关系的主体必须是监狱行刑活动的参加者。不是监狱行刑活动的参加者,也就不能成为监狱行刑法律关系的参加者。但这并非指所有的监狱行刑活动的参加者,都能成为监狱行刑法律关系的主体。作为监狱行刑法律关系的主体必须由监狱行刑法律规范所调整,即只有特定当事人才能成为监狱行刑法律关系主体。

(二)监狱行刑法律关系主体的权利和义务基于国家的行刑目的

国家对监狱服刑罪犯的行刑目的是"惩罚和改造罪犯,预防和减少犯罪"。这在《监狱法》第1条中得到了明确的体现。国家的这一行刑目的是规定狱行刑法律关系主体的权利和义务的基础。为了实现这一目的,国家以监狱行刑法律规范的形式赋予监狱监管改造罪犯的诸项职权,同时还规定出监狱服刑罪犯必须履行的各项义务以保障监狱监管改造罪犯职权的充分行使。此外,监狱行刑法律关系主体的一些权利和义务是根据监狱行刑活动的需要而加以规定的,如监狱对罪犯的人身检查权、信件检查权等。

(三)监狱行刑法律关系主体的多样性

监狱行刑法律关系的主体既可以是自然人,也可以是组织。在这一点上,监狱行刑法律关系与其他法律关系具有共同之处。但是,无论是自然人还是组织,都必须是监狱法律规范所规定的,符合监狱法所规定的资格。

二、监狱行刑法律关系主体的特征

(一)主体的法定性

监狱行刑法律关系的主体是由监狱行刑法律规范所规定的。《监狱法》第2条规定:"监狱是国家的刑罚执行机关。依照刑法和刑事诉讼法的规定,被判处死刑缓期二年执行、无期徒刑、有期徒刑的罪犯,在监狱内执行刑罚。"上述规定对监狱行刑法律关系的主体作出明确的界定,即监狱行刑法律关系主体的一方是具有刑罚执行权的国家刑罚执行机关——监狱;另一方是被判处死刑缓期二年执行、无期徒刑、有期徒刑的受刑人——罪犯。

由于监狱法明确规定监狱行刑法律关系主体的一方是具有刑罚执行权的国家刑罚执行机关——监狱,所以国家公安机关、人民检察院、人民法院以及负责监狱武装警戒的人民武装警察部队均不能成为监狱行刑法律关系的主体。它们因不具有法律赋予的狱内刑罚执行权,只能与罪犯形成其他法律关系,而不能形成监狱行刑法律关系，自然就不能成为监狱行刑法律关系的主体。此外，《监狱法》还明确规定监狱行刑法律关系主体的另一方是被判处死刑缓期二年执行、无期徒刑、有期徒刑的受刑人——罪犯，所以被人民法院依法判处其他刑罚的罪犯，如被判处管制、拘役等刑罚的罪犯，不能成为监狱行刑法律关系的主体，因为他们不是监狱法所规定的监狱执行刑罚的对象。

(二)主体地位的不平等性

监狱行刑法律关系主体双方的地位是不平等的。具体表现为：首先，在监狱行刑活动过程中，监狱代表国家依法对罪犯执行刑罚，罪犯是监狱执行刑罚的对象。监狱在对罪犯执行刑罚时是主动的一方，罪犯是被动的一方。其次，在监狱行刑活动过程中，监狱代表国家依法对罪犯执行刑罚是以国家强制力为后盾的，是以强制的方式进行的。监狱是强制的一方，罪犯是被强制的一方。最后，监狱行刑法律关系主体双方的权利和义务不是对等的。具体表现为：在监狱行使惩罚与改造的职权时，罪犯必须履行接受惩罚和改造的义务，对于罪犯行使权利，监狱负有保障的义务。

需要指出的是，监狱行刑法律关系主体的不平等性并不意味着在监狱行刑法律关系的主体双方中，一方主体只行使权利不履行义务，另一方主体只履行义务不具有权利，而是监狱行刑法律关系中的双方主体具有各自的权利和义务。

(三)主体意志的特殊性

“惩办和改造犯罪分子”是国家的一项职能，国家通过制定监狱行刑法律规范来实现这项职能，来体现国家意志。国家赋予监狱刑罚执行权，由监狱承担“惩办和改造犯罪分子”的这项职能。监狱在行刑活动过程中，通过行使国家以法律形式赋予的刑罚执行权，具体体现了国家的意志。因此，在监狱行刑法律关系中监狱一方主体的意志就是国家的意志，监狱是通过依法执行刑罚来体现国家意志的。监狱行刑法律关系中罪犯一方主体的意志必须符合国家的意志，唯此才能受到法律的保护，否则将受到严厉的制裁。罪犯一方主体的意志不仅要符合国家的意志，而且罪犯某些权利的行使要得到国家意志的许可。如根据《监狱法》第 29 条的规定，罪犯有依法获得减刑权，罪犯在符合该法条规定的可以减刑条件时，是否准予减刑，由监狱根据考核的结果向人民法院提出减刑建议，由人民法院审核裁定。把握监狱行刑法律关系主体意志的特殊性这一特征，不仅使我们加深对监狱行刑法律关系主体的认识，而且对监狱行刑法律关系主体的权利的认识也具有深刻的意义。

第三节　监狱行刑法律关系的客体

一、监狱行刑法律关系客体的概念

监狱行刑法律关系客体又称“权利客体”或“权义客体”，是指法律关系主体的权利和义务所指向的对象。它是由我国刑罚内容和监狱行刑法律关系的性质决定的。对监狱行刑法律关系客体的概念应从以下三个方面进行理解：

1. 监狱行刑法律关系的客体，是监狱行刑法律关系构成的基本要素之一。如果没有客体，没有主体双方权利和义务指向的具体对象，也就不能构成具体的监狱行刑法律关系。

2. 在监狱行刑活动过程中，由于主体的需要既包括物质方面，又包括精神方面，所以监狱行刑法律关系主体的权利和义务所指向的对象是多样性的。

3. 监狱行刑法律关系客体的各个种类在监狱行刑法律关系中，有的是主体的权利和义务主要指向的对象。

二、监狱行刑法律关系客体的种类

监狱行刑法律关系的客体包括行为、物和精神财富三种。

（一）行为

监狱行刑法律关系客体种类之一的行为，是指监狱行刑法律关系主体的行为，包括作为和不作为两种。作为又称积极的行为，是指要求主体从事一定的行为。不作为又称消极的行为，是指对主体一定行为的禁止。

监狱行刑法律关系主体的行为包括监狱行使权利的行为和履行义务的行为；罪犯行使权利和履行义务的行为。监狱行使权利的行为主要表现为作为，如监狱行使执行刑罚权、惩罚和改造罪犯权、对罪犯进行思想教育、文化教育、技术教育等各项权力必须通过作为的形式。罪犯行使权利行为既可以是作为，也可以是不作为，如辩护权、申诉权、控告权和检举权。监狱和罪犯履行义务的行为则既可以是作为，也可以是不作为，但不论哪种形式，都具有强制性，即必须作或必须不作。如监狱负有依法保障罪犯权利的义务，在罪犯行使申诉、控告、检举权时，监狱必须作出积极的行为，对罪犯的申诉、控告、检举材料及时进行转递，对罪犯的合法财产权表现为不侵犯，是一种不作为。又如，罪犯必须通过作为的形式履行参加劳动的义务，通过不作出违犯监规纪律的行为来遵守监规纪律。

(二)物

物作为监狱行刑法律关系客体之一,是指在监狱行刑法律关系中可以作为财产权利对象的物品或其他物质财富。物作为客体必须是能够为人们所控制并有经济价值。

监狱行刑法律关系客体中的物品或物质财富主要包括两种:一种是监狱所有的财产,另一种是罪犯个人所有的合法财产。对于监狱所有的财产,罪犯有义务不得损坏。否则,根据《监狱法》第 58 条的规定,罪犯在生产劳动中有意损坏生产工具的,要受到处罚,构成犯罪的,依法追究刑事责任。对于罪犯个人合法所有的财产,如罪犯个人所有的生活必需品、经监狱批准罪犯接受的物品和钱款、罪犯的劳动报酬,监狱负有保护其不受侵犯的义务。

(三)精神财富

监狱行刑法律关系客体中的精神财富,是指监狱服刑罪犯从事智力活动所取得的成果,如专利权、著作权等。这种精神财富又称知识产权,受到国家法律的保障,同时也受到监狱行刑法律规范的调整。如《监狱法》第 29 条规定,罪犯有发明创造或重大技术革新的,属于重大立功表现,应当减刑。监狱对罪犯的发明创造或重大技术革新应当获得减刑时,监狱必须依法向人民法院提出减刑建议。

需要明确指出的是,在监狱行刑法律关系客体中,主体的权利和义务所指向的对象主要是行为,但这并不意味着监狱行刑法律关系的客体只包括行为。物和精神财富既是监狱行刑法律关系的客体,也是主体的权利和义务指向的对象。

第四节 监狱行刑法律关系的内容

一、监狱行刑法律关系内容的概念

监狱行刑法律关系的内容是指监狱行刑法律关系主体所享有的权利和承担的义务。

此处所说的权利,是指监狱行刑法律关系的主体依法享有的法定权利,即由国家法律规定的监狱行刑法律关系主体可以从事某种行为的许可和保障。所谓许可,就是主体可以从事某种行为的选择自由和自主决定权。有了法律上的许可,权利主体可以根据自己的意愿选择或决定从事某种行为或不从事某种行为。所谓保障,是指国家对权利主体从事某种行为的选择自由和自主决定的保障,它意味着权利主体的利益受到侵犯时,国家会运用其强制力制裁侵犯者,扫除主体享受权利的障碍。当然我们也应该看到,监狱作为行刑法律关系主体之一,其权利和义务是具有相对性的,其权利具有职权性,是必须行使的,并没有可以行使也可以不行使的自由,否则就构成法律上的不作为,失去其设置的意义。比如,监狱的刑罚执行权、监管改造权是必须行使的。

此处所说的义务,是指监狱行刑法律关系主体,依法承担的法定义务,即由国家法律规定的、监狱行刑法律关系的主体必须作出一定行为或不得作出一定行为的约束。"必须作出一定行为"是指主体必须进行一定的积极行为,用积极的行为去进行法律规定的事项,"不得作出一定行为"是指主体必须遵守法律的规定不得从事法律所禁止的行为。

监狱行刑法律关系的主体,如前所述,包括两方:一方是代表国家执行刑罚的监狱,另一方是依法被判处死刑缓期二年执行、无期徒刑、有期徒刑的罪犯。监狱行刑法律关系的内容包括监狱一方主体的权利义务与罪犯一方主体的权利义务。虽然在监狱行刑法律关系中监狱与罪犯的主体地位存在不平等性,但这并不是说罪犯的权利和义务,特别是罪犯的权利无足轻重。相反的是,罪犯的权利义务,特别是罪犯的权利是监狱行刑法律关系内容的必不可少的构成部分。

二、监狱的权利和义务

(一)监狱的权利

作为代表国家具体对罪犯执行刑罚的监狱,其享有广泛的权利,这些权利可以归纳为以下三类:

1. 刑罚执行权。刑罚执行权是国家通过法律赋予监狱的最基本的权利。其具体内容包括:收监权、不予收监权、检查罪犯权、提请处理罪犯申诉权、批准暂予监外执行权、减刑建议权、假释建议权、释放罪犯权等。

2. 监管罪犯权。监管罪犯权是监狱依法对被监禁的罪犯进行管理的权利。其具体内容包括:考核罪犯权、分押分管罪犯权、抓获脱逃罪犯权、设立警戒设施和隔离带权、使用戒具权、使用武器权、通信检查权、奖励罪犯权、处罚罪犯权、狱内侦查权、起诉建议权等。

3. 改造罪犯权。改造罪犯权是监狱运用多种形式对罪犯进行改造的权利。改造罪犯权具体包括以下权利:教育改造权、劳动改造权、监管改造权等。

(二)监狱的义务

监狱在行刑法律关系中具有广泛权利的同时,也承担着大量的法律义务。这些义务主要有:

1. 刑罚执行方面的义务。刑罚执行方面的义务，是指监狱代表国家执行刑罚时应当履行的义务。这方面的义务包括：不得将不符合法定条件的人收监关押的义务；在收监时女性罪犯必须由女性人民警察检查人身的义务；在收监后及时通知罪犯家属的义务；及时转递罪犯的申诉、控告、检举材料不得扣押的义务；提请人民检察院或人民法院处理可能有错误的判决的义务；提请人民法院对有重大立功表现的罪犯予以减刑的义务；按期释放被裁定假释的罪犯的义务；按期释放服刑期满的罪犯的义务；罪犯在服刑期间死亡时立即通知罪犯家属和人民检察院的义务。

2. 监管罪犯方面的义务。监管罪犯方面的义务，是指监狱依法对被监禁的罪犯进行管理过程中应当履行的义务。主要包括：不索要、收受、侵占罪犯及其亲属的财物的义务；不私放罪犯的义务；不使罪犯脱逃的义务；不搞刑讯逼供或体罚、虐待罪犯的义务；不侮辱罪犯人格的义务；不纵容罪犯殴打罪犯的义务；不利用罪犯提供劳动以谋取私利的义务；不私自为罪犯传递信件或者物品的义务；不将监管罪犯的职权交予他人行使的义务；不得检查罪犯写给监狱的上级机关和其他司法机关的信件的义务；保障罪犯行使通信、会见权利的义务；照顾少数民族罪犯的特殊生活习惯的义务；保障参加劳动的罪犯按照规定获得劳动报酬和劳动保护的义务。

3. 改造罪犯方面的义务。改造罪犯方面的义务，是指监狱在依法改造罪犯的过程中应当承担的义务。这方面的义务包括：根据未成年犯和女犯的生理、心理特点组织改造活动的义务对罪犯进行思想和文化、技术教育的义务参照国家有关劳动工时规定确定罪犯的劳动时间的义务；按照未成年人的特点组织和安排未成年犯劳动的义务。

（三）监狱权利义务的特点

监狱作为监狱行刑法律关系的主体，其权利是一种职务上的权力，是一种职权。与监狱在参加其他法律关系尤其是私法法律关系中的权利相比较，监狱在监狱行刑法律关系中的权利同国家的权力联系在一起，它代表的是国家整体利益。它的行使要求权利主体既不可以转让，也不可以放弃，其相对义务人必须服从，不得违抗。这种权利是一种必须行使的权利，否则就是失职或违法。监狱在行刑过程中，其义务的履行与职权的行使是同时进行的。监狱在行使职权过程中，如果不履行其义务而造成对罪犯权利的损害时，根据我国《宪法》《国家赔偿法》以及有关的司法解释的规定，由国家承担赔偿责任，对因监狱管理工作人员故意或重大过失造成的罪犯权利的损害进行赔偿。

三、罪犯的权利和义务

(一)罪犯的权利

罪犯的权利是指在监狱中服刑的罪犯依法未被剥夺和基于罪犯特殊身份而依法享有的权利。根据《监狱法》的规定,在监狱中服刑的罪犯有以下权利:人格不受侮辱权、人身安全不受侵犯权;合法财产的获得和处分权、辩护权、申诉权、检举权、控告权;携带必要生活必需品入监权;女犯人监时有要求女性人民警察检查其人身的权利;通信权;会见权;接受合法的钱款和物品权;获得必要的生活保障的权利;受教育权;从事适当的文化娱乐活动的权利;休息权;参加劳动的罪犯获得报酬和劳动保护的权利;在劳动中致残或者死亡的罪犯,依照国家劳动保险有关规定获得补偿金、抚恤金的权利;有重大立功表现的罪犯获得减刑的权利;被裁定假释的罪犯按期获得假释及假释证明书的权利;服刑期满的罪犯按期获得释放及释放证明书的权利;未成年犯、女犯和少数民族罪犯在服刑期间的特殊权利。

(二)罪犯的义务

罪犯的义务是指在监狱中服刑的罪犯应当履行的义务。根据《监狱法》的规定,在监狱中服刑的罪犯有下列义务:在监狱中服刑的义务;入监时接受人身和物品检查的义务;不得携带子女在监狱中服刑的义务;遵守法律法规和监规纪律的义务;服从管理的义务;接受教育的义务;参加劳动的义务;在劳动中遵守操作规程,爱护生产工具的义务;维护监内正常秩序的义务;尊重监狱人民警察的义务;尊重其他罪犯的义务。

(三)罪犯权利义务的特点

1. 权利义务的不完整性

罪犯由于其人身自由被依法剥夺,在监狱内执行刑罚,所以罪犯的权利和义务与社会上自由公民相比较,表现出不完整的特点。罪犯权利义务的不完整性是指罪犯部分或不完全地享有公民的权利,履行公民的义务。罪犯权利的不完整表现为:某些权利被依法剥夺,如人身自由权;某些权利的行使受到限制,如通信权;某些权利部分享有,如宗教信仰自由权。罪犯义务的不完整性表现为:某些义务不能履行,如服兵役的义务等。

2. 权利义务的特定性

罪犯在监狱服刑期间与监狱之间的惩罚与被惩罚、改造与被改造的关系,是由监狱行刑法律规范所调整的。为了正确执行刑罚,监行刑法律规范为罪犯规定了某些特定的权利和义务,这些特定的权利和义务是根据罪犯的法律身份而设定的,它是罪犯的权利和义务中的重要组成部分之一。罪犯权利义务的特定性表现为罪犯享有某些社会上自由公民不需要享有的权利,罪犯必须履行某些社会上自由公民不应履行的义务。比如,罪犯有依法获得减刑、假释权;罪犯必须履行遵守监规纪律的义务。

3. 履行义务的刑事强制性

义务在多数情况下应当是自觉履行的,但罪犯的义务具有刑事强制性的特点。这种刑事强制性表现为罪犯义务属性的刑事强制化和罪犯义务履行的刑事强制化。罪犯的义务是由监狱行刑法律规范加以规定的,是由国家刑事法律强制力保障实施的。罪犯对这些义务的不履行都是对国家刑事法律的违犯。罪犯义务的履行是在刑事强制的状况下进行的,罪犯不履行义务的法律后果是要受到刑事法律规定的狱内行政处罚或者是刑事处罚。

4. 享有权利和履行义务的对应性

罪犯的权利和义务两者之间存在密切的联系。这种联系表现为罪犯的权利和义务具有对应性,即两者互为前提、互相贯通、互相促进。首先,罪犯享有和行使权利以履行义务为前提,罪犯履行义务以享有和行使权利为前提,两者同时进行。其次,监狱行刑法律关系的一些规定,既是罪犯的权利,又是罪犯的义务,如罪犯有受教育的义务,又有受教育的权利。最后,罪犯履行义务的程度,影响着罪犯权利的范围和行使程度。如罪犯抗拒改造,拒绝履行义务,就不能实际享有获得减刑、假释权。

第五节 监狱行刑法律关系的产生、变更和消灭

一、监狱行刑法律事实

(一)监狱行刑法律事实的概念

监狱行刑法律事实,是指由监狱行刑法律规范所规定的,能够引起监狱行刑法律关系产生、变更和消灭的客观现象。监狱行刑法律事实的特征是:

1. 监狱行刑法律事实是由监狱法所规定的。并非任何客观现象都能成为监狱行刑法律事实,能够成为监狱行刑法律事实的客观现象必须是监狱法律规范规定的客观现象。这里所讲的监狱法律规范是在广义上适用的,不仅指《监狱法》,而且也包括其他法律中的相关条文和相关法规,它们一起构成了完整的监狱法律体系。这种客观现象可以是主体的行为,也可以是事件。

2. 监狱行刑法律事实的作用是产生、变更和消灭监狱行刑法律关系。监狱行刑法律事实不仅是监狱法律规范规定的客观现象,而且还必须是能够引起监狱行刑法律关系产生、变更和消灭的客观现象。而且正是由于监狱行刑法律事实的存在,才能使监狱行刑法律关系实际运行,监狱法律规范才能够调整主体双方的行为。

(二)监狱行刑法律事实的种类

监狱行刑法律事实根据其是否与主体的意志有关,可以分为行为和事件两大类:

1. 法律行为

法律行为是指法律关系的主体有目的、有意识进行的能引起法律后果的作为与不作为。

法律行为是引起监狱行刑法律关系产生、变更或消灭的最普遍的监狱行刑法律事实。如监狱对罪犯的收监行为,引起监狱行刑法律关系的产生,在监狱行刑活动中,罪犯有重大立功的行为,当然引起监狱行刑法律关系的变更,罪犯服刑期满,监狱按期释放的行为,引起监狱行刑法律关系的消灭。

法律行为是主体的外部表现出的行为,这种行为是受监狱行刑法律关系主体一定目的、意识支配的。这种行为必定产生一的法律后果,不发生任何法律后果的行为,也不能成为监狱行刑法律意义上的行为。法律行为本来是民法上的概念,特指民法主体的民事合法行为,这个概念借用到公法领域后,则包括合法行为和违法行为两类。合法行为是其内容和形式都符合法律规定的行为,违法行为是其内容和形式都不符合法律规定的行为。但是这两种行为都与监狱行刑法律关系主体的意志有关。

2. 法律事件

法律事件是指不以监狱行刑法律关系主体的意志为转移而发生的、能引起法律后果的客观事实。

法律事件是一种与主体意志无关的客观现象,这是法律事件与法律行为区别的最根本标志;法律事件与主体的权利义务相联系,具有法律上的意义,能够引起监狱行刑法律关系的产生、变更消灭。

法律事件分为自然事件和人为事件两种情况。自然事件是指自然因素造成的事件。例如,自然灾害造成罪犯的死亡,引起监狱行刑法律关系的消灭,罪犯病重引起保外就医的适用,等等。人为事件是指人为因素造成的事件。例如,国家权力机关的特赦,人民法院的判决、裁定等,都能引起监狱行刑法律关系的变更和消灭。

二、监狱行刑法律关系的产生

监狱行刑法律关系的产生，是指监狱行刑法律关系主体之间形成权利义务的过程。监狱行刑法律关系的产生是监狱行刑法律关系的起始环节，其需要如下法律要件才能发生：

第一，罪犯实施了危害社会，触犯刑法且应当受到刑事处罚的行为。这是引起监狱行刑法律关系最重要的法律事实。

第二，人民法院就罪犯的犯罪事实依法进行审判并确定追究其刑事责任。

第三，罪犯被确定的刑罚由监狱负责执行，并且监狱依法行使了对罪犯的收监行为。

监狱行刑法律关系产生的法律后果包括：

第一，罪犯的法律身份发生变化。罪犯与监狱形成监狱行刑法律关系后，其法律身份由刑事诉讼侦查、起诉、审判阶段的犯罪嫌疑人、被告人的法律身份变化为刑罚执行阶段的罪犯法律身份。

第二，罪犯的法律地位发生变化。作为监狱行刑法律关系的主体，罪犯的权利和义务也发生了变化。罪犯作为公民的权利和义务，有的被依法剥夺，有的被停止行使和履行。除此之外，增加了一些新的权利和义务，这就使罪犯的权利和义务既与社会上公民的权利和义务不同，也与罪犯在刑事诉讼中侦查、起诉、审判阶段的权利和义务不同。

第三，罪犯被判处的刑罚实际交付执行。罪犯与监狱形成监狱行刑法律关系后，监狱对罪犯开始实际执行罪犯被判处的刑罚。在此基础上，罪犯与监狱之间的监狱行刑法律关系才能变更和消灭。

三、监狱行刑法律关系的变更

监狱行刑法律关系的变更是指监狱行刑法律关系主体之间的权利和义务内容的改变，这种变更既包括监狱对罪犯执行刑罚内的改变，也包括罪犯接受惩罚与改造义务内容的改变；既包括实体内容的改变，也包括程序内容上的改变。

监狱行刑法律关系变更的依据是监狱行刑法律规范的规定。《监狱法》对监狱行刑活动过程中罪犯的刑罚变更和刑罚执行方式变更两种情形分别作出规定。其中罪犯刑罚的变更包括减刑和对罪犯服刑期间又犯罪的处理，罪犯刑罚执行方式的变更包括假释和暂予监外执行。

监狱行刑法律关系变更的法律后果包括以下几个方面：

第一，执行机关的变化。被判处死刑缓期二年执行的罪犯，在死刑缓期执行期间，如果故意犯罪的，经查证属实，由最高人民法院核准，执行死刑，死刑由人民法院执行。被暂予监狱外执行的罪犯，由罪犯居住地公安机关执行。

第二，罪犯权利内容的变化。被判处死刑缓期二年执行的罪犯被减为有期徒刑后，被判处无期徒刑的罪犯被减为有期徒刑后，在符合暂予监外执行的其他条件时，可以暂予监外执行，在符合离监探亲的其他条件时，可以离监探亲。被判处死刑缓期二年执行的罪犯被减为无期徒刑后，在符合假释的其他条件时，可以假释。

第三，罪犯与监狱之间监狱行刑法律关系暂时中止。被假释的罪犯在假释考验期内，与监狱之间的监狱行刑法律关系暂时中止。被假释的罪犯在假释考验期内，如果没有再犯新罪、发现漏罪、严重违法等情形，假释考验期满，就认为原判刑罚执行完毕，被假释的罪犯与监狱之间的监狱行刑法律关系消灭。

四、监狱行刑法律关系的消灭

监狱行刑法律关系的消灭是指监狱行刑法律关系主体之间权利义务关系的终止。终止的原因既包括监狱行刑法律事实中的行为，又包括事件。监狱行刑法律关系消灭的原因主要有：

第一，刑满释放。罪犯服刑期满的行为引起监狱行刑法律关系的消灭。

第二，罪犯在服刑期间死亡。罪犯死亡这一事件引起监狱行刑法律关系的消灭。

第三，特赦。罪犯符合特赦的规定时被特赦释放而引起监狱行刑法律关系的消灭。

监狱行刑法律关系消灭后，产生如下法律后果：

第一，罪犯的身份被解除。监狱与罪犯之间的监狱行刑法律关系消灭后，罪犯成为社会上的自由公民，其依法享有公民的权利和自由，履行公民的义务。

第二，被判处附加剥夺政治权利的刑罚仍需执行。罪犯与监狱之间的监狱行刑法律关系消灭后，被判处附加剥夺政治权利的刑罚在罪犯释放出监后仍需执行。

第七章　监　狱

重点提示

监狱是监狱学得以产生与发展的前提与基础，因此了解和掌握监狱概况及监狱的概念和特征就显得尤为重要；监狱作为国家的刑罚执行机关，其主要职责是惩罚和改造罪犯。怎样对罪犯惩罚和改造才能够满足社会治安综合治理的需求，是监狱学需要研究的重要问题。除此之外，监狱的管理体制及监狱人民警察也是本章所研究的主要内容。

第一节　监狱的概念与特征

一、监狱的概念

监狱作为国家的刑罚执行机关，是阶级社会所特有的一种社会现象。而监狱的概念的界定与刑罚的主导思想、内容及监狱的职能是密不可分的。

监狱作为阶级社会特有的一种社会现象，其关押对象和职能不断发生着相应的变化。在人类历史上，监狱曾是收押被判处充军、流刑的临时羁押场所、罪犯服劳役的场所、刑事人犯羁押待审待决的场所、治安违法人员的拘留场所、少年犯与失教人员的感化场所、民事诉讼当事人以及民刑事诉讼的干连佐证的管收处所等。18世纪中期欧洲大陆掀起了监狱改良运动，随着资产阶级人权思想、人道观念的影响和深化，教育刑理论逐渐占据了统治地位，刑法开始了以自由刑为中心的时代，现代意义上的监狱由此诞生了。

监狱的概念可分为一般意义的概念和特殊的法定概念。我们所研究的监狱是指特殊法定意义上的监狱。根据《宪法》第28条及《监狱法》第2条的有关规定，监狱是国家依法设置与管理的，对判处死刑缓期二年执行、无期徒刑、有期徒刑的罪犯执行刑罚、实施惩罚与改造的刑罚执行机关。它包含以下几方面的含义：

(一)监狱是国家依法设置与管理的刑罚执行机关

监狱是国家的刑罚执行机关,这是监狱本质的体现。在我国,公安机关、检察机关、人民法院负责犯罪的侦查、起诉和审判,其主要任务是解决罪与非罪和定罪量刑问题,而作为人民法院的刑事判决如果不能真正有效地全面贯彻执行,就可能变成一纸空文。监狱就是落实人民法院生效刑事判决的主要部门,它对于刑罚的实现具有十分重要的作用。

(二)监狱的职能是执行刑罚、惩罚与改造罪犯

执行刑罚是监狱首要的基本职能。由于以剥夺自由刑为核心的刑罚制度的确立和运用,监狱承担了绝大部分的刑罚执行任务,成为国家刑罚的主要执行机关。因此,监狱有责任保证国家刑罚目的的顺利实现,刑罚意图得以贯彻,刑罚执行得以完成。对罪犯进行刑罚和改造,是刑罚执行活动的实质内容,监狱应当综合运用各种改造手段、提高改造工作质量,最终实现惩罚与改造罪犯。

(三)监狱的关押对象仅限于被判处特定刑罚的罪犯

监狱的关押对象是被判处死刑缓期二年执行、无期徒刑、有期徒刑的罪犯。依据《刑事诉讼法》的相关规定,被判处死刑立即执行由人民法院负责执行;被判处死刑缓期二年执行、无期徒刑、有期徒刑的罪犯由监狱负责执行;对被判处管制、宣告缓刑、假释或者暂予监外执行的罪犯,依法实行社区矫正,由社区矫正机构负责执行;被判处拘役的罪犯由公安机关负责执行;对被判处剥夺政治权利的罪犯,由公安机关执行;被判处罚金的罪犯,期满不缴纳的,人民法院应当强制缴纳;如果由于遭遇不能抗拒的灾祸缴纳确实有困难的,可以裁定减少或者免除;没收财产的判决,无论附加适用或者独立适用,都由人民法院执行;在必要的时候,可以会同公安机关执行;对被判处有期徒刑的罪犯,在被交付执行刑罚前,剩余刑期在3个月以下的,由看守所代为执行。

二、监狱的特征

监狱的特征是指一切监狱所共同具有的表现其性质的规律性,是监狱所特有的性质,是监狱历史与现实特点的统一表现。虽然不同社会历史时期、不同国家的监狱之间存在较大差别,但它们仍然具有共同的特征,具体表现在以下几方面:

(一)法定性

《监狱法》对罪犯的收押到释放都作了严格的规定。例如,罪犯被交付执行刑罚时,交付执行的人民法院应当将人民检察院起诉书副本、人民法院的判决书、执

行通知书、结案登记表同时送达罪犯即将执行刑罚的监狱,同时具备收监的法定要件,监狱才予以收监。对罪犯的申诉、控告、检举的处理,对罪犯保外就医、监外执行、减刑、假释、又犯罪和服刑期间死亡的处理以及对罪犯的释放,整个执行刑罚的过程都是严格依照国家的法律、法规进行的。使监狱行刑的过程在法律的控制下运作,是现代监狱的重要特征。

(二)阶级性

监狱作为国家的暴力机器,是统治阶级的重要专政工具,被深深打上了阶级的烙印。监狱是阶级社会特有的现象,是随着阶级、国家的产生而产生,同样会随着阶级、国家的消亡而消亡。监狱总是代表着一定的阶级利益,中国历史上出现过不同的阶级,也出现过不同阶级的监狱。如奴隶制的监狱,它代表的是奴隶主阶级的意志和利益;封建时期的监狱,它代表的是地主阶级的意志和利益;半殖民地半封建的监狱,它代表的是封建买办资产阶级的意志和利益。社会主义新中国的监狱,与中国历史上以及世界上一切剥削阶级国家的监狱有着本质的不同,它代表、反映的是无产阶级和广大劳动人民的意志和利益。总之,监狱是为统治阶级服务的,任何监狱都是统治阶级借以镇压社会的反抗者,维护自己的阶级利益和统治秩序的专政工具。

(三)惩罚性

惩罚性是指监狱作为刑罚执行机关所具有的惩戒与禁锢罪犯的能力及其表现。惩罚是刑罚所具有的天然属性,监狱作为刑罚执行的场所,必然要体现法律的惩罚性。监狱对罪犯的严厉的惩罚性主要是通过剥夺罪犯的人身自由、限制罪犯公民权利的行使以及制定、实施监管制度来体现的。在早期的监狱制度下,监狱对罪犯的惩罚性主要是通过将罪犯禁锢起来,确保刑罚执行内容得以实现来体现的。

(四)防范性

防范性是指监狱所具有的预防犯罪的能力与作用。一切监狱的设置,其目的都是防止罪犯重新犯罪,警戒与预防其他社会成员实施犯罪行为。监狱的防范性是其与生俱来的一种特征,它是否能够充分发挥作用,必将关系到全社会的安全与稳定。同时监狱所具有的预防犯罪的特性是社会治安综合治理的重要组成部分,是社会赖以存在和发展的一种保障。

第二节　监狱的性质和任务

一、监狱的性质

监狱的性质是指法律所规定的监狱在整个刑事司法体系中因承担特殊的职责与任务而理应具备并能与其他刑事司法机关相区别的法律属性。因此监狱的性质应从以下两个方面去把握。

（一）监狱是国家的刑罚执行机关

《监狱法》第2条规定："监狱是国家的刑罚执行机关。依照刑法和刑事诉讼法的有关规定，被判处死刑缓期二年执行、无期徒刑、有期徒刑的罪犯在监狱内执行刑罚。"这就明确指出了我国监狱的法律属性是国家的刑罚执行机关，是依法对被判处死刑缓期二年执行、无期徒刑、有期徒刑的罪犯执行刑罚的场所。

监狱作为国家的刑罚执行机关，是国家构成的有机组成部分。全国的监狱都是国家所属，各省、自治区、直辖市监狱管理机关受国家委派，而代行监狱管理职权的。监狱作为国家的刑罚执行机关，就意味着它的社会职能是执行刑罚，它与公安机关、检察机关、人民法院同属于刑事司法体系内不可缺少的国家司法机关。

监狱是国家的刑罚执行机关，具有坚实的刑罚学理论基础。刑罚是国家对犯罪分子实行惩罚的一种最严厉的强制方法，其制定、实施与操作必须由享有刑罚权的国家机关来执掌。刑罚权包括制刑权、求刑权、量刑权和行刑权，其中，制刑权由全国人民代表大会及其常务委员会行使；求刑权由公安机关和检察机关行使；量刑权由人民法院行使；行刑权由国家刑罚执行机关——监狱来行使。

但是，国家刑罚执行机关的外延要比监狱法所确定的监狱概念要大。因为，刑罚执行机关应包括所有的刑罚执行机构。我国刑法规定的主刑有管制、拘役、有期徒刑、无期徒刑、死刑。附加刑有罚金、剥夺政治权利、没收财产。另外，对特定犯人还实行驱逐出境，剥夺勋章、奖章和荣誉称号的处罚。目前，这些刑罚的执行由公安机关、人民法院、社区矫正机构、监狱共同承担。监狱只负责对被判处死刑缓期二年执行、无期徒刑、有期徒刑的罪犯执行刑罚，但由于这三类罪犯占绝大多数，所以，监狱是国家最主要的刑罚执行机关。

（二）监狱是人民民主专政的工具

尽管在监狱法中对监狱是人民民主专政工具这一性质未加阐述，但这一政治属性对我国监狱来说是不言而喻的。根据马克思主义的观点，国家是阶级社会的特有产物,是一个阶级对另一个阶级进行统治的机器,构成这一机器的主要成分是军队、警察、法庭、监狱等强制力量,有什么性质的国家就有什么性质的监狱。

人类迄今为止已经有四种类型的监狱。奴隶制国家的监狱,它体现的是奴隶主阶级的意志,维护的是奴隶主贵族的宗法等级特权利益。封建制国家的监狱,它体现的是地主阶级的意志,监狱是封建皇权统治下的地主阶级专政的工具,维护的是封建贵族的特权利益。资本主义国家的监狱,体现资产阶级的意志,维护资产阶级的利益和统治。我国是工人阶级领导的,以工农联盟为基础的人民民主专政的社会主义国家。社会主义制度是我国的根本制度。这种国家性质,决定了我国监狱的人民民主专政的性质,这从根本上划清了我国监狱机关与资本主义国家监狱的区别。我国监狱机关作为国家专政机关之一,与公安机关、检察机关、人民法院等一起,构成了我国人民民主专政的强大国家机器,共同保卫我国社会主义现代化建设的顺利进行,共同负担着保卫人民的神圣使命。因此,监狱是我国不可缺少的人民民主专政的工具之一。

我国监狱作为人民民主专政工具之一,它的本质是不会随着监狱的关押对象——罪犯构成的变化而改变的,其内容是由国家的性质所决定的。

二、监狱的任务

监狱的任务与监狱的性质是紧密相连的,其基本任务是对罪犯执行刑罚、惩罚和改造罪犯、预防和减少犯罪。

(一)执行刑罚

监狱是国家的刑罚执行机关,可知执行刑罚是监狱最基本的任务。监狱根据人民法院所作的已经发生法律效力的判决,依照法律规定的程序,将刑罚内容付诸实施,最终完成其基本任务。其中,收监制度的实施表明刑罚执行的开始,释放制度的实施表明刑罚执行的终结;监外执行制度表明执行刑罚过程中执行场所的变更;减刑制度实施表明执行刑罚过程中刑种和刑期的变化;假释制度的实施表明执行刑罚过程中执行条件的变化。这一系列法律活动的执行,都必须严格按照法律所规定的内容及程序付诸实施。

(二)惩罚罪犯

惩罚是监狱根据人民法院的生效刑事判决,通过刑罚执行,依法剥夺或限制罪犯的某些权利,而使其遭受一定痛苦或损失的司法活动。监狱惩罚罪犯的任务是通过以下方式实现的:

1. 剥夺罪犯的人身自由。监狱按照法定收监的要求,将罪犯收入监狱内,与社会隔离起来，限制其人身自由。通过武装警戒、狱政管理等手段对罪犯实行严格的管理，防止其逃脱，同时与罪犯人身自由紧密相关的权利被依法剥夺或限制。

2. 依法严厉打击罪犯在狱内的违规、违纪、违法、犯罪活动。监狱依法严厉打击罪犯聚众哄闹监狱、扰乱正常监管改造秩序、欺压其他罪犯、拒不参加劳动，以自伤自残手段逃避劳动，在生产中故意违反操作规程或故意破坏生产工具、辱骂或者殴打监狱人民警察等。监狱可视其轻重给予警告、记过、禁闭处罚。罪犯在监狱内有组织越狱、盗窃、故意伤害等又犯罪行为的，依法从重处罚。

3. 剥夺部分罪犯的政治权利。对罪犯实施惩罚，还体现在依法剥夺部分罪犯的政治权利。政治权利是我国宪法赋予公民的一项重要的权利。虽然罪犯仍然属于公民的范畴，但和普通公民相比，他们的法律地位发生了变化。罪犯的政治权利有两种情况：一种情况是在判处主刑时附加有剥夺政治权利的刑罚；另一种情况是没有被剥夺政治权利。对附加剥夺政治权利的，在刑罚执行期间依照《刑法》第 54 条的规定停止其享有选举权和被选举权、言论、出版、集会、结社、游行、示威自由的权利、担任国家机关职务的权利、担任国有公司、企业事业单位和人民团体领导职务的权利。对未被附加剥夺政治权利的罪犯依照宪法及其他有关法律的规定，享有政治权利，但在服刑期间因人身自由被剥夺，而使其暂时处于基本停止行使的状态。

我国监狱对罪犯实施惩罚，不是单纯的惩罚，为惩罚而惩罚。当然，惩罚作为刑罚的固有属性，监狱在运用时也具有一定的目的性，但它不是通过对罪犯肉体的折磨和精神的摧残去实施惩罚。因此，惩罚的力度仅限于对罪犯人身自由的限制和剥夺，而且这种剥夺的运用在力度上有相当严格的限制，罪犯依然有一定的活动范围，相对自如的从事劳动和学习。我国监狱是通过对罪犯实施惩罚达到以下的目的：第一，剥夺罪犯继续危害国家和人民利益的条件；第二，使罪犯在惩罚中受到法制教育；第三，使罪犯认识到犯罪行为的可耻和危害，认识到只有认罪伏法、努力改造才有光明前途。正因为我国监狱对罪犯实施的惩罚是有积极意义的惩罚，因此，我国监狱在对罪犯实施惩罚的过程中，始终遵循社会主义法制原则和人道主义原则，法律确保罪犯应该享有的各种法定权利。总之，我国监狱对罪犯实施惩罚的过程，是教育罪犯认罪伏法、重新做人的过程。

（三）改造罪犯

改造罪犯是指监狱通过行刑活动达到改变罪犯主观形态、知识结构、道德修养、行为习惯甚至生活习惯，培养其掌握一定的文化知识、谋生技能，而最终成为能够适应社会生活的守法公民的执法活动。监狱通过狱政管理改造、教育改造、劳动改造三大改造基本手段，最终完成其改造任务。整个过程可以分解为两个层面去认识：

1. 监狱对罪犯的矫治。监狱针对罪犯在过去生活中所形成的错误的世界观、人生观、价值观及不良的行为习惯,采取直接的、强制的管理、控制、约束或疏导措施,以实现罪犯在狱内再社会化的功效。

2. 监狱对罪犯的培养。改造罪犯是一种重新塑造守法公民的过程,它要求从人的整体素质提高的方向去从事监狱行刑活动,这便要求监狱的改造工作从培养罪犯的文化素质、道德素质、行为习惯、心理素质及谋生技能等方面去提高罪犯的整体素质,以促其不良心理和行为的消除或置换,最终完成整体的良性社会化过程。

监狱要完成其改造罪犯的任务,必须具备一定的条件,主要包括硬件条件和软件条件。硬件条件是监狱完成其改造任务的基础,主要包括为保障监管安全的必要的狱政设施、保障罪犯权益的生活设施以及为改造罪犯所必需的教育设施设备、劳动设施设备、心理矫治设施设备等。软件条件是监狱完成改造任务的保障,主要包括完备的监狱法律规范体系、高素质的监狱人民警察队伍、科学的监狱财政保障制度、严格的监狱执法监督机制等。

(四)预防和减少犯罪

《监狱法》第1条对监狱预防和减少犯罪的任务作出了明确的规定。监狱主要通过特殊预防的方式,来实现其预防和减少犯罪的任务,即通过严密的警戒设施将罪犯拘禁在监狱内,剥夺其在监狱外再次犯罪的机会。与此同时,通过教育改造、劳动改造等措施和手段,从根本上预防其重新犯罪,完成其预防和减少犯罪的任务。

监狱还通过一般预防的方式,来完成其预防和减少犯罪的任务,即监狱对罪犯进行严格的刑罚执行,对社会上潜在的犯罪人起到了警戒与威慑的作用,使其为避免重蹈服刑人的覆辙而悬崖勒马,打消实施犯罪的念头。同时,教育和鼓励社会上的守法公民,积极与犯罪行为作斗争,防范与制止犯罪行为的发生,从而预防和减少犯罪。

第三节 监狱的管理体制

监狱管理体制,是指为保证监狱工作的顺利进行,依据国家法律的规定与要求,制定并实行的关于监狱的领导、管理以及监狱机构的设置和管理权限划分的一种组织管理制度。

在我国,监狱工作长期实行的是集中统一领导与分级管理相结合的监狱管理体制。在中央和省、自治区、直辖市司法行政机关内设有专门的监狱工作管理机构,实行两级管理体制,负责对全国和各省、自治区、直辖市的监狱工作的组织、规范与领导。在基层,设有监狱机构,具体完成执行刑罚、惩罚和改造罪犯的任务。

一、监狱工作的领导体制

监狱工作的领导体制是监狱管理体制的核心内容,是指监狱工作隶属于哪一个政府部门,由谁来领导,也就是通常所说的监狱的归属。根据《监狱法》第10条的规定:"国务院司法行政部门主管全国的监狱工作。"国务院司法行政部门,即中华人民共和国司法部。换言之,中华人民共和国司法部是主管全国监狱工作的最高领导机关。

监狱工作隶属于司法部领导,经历了一个曲折变化的过程。从中华人民共和国成立伊始到1950年11月,我国的监狱工作隶属于中央人民政府司法部和地方各级人民法院领导和管理,1950年5月中共中央决定大规模组织罪犯劳动改造,同年11月,根据政务院的指示,将监狱、看守所和劳改队移交给公安机关领导和管理。三十多年来一直是公安机关的组成部分。1953年3月29日,公安部设立劳动改造工作管理局(简称劳改局,其序列为第十一局),具体负责全国的监狱工作。1983年,党中央根据我国政法工作的需要,从有利于加强监狱工作的领导,有利于公、检、法、司几个机关之间的互相配合、互相监督、互相制约的目的出发,决定将监狱工作从公安机关移交给司法行政部门领导和管理,从1983年8月15日起,我国监狱工作正式由司法部门领导。1994年8月19日,司法部发布了《关于统一规定监狱管理机关和监狱名称的通知》,司法部内设的劳动改造工作管理局更名为监狱局。1994年12月29日颁布的《监狱法》肯定了司法行政部门对于监狱工作的领导体制,并以法律的形式予以确立与保障。

从监狱理论与司法实践来看,将监狱工作移交给司法部领导和管理,具有非常重要的意义和价值,主要表现在以下几个方面:首先,有利于健全社会主义法制。因为公安机关是国家的侦查与治安保卫机关,让它既行使刑事案件侦查的权利,又行使对罪犯执行刑罚的任务,不符合现代刑事诉讼法律程序的要求。把对实施犯罪行为人惩处权力的分配改变成为由公安(侦查、逮捕)、检察(批捕、起诉)、法院(审判)、司法(执行)四家分别执行,有利于完善我国的刑事司法体系。其次,有利于加强对监狱工作的领导。监狱工作在新民主主义革命时期和中华人民共和国成立初期,都是隶属于司法部门领导,已经积累了一些经验。司法部在粉碎"四人帮"后得以重建,主要负责法制宣传教育、律师公证业务,因此有精力领导与管理监狱工作。再次,有利于公安机关集中精力抓好社会治安和国内的安全保卫工作。由于新时期以来社会治安形势日益严峻,公安机关担负着繁重的侦查保卫任务,已没有更多的力量和精力顾及罪犯的改造工作。将监狱工作移交给司法行政部门领导,有利于公安机关集中力量,更好地完成打击犯罪,维护社会治安的任务。最后,有利于更好地纠正办案中可能产生的差错,加强公、检、法、司各个部门之间的相互监督、相互制约。

二、监狱工作的管理机关

监狱工作的管理机关,是指国家设立的专门负责领导惩罚和改造罪犯工作的政府职能机构。

根据《监狱法》的规定精神和司法实践的工作现状,我国监狱工作管理机关包括中华人民共和国司法部监狱管理局和省、自治区、直辖市监狱管理局。

中华人民共和国司法部监狱管理局,作为国家司法部的职能机构,具体负责对全国监狱工作的管理和领导。其主要职责是:负责监督检查监狱法律法规和政策的执行工作;负责全国监狱的设置、布局和规划工作;监督管理全国监狱刑罚执行、狱政管理、生活卫生管理、教育改造、劳动改造和信息化建设工作;组织实施重要罪犯的关押改造和省际的调犯工作;指导全国监狱的财务、装备和资产管理等工作;管理燕城监狱。

省、自治区、直辖市监狱管理局,简称省、自治区、直辖市监狱局,在省、自治区、直辖市司法厅(局)的领导下,管理和领导本地区的监狱工作。其主要职责是:贯彻执行有关监狱工作的法律、法规、规章和方针、政策,研究制定本省、自治区、直辖市狱政管理和罪犯教育改造、劳动生产、生活卫生等方面的规章制度;管理指导监狱正确执行刑罚、依法治监,提高监狱管理水平,创建现代化文明监狱;制订监狱的布局规划和新建、改建、扩建方案,经批准后组织实施;负责监狱系统人民警察警用装备、狱政装备的配置和管理工作;负责规划、部署监狱系统的经济工作,管理所属单位的生产、财务、基建等工作;负责编制、申报监狱系统的人民警察经费、罪犯改造经费及其他各项经费;按规定负责本市监狱系统国有资产的管理;负责监狱人民警察的配置、教育、培训、奖惩工作,负责干警队伍建设;负责工勤人员的招录、评聘和工资管理及劳动保护工作;参与社会治安综合治理工作,组织开展对在押罪犯的社会帮教和刑满释放人员的接对帮教工作;负责有关行政复议受理和行政诉讼应诉工作。

在少数省份和直辖市,针对监狱相对集中或监狱规模过大的情况,可以设立监狱管理分局,属省(市)、自治区监狱局的派出机构,行使省(市)、自治区监狱管理局的职权，负责领导本区域的监狱管理工作。

司法部和各省、自治区、直辖市的监狱管理局，可根据工作需要，设立政治、办公、规划、刑罚执行、狱政管理、狱内侦查、教育改造、生活卫生、劳动和生产管理、财务、科技与信息化等职能机构。

三、监狱内部的管理体制

1. 监狱内部的领导体制。我国监狱普遍实行的是党委领导下的监狱长负责制。监狱长是监狱的最高行政领导。除了监狱长，政委也是监狱的领导人。政委是"政治委员"的简称，是监狱中分管政治工作的最高领导，"政治工作"主要包括宣传教育、思想教育、组织建设、廉政建设等。

2. 监狱内部的管理层次。目前，我国监狱内部管理层次存在以下两种模式，监狱、监区、分监区三级管理与监狱、监区两级管理。监区是监狱内部处于中间管理层级的监管和改造罪犯的组织。根据司法部 1996 年 10 月 28 日印发的《司法部关于加强监狱监区、分监区和劳教所大队、中队建设的若干规定》要求，监区按照 500 名左右罪犯的标准建设；监区的警力按照罪犯总数的 3% 配备；监区设正、副监区长、和正、副教导员。分监区是监狱内部最低层级的监管和改造罪犯的组织。依据司法部颁发的上述规定，分监区按照 150 名左右罪犯的标准建设；分监区警力的配置不低于押犯总数的 8%；分监区设正、副分监区长和正、副指导员。近年来，监狱理论研究者对监狱内部的管理层级设置进行了积极的探索，提出了监狱、监区两级管理的模式，或称为"扁平化管理"模式。研究者普遍认为通过推行两级管理，不仅可以解决目前一线警力严重不足，而且可以减少管理层次，提升工作效率。一些地区和监狱也进行了两级管理的尝试。

3. 监狱内部的工作机构。根据《监狱法》第 12 条第 1 款的规定："监狱设监狱长一人，副监狱长若干人，并根据实际需要设置必要的工作机构和配备其他监狱管理人员。"监狱一般应设置办公、刑罚执行、狱政管理、狱内侦查、教育改造、生活卫生、劳动和生产、组织人事、财务等工作机构。

第四节 监狱布局

一、监狱布局的含义

监狱布局是指国务院司法行政部门对全国监狱的种类、数量、规模、选址等进行的总体性规划安排。

二、新中国监狱布局的调整

回顾新中国监狱发展的历程,监狱布局受国家所处的特定的历史时期、特定的政治环境、经济基础、法律及文化等因素影响在不断地进行着调整,客观呈现出以下监狱布局的样态:

(一)新中国监狱布局的初创

中华人民共和国成立后,党和人民政府以毛泽东劳动改造罪犯思想为指导,以有关劳动改造罪犯的政策、纲领和决议为依据,总结革命根据地监所的经验(特别是解放战争时期创办的劳改队的经验),借鉴苏联劳动改造工作的经验,创建了"县一级、专署一级、省市一级、大行政区一级、中央一级共五级办劳改的模式",客观上适应了当时政权建设和经济建设的需要,并且发展迅速、成效显著。1949 年全国押犯场所为 243 个,到 1951 年已增至 2452 个。至 1951 年 9 月底,已有四市、平原 56 个县,中南 7 个县,西南 12 专区和 7 个县,犯人做到全部自给。截至 10 月底,根据华北、华东、中南、西南、西北、东北、内蒙古和中央直属单位的统计,已投入生产的犯人占全国预计的 62.8%。截至 1952 年 6 月,全国第一次劳改工作会议召开,先后创建劳改农场 640 个,开垦荒地 127.9 万余亩,其中千人以上的大农场有 56 个;创建各种矿 217 个,百人以上的工厂 160 个,500 人以上的工厂 29 个。截至 1953 年 12 月,全国第二次劳改工作会议召开,全国共建有规模大小不等的劳改生产单位 4671 个。[①] 这种监狱布局模式,客观上适应了中华人民共和国成立初期的特定政治、经济状况,推动了监狱事业的发展,为政权的巩固、经济的恢复和发展做出了巨大的贡献。

(二)监狱布局呈现出主要分布于"老、少、边、穷"地区的样态

中华人民共和国成立之初,由于受当时国际国内形势的压力,出于战备考虑,对劳改单位分一、二、三线进行调整,使原来处于城市边缘,交通便利的一线监狱,迁到了远离城市的、交通闭塞的大"三线"(当时有大三线、小三线之说,大三线主要指新疆、西藏、青海、内蒙古、陕西、黑龙江;小三线指福建内地闽西北山区、江西、江苏等)。[②] 我国东南沿海福建、广东、浙江等省的监狱布局受到极大影响。如福建省,在 20 世纪五六十年代出于战备的考虑,省政府提出监狱布局调整的"三不"方针,

---

① 参见王福金:《中国劳改工作简史》,警官教育出版社 1993 年版,第 50 页。

② 参见浙江省监狱管理局课题组:《监狱布局调整的若干问题研究》,载《犯罪与改造研究》2001 年第 7 期。

即沿海的县市、交通沿线及国防要地不办劳改单位。全省先后于1953年撤销沿海21个县市劳改单位,将犯人安插到内地4个农场以及充实建筑队伍及筑路队;1962年,又把11个沿海市县的劳改场所转移至偏僻山区;1965年撤销沿海的8个劳改单位,又将铁路沿线犯人撤至山区。这样全省多数监狱、劳改队集中在闽西北边远的荒无人烟的、条件艰苦的山区。①

（三）"文革"期间,监狱布局受到严重破坏

"文革"对我国监狱工作带来了极大的冲击,造成了很大的破坏。从1966年到1976年的十年间,据统计全国的劳改单位被撤销减少了40%以上。1965年,全国有省属劳改单位561个,地属劳改单位268个,到1971年,全国有劳改场所485个。② 到了"文革"后期,遵照周恩来总理关于"要恢复、整顿劳改农场、工厂"的重要指示,各地的劳改农场、工厂得以恢复并在曲折中发展。

（四）改革开放以后,监狱布局的恢复调整

随着严打斗争的深入开展,押犯剧增,监管场所关押容量的不足成为急需解决的问题。为此,各地通过场所的回收、新建、扩建、恢复向边疆调犯及地市监狱的创办等有效途径解决了关押容量不足的问题。此过程中,共收回场所45个,从1983年到1985年,全国先后建造犯人监舍300多万平方米,改建、扩建、新建直属煤矿9个。自1983年到1984年,河南、山东、浙江、广东、辽宁等14个省份先后兴办起130多个地市监狱。③

到了20世纪80年代末90年代初,我国正处于计划经济向市场经济转轨时期,因为监狱布局的客观现实状况,再加之当时监狱财政保障制度等因素的影响,使我国监狱面临着前所未有的困难(监狱企业举步维艰、监狱人民警察的基本工资得不到有效保障等),严重影响了监狱事业的发展,各省、市、自治区不得不进一步考虑新形势下监狱布局的问题。

（五）21世纪,监狱布局的优化调整

2001年,国务院下发了《关于研究解决监狱困难有关问题的会议纪要》(国阅〔2001〕73号),明确提出通过搬迁、合并、撤销及新建等方式,合理调整监狱布局,所需经费分别纳入中央和地方预算,研究制定监狱建设标准,将监狱布局调整的方式由各省自发组织实施转变为由国家统筹规划,协调推进。2002年年初,司法部正式启动监狱布局调整工作,提出了全国监狱布局调整的目标、要求和规划,通过布局

---

① 参见王明迪:《监狱改革发展纵横谈》,中国监狱学会2001年版,第404页。

② 参见王福金:《中国劳改工作简史》,警官教育出版社1993年版,第80页。

③ 参见王福金:《中国劳改工作简史》,警官教育出版社1993年版,第85页。

调整使监狱布局科学、合理，关押总量满足需要，建设水平有新的提高。在调整过程中要实现“三个转向”，即由偏远地区转向城市和交通沿线，由分散转向集中，罪犯劳动由室外转向室内。计划2010年基本完成全国监狱布局的调整工作。2002年12月，建设部、国家计委批准发布了由司法部编制的《监狱建设标准》，为新建、扩建、改建监狱提供了依据。从2002年以来，中央已投入布局调整资金40多亿元，地方也投入了相应的配套资金，共实施了300多个布局调整项目。青海、四川、湖南、广西、河北、辽宁6个第一批重点省（区）的监狱布局调整工作进展顺利，多数省的调整任务已基本完成。第二批监狱布局调整重点省份河南、云南、内蒙古、安徽、贵州、山西、甘肃7省（区）的布局调整工作，正在有序展开。其他省（区、市）的监狱布局调整工作也在稳步进行。① 据统计，截至2005年年底，全国新建监狱24所，迁建监狱26所，改扩建监狱132所，撤销监狱122所。②

为了进一步推进监狱布局调整、监狱体制改革工作，根据国务院领导批示的精神，2006年4月，国务院召开由相关部门参加的研究监狱布局调整、监狱体制改革会议，并形成《研究监狱布局调整和监狱体制改革试点有关问题的会议纪要》（国阅〔2006〕40号），提出要在2010年完成监狱布局调整的工作目标和任务。《纪要》在保证建设资金、建设用地，减免建设收费、落实专项经费等诸多方面给予了一系列优惠政策，有力地支持监狱布局调整建设。2006年12月，司法部在全国司法厅局长会上进一步明确了监狱布局调整的目标，即布局合理、规模适度、分类科学、功能完善、投资结构合理、管理信息化。③ 为进一步推进监狱布局工作，司法部、国家发展和改革委员会、财政部、国土资源部、建设部联合下发《关于进一步推进监狱布局调整工作的意见》（司发通〔2007〕5号）。2009年10月至11月中旬，司法部对山西、吉林、福建、海南、云南、陕西6省15个监狱布局调整重点建设项目进行了专项检查，2010年3月10日下发《司法部关于进一步加强监狱布局调整工作的通知》（司发通〔2010〕35号），肯定监狱布局调整工作所取得的成绩，对监狱布局调整工作的推进提出进一步要求。

三、监狱的设置

中华人民共和国成立后监狱的设置，主要考虑的是罪犯刑期的长短，反社会性

---

① 参见范方平：《与时俱进谱新篇　改革创新促发展——中国监狱的改革和发展》，载《中国法律》2005年第2期。

② 参见李豫黔：《监狱调研工作的方法及策略研究》，载《犯罪与改造研究》2006年第6期。

③ 参见《中国公证》编辑部：《司法部部长吴爱英提出2007年司法行政工作九项任务》，载《中国公证》2007年第1期。

的强弱,战备和生产建设的需要,在大城市设立监狱,关押10年以上的有期徒刑、无期徒刑、死刑缓期二年执行的罪犯,而且还关押反革命犯、知密犯、外籍犯和女犯;在农村和矿山设立劳改队,关押10年以下具有外出劳动能力的有期徒刑的罪犯。此外,还专设少年犯管教所关押未满18周岁的犯罪少年。这种监狱设置的格局,在历史上曾起到了很好的社会防护作用,亦保证了监狱工作的发展。但对市场经济条件下监狱工作发展亦有不利的一面,主要表现在:位于偏远山区的从事农业、矿山开采的监狱单位,不利于经济发展,罪犯家属探视多有不便。

目前,我国监狱的设置未确定统一、规范、细化的标准。《监狱法》第11条规定:"监狱的设置、撤销、迁移,由国务院司法行政部门批准。"这就明确地规定了监狱设置的国家机关及其职权,并对监狱的撤销与迁移作出了严格的保护性规定。2010年住房和城乡建设部、国家发展和改革委员会批准发布《监狱建设标准》,对监狱建设的总体要求、建设规模与项目构成、选址与规划布局、建筑标准、安全警戒设施、场地与配套设施做了细化规定。

从总体而言,监狱的设置应遵循如下原则:(1)遵守国家相关法律规范的原则;(2)与我国刑事司法系统其他机构设置相协调的原则;(3)有利于监狱功能发挥的原则;(4)有利于刑罚执行目标实现的原则;(5)与国家经济、社会发展相适应的原则;(6)集中统一管理与分级管理相结合的原则;(7)有利于节约行刑成本的原则。

四、监狱的种类

监狱的种类是指依据一定的目的和标准对监狱进行的类型划分。科学的划分监狱的类型有利于改造罪犯目标的实现,有利于保障罪犯权益,有利于确保监管安全,有利于节约国家行刑资源。根据我国现行监狱法律、规章所规定的内容,可对监狱进行如下划分:

(一)以关押罪犯的性别、年龄为依据

以关押罪犯的性别、年龄为依据,将监狱划分为成年男犯监狱、女犯监狱、未成年犯管教所。《监狱法》第39条第1款规定:"监狱对成年男犯、女犯和未成年犯实行分开关押和管理,对未成年犯和女犯的改造,应当照顾其生理和心理特点。"《监狱法》第74条规定:"对未成年犯应当在未成年犯管教所执行刑罚。"根据监狱法的上述条款规定,在监狱工作实践中将监狱划分为成年男犯监狱、女犯监狱(女子监狱)、未成年犯管教所。成年男犯监狱关押被判处死刑缓期二年执行、无期徒刑、有期徒刑且年满18周岁的男性罪犯。女犯监狱关押被判处死刑缓期二年执行、无期徒刑、有期徒刑且年满18周岁的女性罪犯。未成年犯管教所关押被判处无期徒刑、

有期徒刑的未成年罪犯，但《监狱法》第76条规定："未成年犯年满十八周岁，剩余刑期不超过二年的，仍可以留在未成年犯管教所执行剩余刑期。"因此，未成年犯管教所中实际关押被判处无期徒刑、有期徒刑年满14周岁，不满20周岁的罪犯。

（二）以监狱关押罪犯的人数为依据

根据2010年住房和城乡建设部、国家发展和改革委员会关于批准发布《监狱建设标准》第8条、第9条的规定，按照监狱关押罪犯的人数将监狱划分为以下三类：小型监狱，关押罪犯人数在1000～2000人；中型监狱，关押罪犯人数在2001～3000人；大型监狱，关押罪犯人数在3001～5000人。

（三）以监狱的警戒程度为依据

根据2010年住房和城乡建设部、国家发展和改革委员会关于批准发布《监狱建设标准》第3条的规定，将监狱分为中度戒备监狱、高度戒备监狱。

（四）以监狱建设标准为依据

根据2010年住房和城乡建设部、国家发展和改革委员会关于批准发布的《监狱建设标准》规定的具体内容，将监狱分为"中度戒备大型监狱"、"中度戒备中型监狱"、"中度戒备小型监狱"、"高度戒备小型监狱"、"高度戒备中型监狱"、"未成年犯管教所"、"女子监狱"和"关押老病残罪犯的监狱"。

另外，在监狱理论界和监狱工作实践中，又按照不同的标准将监狱划分为不同种的类型。例如，按照监狱行政管理权限，分为司法部直属监狱、省属监狱、市属监狱；按照警戒程度，将监狱划分为高度戒备监狱、中度戒备监狱、低度戒备监狱；按照刑期长短，将监狱划分为长刑犯监狱、短刑犯监狱；按照监狱的功能定位，设置收押分类中心（新收犯监狱）、中途宿舍、医疗监狱等。

第五节 监狱人民警察

一、监狱人民警察的概念

人民警察是指具有武装性质的国家治安行政力量。我国人民警察依据从事专业活动的特点，国家赋予的使命与职能，科学的区分人民警察警种类型。《中华人民共和国人民警察法》（以下简称《人民警察法》）第2条明确规定监狱人民警察是人民警察的组成部分。以法律的形式规定了人民警察的类型与范围，有利于分工、协调，发挥各种警种的战斗力，有利于人民警察队伍的正规化建设。

《监狱法》第12条第2款规定："监狱的管理人员是人民警察。"这是关于监狱人民警察的法律规定。结合监狱法的有关内容,此规定有以下含义:第一,只有监狱的管理人员才是监狱人民警察。监狱是国家的刑罚执行机关,只有具有公务员身份的监狱管理人员才是监狱人民警察,并非所有在监狱工作的人员都是监狱人民警察。第二,监狱人民警察是国家人民警察体系中的一个警种,执行监狱管理公务的人民警察应依照《人民警察法》和《监狱法》享有自己的权利和承担自己的义务。

因此,监狱人民警察是指依法从事管理监狱、执行刑罚、惩罚与改造工作的人民警察,是国家刑罚执行机关的组织实体和主体力量,是具有武装性质的刑事司法力量。

二、监狱人民警察的职权

职权是指法律赋予国家机关或国家公职人员依法执行公务时所具有的特殊权利。监狱人民警察的职权是指国家以法律的形式规定监狱人民警察在执行刑罚时所具有的职务上的各项权利。

《监狱法》规定了监狱机关执行刑罚、惩罚和改造罪犯的职能,同时也规定了监狱人民警察管理监狱、执行刑罚、教育改造罪犯等职权。监狱的职能活动,需要而且必须通过监狱人民警察来组织实施。因此,监狱职能制约与规定监狱人民警察职权的内容和范围。监狱人民警察的职权是监狱职能的具体体现。归纳起来,监狱人民警察主要有以下两方面的职权:

(一)执行惩罚罪犯权

惩罚罪犯权是国家法律赋予的监狱人民警察依法代表国家对罪犯实施惩罚的职权。其主要内容包括:依法对罪犯予以监禁、限制其人身自由、实行严格的军事管制,武装警戒,对违反监规、监纪的罪犯给予相应的惩罚。例如,警告、记过、禁闭等。对有行凶、逃脱等危险行为的罪犯进行严格控制,并制订预案,依法严厉打击狱内犯罪现象。

(二)执行改造罪犯权

监狱人民警察行使其改造罪犯权主要通过三大手段,即教育改造、劳动改造、狱政管理。这三大手段各有侧重,相辅相成,为改造罪犯提供了有效途径。其中,教育改造主要是依据法律对罪犯进行法制、道德、形势、政策、前途等内容的思想教育;根据不同情况对罪犯进行扫盲教育、初等教育、初级中等教育等不同程度的文化教育;根据监狱生产和释放后就业的需要,对罪犯进行职业技术教育,组织罪犯开展适当的体育活动和文化娱乐活动。劳动改造是指监狱组织有劳动能力的罪犯从事生产活动,使他们在劳动中改造自己,同时通过劳动学习一定的生产技能,以满足回归社会的需求。狱政管理是指监狱人民警察依据法律对罪犯的日常生活的组织、安排,对罪犯行刑活动的组织、指挥以及监狱安全保障等。

三、监狱人民警察的义务和纪律

作为人民警察序列的一个警种,《人民警察法》中关于人民警察的义务和纪律的规定,同样适用于监狱人民警察。同时,《监狱法》对监狱人民警察的义务和纪律也作了明确规定。第 13 条规定:“监狱的人民警察应当严格遵守宪法和法律,忠于职守,秉公执法,严守纪律,清正廉洁。”第 14 条第 1 款规定:“监狱的人民警察不得有下列行为:(一)索要、收受、侵占罪犯及其家属的财物;(二)私放罪犯或者玩忽职守造成罪犯脱逃;(三)刑讯逼供或者体罚、虐待罪犯;(四)侮辱罪犯的人格;(五)殴打或者纵容他人殴打罪犯;(六)为谋取私利,利用罪犯提供劳务;(七)违反规定,私自为罪犯传递信件或者物品;(八)非法将监管罪犯的职权交予他人行使;(九)其他违法行为。”这些条款的规定,是从法律上对监狱人民警察的行为作出明确性的禁止性规定。如果有违反,尚未构成犯罪的予以行政处分;构成犯罪的,则依法追究刑事责任。

《监狱法》作出的关于监狱人民警察义务和纪律的规定,反映了我国民主法治建设的发展,体现了我国监狱制度的文明与进步,既是对监狱人民警察的一种约束,也是对监狱人民警察的爱护和关心,防止监狱人民警察违法犯罪。不能把监狱法关于监狱人民警察义务和纪律的规定只看成或理解为对监狱人民警察职权的约束,而应明确,这样的规定是对监狱人民警察的真正保护和支持,是为了使监狱人民警察更依法有效的行使职权,有利于提高监狱人民警察的素质,提高监狱人民警察的执法水平。

四、监狱人民警察的执法保障与监督

监狱人民警察的执法保障是指确保监狱人民警察依法履行职责,维持正常工作秩序,顺利完成任务的必需条件。根据监狱工作实际情况可知,监狱人民警察的执法保障首先是法律保障。《人民警察法》中有关警务保障的规定以及《监狱法》第 5 条规定的内容,是监狱人民警察履行职责,实施任务的最基本保障。其次,物质条件是监狱人民警察执法保障中的必备要素。《监狱法》第 8 条第 1 款规定:“国家保障监狱改造罪犯所需经费。监狱的人民警察经费……列入国家预算。”有了坚实的物质保障,就能充分激发、调动监狱人民警察的工作积极性,顺利完成任务。最后,社会力量的支持与协助,是监狱人民警察履行职责,完成任务的可靠保障。监狱人民警察的执法活动体现国家和人民的意志,维护与实现国家和人民的利益,关系到社会稳定及人民财产的安全,影响着社会主义现代化建设的进程。因此,监狱的执法活动必然得到社会力量的大力支持。从而为监狱人民警察履行职责,完成任务提供了群众性的可靠保障。

监狱人民警察的执法监督是指党和国家机关、其他社会组织或公民依法对监狱人民警察管理监狱、执行刑罚、惩罚和改造罪犯的各项活动进行全面的监察督促。主要包括以下含义:首先,监狱人民警察执法监督的主体是国家权力机关、检察院、主管的上级机关,机关内部的纪检、监察部门以及社会组织和公民。其次,执法监督的对象是监狱机关及监狱人民警察。最后,执法监督的内容是监狱人民警察是否正确执行法律,以及在执法过程中是否有违法乱纪的行为。加强监狱人民警察的执法监督是国家民主与法制建设的需要,是国家法制建设的重要内容,是提高监狱人民警察执法水平的需要,是加强警察队伍廉政、勤政建设的需要。

五、监狱人民警察的素质

素质是指从事某种职业的人在思想政治方面、知识结构方面、工作能力方面所具有的水平和条件。监狱人民警察的素质是指为完成惩罚与改造罪犯工作的任务,监狱人民警察自身应具备的条件。监狱人民警察集执法、管理、改造等多种任务于一身,与罪犯朝夕相处,处于腐蚀与反腐蚀、改造与反改造阵地的前沿,因此要求监狱人民警察具有较高的素质,才能承担改造罪犯的重任。根据监狱工作的需要,监狱人民警察要具备以下几个方面的素质:

(一)政治素质

政治素质包括政治立场、政治品质、思想作风和职业道德等。要求监狱人民警察应当具备:

1. 坚定的政治立场。监狱人民警察是一支具有武装性质的刑事司法力量,代表国家依法对罪犯执行刑罚。因此,他们必须用马克思列宁主义、毛泽东思想、邓小平理论、“三个代表”重要思想、科学发展观、习近平新时代中国特色社会主义思想来武装头脑,坚持四项基本原则,坚持贯彻党的监狱工作方针、政策,坚决维护国家的安全和人民的利益,同一切破坏社会主义法制,破坏人民民主专政行为和一切违法犯罪活动作斗争。

2. 强烈的事业心。监狱人民警察肩负国家和人民所赋予的把罪犯改造成守法公民的重任,必须具有强烈的事业心,历史使命感和责任感,要忠诚和热爱党的监狱工作事业,在监狱这个特殊工作岗位上全心全意为人民服务,艰苦奋斗,无私奉献。

3. 良好的职业道德。监狱人民警察有着特殊的职业特点，他们既是执法工作者，又是教育工作者，这就要求他们忠于职守，执法如山，消除罪犯和监狱人民警察之间存在的抵触心理，对罪犯进行文明管理；为人典范，廉洁奉公，成为罪犯重新做人的榜样。

(二)知识素质

知识素质是指监狱人民警察根据工作的需要所必须掌握的相关的学科知识。包括：

1. 基础知识。监狱人民警察一般应具备高中以上文化水平，要掌握哲学、政治经济学、科学社会主义、中国革命史、法学基础理论、宪法学、伦理学、形式逻辑、普通心理学等学科知识。

2. 专业知识。要掌握监狱学基础理论、刑法、刑事诉讼法、狱政管理学、罪犯改造心理学、行政管理学、罪犯改造教育学、经济管理学等学科知识。

3. 相关知识。要掌握中国监狱史、犯罪学、外国监狱制度、信息论、控制论、系统论原理、计算机、领导科学、美学、公共关系学、演讲与口才等学科的知识。

(三)能力素质

监狱人民警察的能力素质是指监狱人民警察单独开展工作、独立处理问题、依照法律、法规的要求，科学的、有计划地组织罪犯开展各项改造活动所具备的能力。监狱人民警察的能力素质包括组织能力、管理能力、表达能力、应变能力、监管控制技术能力。

(四)心理素质

心理素质是指人在心理过程(认识、情感意志)和个性心理特征(能力、气质、性格)方面的情况。监狱既是一个特殊的环境，又是以特殊的人(罪犯)为工作对象，因此监狱人民警察应该有一个健康的心理素质。一是要有成熟的自我意识。包括自我评价、自我控制、自我调节等。成熟的自我意识能够使人保持心理平衡，保持心境最佳状态。二是要有丰富积极地情感和顽强的意志。丰富积极的情感有助于提高工作效率和质量，使人积极地投入工作，做出优良的成绩。监狱人民警察所从事的职业既光荣又艰巨复杂，因此，要有顽强的意志，要有坚持不懈的精神。

(五)身体素质

身体素质是指监狱人民警察应该具有强健的体魄和合理的年龄结构。强健的体魄是监狱工作的重要条件。因为监狱工作危险性大，随时会遇到各种紧急突发情况，必须迅速投入战斗。监狱工作又是非常艰苦的工作，条件艰苦，工作繁重。如果没有强健的体魄,很难适应工作所需要的充沛精力的要求。反过来说,如果身体病弱无力,不仅难以胜任本职工作,而且可能因为无力应付突发事件,制服罪犯而危及自身,或给自己或给国家带来不应有的损失。所以,监狱人民警察队伍还应保持合理的年龄结构,使整个队伍永远保持朝气蓬勃,充满战斗力。

监狱人民警察的政治素质是主导素质,知识、能力、心理、身体等素质是必需素质。只有多种因素有机结合,才能造就合理的素质结构。

六、监狱人民警察的管理和教育

监狱人民警察的管理是指按照国家公务员人事管理及人民警察组织管理的要求,对监狱人民警察在选拔、配置、培训、考核、监督、晋职、晋衔、奖惩、保障等方面的管理。它是实现党的路线和监狱工作方针和政策的重要保障,是调动监狱人民警察积极性和创造性的一个重要环节。

司法部根据《人民警察法》《监狱法》以及国务院授予的职权,主管全国监狱工作,指导监狱人民警察队伍建设,各省、自治区、直辖市、司法厅(局)在省、自治区、直辖市党委和政府以及司法部的领导下,内设监狱管理局负责辖区内的监狱人民警察的管理工作。各监狱是监狱人民警察管理的基层组织,负责具体实施监狱人民警察的管理工作。监狱人民警察在选拔上要严格按照《人民警察法》规定的基本条件、程序和原则进行。监狱人民警察培训包括上岗前培训、岗位培训、晋升职务培训和晋升警衔培训。监狱人民警察的考核是指监狱机关对担任监狱人民警察职务的人员在思想品德、工作态度、工作能力及工作成绩等方面的考察与评价。

监狱人民警察的教育是培养监狱工作人才的一项战略措施。我国一贯重视监狱人民警察的教育工作。由于不断提高其素质,使整个监狱人民警察队伍基本适应了监狱工作的要求。面对新的社会情况和罪犯构成上的变化,我们应加强对监狱人民警察的教育。监狱人民警察教育的途径有:一是利用三级教育培训基地进行教育提高。即建立以各监狱培训班为基础,以各省、自治区、直辖市的司法警官院校为骨干,以中央司法警官学院为中心的三级教育培训网,这是我国监狱人民警察教育的主要途径和基本形式。二是组织具有高中文化程度的监狱人民警察参加电大、函授、夜大、职大和自学考试等学习。三是选送有一定文化基础和专业特长的监狱人民警察到国内或国外高等院校进修深造,培养新时代的监狱管理人才。

第八章　罪　　犯

重点提示

对罪犯的研究是监狱学学科的重要组成部分。事实上,监狱学学科对行刑法制与政策、监狱的性质与功能、监狱人民警察的素质与管理、执行刑罚与改造罪犯的理论与实践、安置帮教等方面的研究,都是围绕罪犯这一工作对象的需要而进行的。根据监狱学学科的要求,对罪犯的研究应当包括罪犯的概念与特征、构成及其发展变化、法律地位及其人权保障等基本内容,从而能够对罪犯有一个较为基本的了解。

第一节　罪犯的概念和特征

一、罪犯的概念

监狱学意义上的罪犯,是指因实施犯罪行为而被人民法院依法判处死刑缓期二年执行、无期徒刑和有期徒刑,并在监狱内接受惩罚和改造的犯罪人。在理解这一罪犯的内涵时,应当注意把握以下几点:

(一)罪犯只能是自然人

监狱学意义上的罪犯只能是自然人。虽然我国现行刑法确立了单位犯罪,但由于对单位犯罪本身只能判处罚金,所以单位显然不是这里所说的罪犯。当然,单位犯罪中的有关责任人员可以因判刑入狱而成为罪犯。

(二)罪犯身份的确认具有法定性

罪犯这一法律身份是法定机构依照法定程序确定的。只有经过人民法院的刑事审判活动,并作出生效判决之后,才能将实施危害社会行为的公民确定为罪犯身份。

(三)罪犯身份的存在具有时空限定性

被判处刑罚并入狱服刑的罪犯,只在所判刑期之内具有罪犯身份,一旦主刑执行完毕,其监狱学意义上的罪犯身份则告终止。就实践中被判处死刑缓期二年执行和无期徒刑的罪犯而言,绝大多数人在服刑期间也有机会获得减刑或假释而重返社会,从而解除其监狱服刑罪犯的身份。

二、罪犯的特征

(一)罪犯是犯罪行为的实施者和刑事责任的承担者

没有犯罪就没有罪犯,犯罪行为的实施是罪犯身份形成的根本性原因。我国刑法规定了罪刑法定的基本原则,如果一个人没有实施刑法所明文规定的犯罪行为,就不得对其定罪处刑,也就无从谈起将其认定为监狱服刑的罪犯。当然,作为罪犯的自然人,还必须达到法定的刑事责任年龄并具备刑事责任能力。根据我国《刑法》的有关规定,刑事责任年龄的起点为16周岁,但已满14周岁不满16周岁的人对于故意杀人、故意伤害致人重伤或者死亡、强奸、抢劫、贩卖毒品、放火、爆炸、投毒罪等8种犯罪,应当负刑事责任;虽然达到法定的刑事责任年龄,但是不能辨认或者不能控制自己行为的精神病人,因不具备刑事责任能力而不能成为罪犯;但是间歇性精神病人在精神正常的时候犯罪的,以及尚未完全丧失辨认或者控制自己行为能力的精神病人犯罪的,仍应当负刑事责任。

(二)罪犯被判处的刑罚限于死刑缓期二年执行、无期徒刑和有期徒刑

根据我国《刑法》《刑事诉讼法》《监狱法》的有关规定,被判处死刑缓期二年执行、无期徒刑和有期徒刑的罪犯,在监狱内执行刑罚。因此,中国监狱学意义上的罪犯,也就是监狱在押罪犯。

(三)罪犯在监狱内服刑并接受改造

罪犯在监狱内服刑,这是监狱学意义上的罪犯同广义上的罪犯最显著的区分标志。我国监狱以改造罪犯为宗旨,在依法关押和监管罪犯的同时,还对其进行强制性的教育改造,并组织有劳动能力的罪犯参加生产劳动,以改变罪犯的不良观念,矫正行为恶习,提高文化素质和品行修养,并训练谋生技能,从而为其将来刑满后顺利回归社会奠定基础。

(四)罪犯是监狱行刑法律关系的主体

现代监狱行刑制度的一个重要特征就是肯定了罪犯的主体地位,也就是说,罪犯在监狱行刑法律关系中,既承担一定的义务,同时也享有一定的权利。监狱在依法剥夺或限制罪犯的某些权利的同时,必须充分尊重和保护罪犯未被剥夺或限制的公民权利。

第二节 罪犯构成

一、罪犯构成的概念与研究价值

（一）罪犯构成的概念

罪犯构成，是指在某一特定的历史时期内，罪犯整体内部各种罪犯类型及其数量之间的比例关系。罪犯构成是建立在对罪犯人口的类型化基础上的，这种类型化可以从不同的角度，依照不同的标准进行。常见的罪犯构成类型有以下几种：

1. 罪犯自然状况构成，即以年龄、性别、民族、职业、文化程度等自然因素为标准而对罪犯人口内部结构所作的划分和比较，如成年犯和未成年犯，男犯和女犯等。

2. 犯罪性质构成，即以罪犯所实施的犯罪行为的性质为标准而对罪犯人口内部结构所作的划分和比较，如财产型犯、性罪犯、暴力型犯和其他类型罪犯。

3. 刑罚种类构成，即以罪犯被判处的刑种、刑期等为标准而对罪犯人口内部结构所作的划分和比较，如根据刑种，将罪犯分为死刑缓期二年执行罪犯、无期徒刑罪犯和有期徒刑罪犯；对有期徒刑罪犯，又分为长刑犯和短刑犯等。

（二）罪犯构成的研究价值

犯罪是社会中诸多矛盾因素综合作用的产物，而罪犯构成则是社会犯罪现象的集中反映。对罪犯构成进行深入分析和研究，有助于了解和掌握特定时期内社会犯罪现象的状况、特点和态势，从而为有关部门制定科学、有效的刑事对策提供决策依据；同时，也有助于监狱正确认识在押罪犯的情况、特点和趋向，以及时采取有效的监管改造措施，增强教育的目的性和针对性，促进罪犯改造质量的提高。

二、我国罪犯构成的历史与现状

罪犯构成不是一成不变的，而是随着社会矛盾的运动和犯罪情势的变化而处于动态演变之中。中华人民共和国成立以来，随着我国政治经济形势及犯罪状况的不断变化，我国罪犯构成状况也发生着变化。

（一）我国罪犯构成的历史变化

从历史上看，我国罪犯构成的变化经历了以下四个时期：

1. 中华人民共和国成立至20世纪60年代初为第一时期。这一时期监狱关押改造的罪犯以反革命犯和旧社会遗留下来的各种刑事累犯为主。这些罪犯大多出身于剥削阶级，具有比较顽固的反动政治立场，不劳而获的寄生腐朽思想严重。因此,这一时期监狱改造工作的重点是改变罪犯的反动政治立场和剥削阶级思想。

2. 20 世纪 60 年代初至 70 年代末为第二时期。这一时期监狱在押罪犯中的反革命罪犯所占比重逐步下降,大部分罪犯是在社会主义计划经济条件下产生的各类普通刑事罪犯,还有一些是“文革”期间产生的打、砸、抢犯罪分子。这类罪犯一般不具有顽固的反动思想,监狱教育改造工作的重点是对他们进行社会主义理想和道德的教育,帮助其树立正确的人生观和价值观。

3. 20 世纪 70 年代末至 80 年代中期为第三时期。这一时期监狱在押罪犯呈现出“三多三少”的特征:一是普通刑事犯多,反革命犯少;二是罪犯出身于劳动人民家庭的多,出身于剥削阶级家庭的少;三是青少年罪犯多,中老年罪犯少。由于受“文革”遗毒及从西方输入的一些腐朽思想的影响,这一时期的罪犯表现出精神空虚、目无法纪、好逸恶劳、自私自利、文化水平低、无谋生技能等特点。这一时期的罪犯改造工作重在改变罪犯的不良习性,并通过对罪犯的职业技术教育,使其成为守法公民和对社会有用之才。

4. 20 世纪 80 年代中期到 90 年代中期为第四时期。这一时期监狱关押的反革命犯继续减少,其所占的比重已经低于 0.3%。在普通刑事罪犯中,以财产型罪犯增加最快最多;暴力型罪犯,被判刑两次以上的罪犯以及跨省区流窜作案的罪犯和毒品罪犯都有明显的增多。这一时期,由于社会主义市场经济体制的确立和发展,人们的人生观、价值观均发生了显著变化,大量新的来自各方面的社会信息通过各种渠道也在潜移默化地影响着在押罪犯的思想,这一方面使罪犯中出现了市场观念、竞争观念增强的好现象;另一方面市场经济的负面影响也使罪犯的思想和行为表现出新的不利于改造的变化,即拜金主义思潮泛滥,悔罪心理和接受改造的意识淡化;极端的个人功利主义十分明显,勤奋致富和诚实劳动的意识严重淡化;追求高消费和及时享乐的思想激长,勤俭节约、合理消费的观念严重淡化。此外,部分罪犯仇视社会的心理和不平衡的心理增强,严重增加了监狱的不安定因素。因此,这一时期的监狱工作重点对罪犯中出现的新情况及时有效地制定相应的对策,建立科学的分押分管分教制度,严格依法治监,同时加强监狱警察队伍的建设,以此来保证监狱的安全稳定,提高对罪犯的改造质量。

(二)我国罪犯构成的现状和趋势

自 20 世纪 90 年代中期以来,我国监狱押犯数量持续增长,目前已经超过 160 万。罪犯构成总体呈现以下特点:

1. 从年龄上看,成年犯占在押犯总数绝大多数,未成年犯在在押犯总数中所占比例很小。同时,18 ~ 35 岁的青壮年罪犯在在押犯中占多数,而且近年来呈上升趋势;60 岁以上老年犯所占比例很小,但是近年来在持续缓慢增长。

2. 从性别上看,男性罪犯占在押犯总数的绝大多数,女性罪犯占比很小,但近年来女性罪犯呈现不断增长的趋势。

3. 从犯罪性质上看,危害国家安全的罪犯在押犯总数中只占极小的比例,普通刑事罪犯占绝对多数;在普通刑事罪犯中,以财产型罪犯数量居多,同时,杀人、伤害、抢劫、强奸等暴力型罪犯、重大刑事罪犯有增多趋势。

4. 从判刑特征上看,重刑犯(原判 15 年以上的有期徒刑、无期徒刑和死刑缓期二年执行的罪犯)、被判刑两次以上的罪犯有明显增多的趋势。因此,需要监狱机关未雨绸缪,及早针对在押罪犯中可能出现的新变化,制定出相应的改造措施。

第三节 罪犯法律地位

一、罪犯法律地位的概念

罪犯法律地位,就是指罪犯作为监狱行刑法律关系的主体,在服刑期间依法应当享有权利和承担义务的资格。赋予罪犯何种法律地位,直接体现着一个国家监狱制度的价值导向,并对监狱行刑活动的具体内容和形式有着深刻影响。关于我国罪犯的法律地位,可以从以下三个方面来理解:

(一)罪犯是人

罪犯首先是作为人而存在的,应当享有作为人所应当享有的最基本的权利。对于监狱内服刑的罪犯来说,刑事判决并没有剥夺他们做人的资格。罪犯仍然是社会的组成分子,仍然具有人的一般情感和欲求,仍然具有人的尊严和生存发展的权利。社会为了自身的存在和稳定,必须保障罪犯作为人的最基本的权利。

(二)罪犯是公民

在我国监狱服刑的罪犯,绝大多数都具有中华人民共和国国籍,属于中国公民。对于绝大乡数属于中国公民的罪犯而言,虽然他们因犯罪而受到刑事处罚,但他们的公民资格并没有被剥夺,因此仍然享有宪法和法律所规定的权利和义务,并由此决定了罪犯属于法律关系主体的地位。

(三)罪犯是犯了罪的公民

罪犯因犯罪而被判刑,虽然国家刑罚权的行使并不否定罪犯的公民资格,但罪犯的权利和义务状况发生了一定程度的改变。因此,罪犯作为社会公民的组成部分,其权利和义务同普通公民在许多方面具有一致性的同时,罪犯这一特定身份也决定其法律地位具有一定的特殊性,罪犯权利义务的具体范围和特点同普通公民有所区别。

二、明确罪犯法律地位的意义

(一)明确罪犯的法律地位,是监狱工作法治化的必然要求

我国正处于实施依法治国方略、建设社会主义法治国家的进程之中,而依法治监、推进监狱法治建设是其中的一个重要方面。这就要求正确认识罪犯的法律地位,将罪犯的权利和义务以法律的形式加以确定,并在监狱行刑实践中严格依照法律规定去保障罪犯法定权利,强制履行其法定义务。

(二)明确罪犯的法律地位,是正确执行刑罚、有效改造罪犯的前提

监狱行刑过程,实质上就是监狱及其人民警察的职责与罪犯的权利、义务相互作用的一个动态过程。依法行使行刑权,在确保罪犯基本权利的前提下,强制督促其法定义务的实现,并促使罪犯的反社会人格得到改造,则是监狱行刑的基本目标。因此,监狱人民警察必须弄清楚罪犯的权利和义务。只有明确这些至关重要的原则性问题,监狱才能实现行刑权的运作在合理的范围之内,同时可以使罪犯受到人道主义的感召,从而积极配合行刑工作,使改造质量得到提高。

(三)明确罪犯的法律地位,有利于保障罪犯权利

对罪犯权利的保障是我国监狱行刑工作的重要内容。罪犯处在被监禁状态,其权利很容易受到伤害;同时受传统法律文化的影响,忽视罪犯权利的落后观念在我国社会中仍有很大市场。因此,对罪犯权利的有效保障,需要建立在对罪犯法律地位的全面认识基础之上。应当明确,罪犯是行刑法律关系中的一个主体,不仅是义务的主体,同时也是权利的主体;监狱在依法履行监管和改造罪犯的职责的同时,也负有保障罪犯合法权利的义务。只有对此有深刻认识,才能使广大监狱人民警察增强对罪犯权利的保护意识,使罪犯的各项法定权利得以真正实现。

三、罪犯的权利和义务

(一)罪犯权利和义务的特点

1. 罪犯权利和义务的特定性

由罪犯特殊的法律身份所决定,罪犯除具有一般的公民权利义务外,还具有一些特有的权利和义务,如获得减刑、假释和离监探亲的权利以及遵守监规、服从监管的义务等。与此同时,罪犯的某些权利或义务虽然在表面上同普通公民一样,但因罪犯的特殊身份而被赋予了新的内涵,如劳动是宪法规定的所有公民共有的权

利和义务，但对于罪犯而言劳动具有刑事强制性的内涵，是接受教育和改造的一种手段。

2. 罪犯权利的不完整性

罪犯权利的不完整性，是指罪犯因犯罪判刑而不能完整地享有宪法和法律规定的公民权利，其权利在整体上处于缺损状态。这主要体现在：(1)罪犯在服刑期间的人身自由被剥夺，而被附加判处剥夺政治权利的罪犯，其在服刑期间也不能享有选举权和被选举权等各项政治权利。(2)基于惩罚和改造的需要，罪犯的某些权利虽未被剥夺，但受到一定程度的限制，如结婚自由和通信自由等。(3)由于罪犯处在监禁状态，其未被法律和刑事判决剥夺的某些权利，实际上无法正常行使，如未被附加剥夺政治权利的罪犯，对于宪法规定的集会、结社、游行示威等政治自由权利是难以行使的。

3. 罪犯义务的刑事强制性

罪犯义务的刑事强制性，是指罪犯所承担的是具有刑事法律性质的义务，是因犯罪而接受国家刑罚惩罚的义务，并且其履行是在国家的暴力机器——监狱的监管下进行的。因此，罪犯拒不履行这种义务，将导致比公民违反一般法律义务更为严重的法律后果。

4. 罪犯权利和义务的可变性

与普通公民权利总体处于稳定地位相比，罪犯权利是不断变化的，在内容上有增加或减少，在行使程度上也有提高或降低。导致这种变化的因素包括行刑政策的调整、罪犯改造表现的不同等。例如，在分级处遇的行刑模式下，罪犯改造表现的好坏直接影响着处遇内容，罪犯表现越好，意味着其可获得的自由程度和权利空间越大。应当指出，罪犯的最基本权利，如人格不受侮辱和人身安全不受侵犯的权利、维持正常生活的权利、维持身体健康的权利等，法律在任何情况下都予以充分保障，因此，罪犯权利的可变性只是相对的。

(二)罪犯的权利

1. 生命权和健康权

生命权和健康权是罪犯最基本的生存权。罪犯具有在被服、食物、居住、医疗卫生等方面获得基本生活保障的权利。

2. 人格尊严和人身安全权

罪犯的人格不受侮辱，人身安全不容侵犯。我国《监狱法》第 14 条中明文规定，严禁监狱人民警察实施侮辱罪犯人格的行为，严禁刑讯逼供或者体罚、虐待罪犯，否则要追究行为人相应的行政责任及刑事责任。

3. 财产权和继承权

罪犯的合法财产，依法受到保护。罪犯入监时带来的非生活必需品，由监狱代为保管，待释放时发还；罪犯有正当用途时，可准予领取和使用。同时，罪犯依法享有继承权。

4. 婚姻家庭权利

罪犯的婚姻自由和家庭权利受法律保护。罪犯的结婚自由要依法行使、离婚自由不受干涉，罪犯有提出离婚的起诉权和不同意离婚的答辩权。应当注意，罪犯的婚姻家庭权利因人身自由被剥夺而受到很大限制，如与配偶同居的权利、对未成年子女的抚养和监护权等，实际上难以行使。近年来，我国监狱对罪犯行使婚姻家庭权利的一些限制一度有所放宽，如对于改造表现好的罪犯，允许其与前来探视的配偶在监狱特设的亲情公寓内同居。这一人性化的处遇模式对维系罪犯的婚姻家庭关系、调动其改造积极性起到了积极作用。

5. 政治权利

对于被附加剥夺政治权利的罪犯来说，其服刑期间当然不享有政治权利；但没有被剥夺政治权利的罪犯，在法律上仍然享有政治权利。根据 1983 年 3 月 5 日全国人民代表大会常务委员会通过的《关于县级以下人民代表大会代表直接选举的若干规定》，被判处有期徒刑而没有附加剥夺政治权利的罪犯，在服刑期间可以行使选举权。但是，其政治权利中的其他内容，如被选举权、担任国家机关职务及国有单位和人民团体领导职务的权利，因其人身自由被剥夺而处于停止行使状态。

6. 宗教信仰自由权

我国宪法规定公民有宗教信仰自由的权利，罪犯也享有信仰宗教或不信仰宗教的权利。罪犯在服刑期间有保持原有宗教信仰的权利。

7. 社会经济和文化教育方面的权利

罪犯在社会经济和文化教育方面的权利包括劳动权、休息权、获得物质帮助权、受教育权以及从事一定的科学研究、文艺创作和文体娱乐活动的权利等。

8. 申诉、控告、检举及诉讼相关权利

(1)申诉权。包括刑事、民事及行政诉讼申诉权和行政处分申诉权。前者指罪犯不服人民法院已经生效的刑事、民事及行政裁判的，可以提出申诉，而且罪犯可以直接向人民检察院或人民法院提出，也可以通过监狱向人民检察院或人民法院提出。后者是指罪犯不服监狱及其所属部门的纪律处分或行政处理而向监狱或监狱的上级机关提出申诉或复议的权利。

(2)控告和检举权。罪犯对司法机关、行刑机关及其工作人员的渎职侵权等行为,有向有关国家机关进行检举揭发和控告的权利。

(3)诉讼相关权利。罪犯在服刑过程中参与诉讼的,仍然依法享有与其诉讼地位相适应的辩护权、上诉权、申请回避权、申请鉴定权等一系列诉讼权利。特别是罪犯在服刑过程中又犯新罪或被追诉余、漏罪的,罪犯作为被告人享有辩护权与上诉权。

9. 其他权利

除上述几种权利外,我国法律还规定了罪犯的其他一些权利,如依照有关规定接受物品和钱款的权利;与他人通信的权利;会见亲属、监护人的权利;对监狱工作提合理化建议的权利;依法获得减刑、假释和离监探亲的权利;刑期届满或者被裁定假释的,有依法获得释放或假释并取得相应的证明书的权利等。此外,对于女犯、未成年犯、老弱病残罪犯以及少数民族犯、外籍犯,考虑到他们的生理、心理、体力和生活习惯等方面具有不同于一般罪犯的特点,法律赋予其在生活、管理、劳动等方面的一些人道处遇或特定权利。

(三)罪犯的义务

在我国,公民的权利和义务是统一的。罪犯作为公民的组成部分,其权利和义务也是统一的,罪犯既是权利主体,也是义务主体,法律在规定罪犯享有广泛权利的同时,还规定了他们必须严格履行的义务。罪犯除了应当履行我国宪法和法律规定的一般义务(某些义务如服兵役的义务、抚养或赡养家庭成员的义务因服刑而无法实际履行),还应当履行因犯罪和服刑而产生的特殊义务。罪犯在服刑期间应当遵守和履行的特定义务有:(1)遵守国家法律法规的义务;(2)遵守监规纪律的义务;(3)服从监狱人民警察依法管理的义务;(4)有劳动能力的罪犯,有参加劳动的义务;(5)接受思想、文化和技术教育的义务;(6)爱护国家财产,保护公共设施的义务;(7)维护正常改造秩序,自觉接受改造的义务;(8)检举违法犯罪活动的义务;(9)法律法规规定的其他义务。

罪犯的权利和义务是相互依存、相互促进的两个方面。享有权利是履行义务的基础,履行义务是实现权利的保障。罪犯只有严格履行义务,才能保证个人权利的充分实现;如果不认真履行义务,甚至实施违反国家法律法规及监规纪律的行为,那么自己的权利可能会依法受到相应的限制或剥夺。

第四节　罪犯人权保障

一般说来，人权的概念是由权利和人道这两个概念构成的，它是两者的融合。因此，对于某些基本权利来讲，不管是否愿意承认，或者是否得到切实地保障，它都应该属于任何时代任何地区任何身份的人，诸如生命权以及由它衍生而来的最低生活保障权。从某种意义上讲，罪犯人权保障制度直接反映了一个国家的民主化和文明程度，同时也反映了一国人权保障状况的实际水平。

一、罪犯人权保障发展简史

对于罪犯而言，从整个监狱史来看，现代刑罚制度上的罪犯人权保障问题是从18世纪才开始受到重视的。在此之前，监狱内部十分黑暗，罪犯毫无人权可言。在欧洲资产阶级革命运动的推动下，首先在英国、荷兰等国继而在美国，爆发了一场影响波及世界的狱制改革运动。目的是旨在改善罪犯待遇，倡导人道主义，切实地保障罪犯权利。进入20世纪以后，在保障罪犯权利方面，国际社会采取了一些共同的行动和措施。1950年12月1日，联合国大会通过决议，每5年召开一届联合国预防犯罪与罪犯待遇大会，同时，联合国及其有关组织还陆续制定了一系列关于罪犯待遇和权利的国际性规则和文件，其中较重要的有《囚犯待遇最低限度标准规则》《关于保护面对死刑的人的权利的保障措施》《切实执行〈囚犯待遇最低限度标准规则〉的程序》《保护人人不受酷刑和其他残忍、不人道或有辱人格待遇或处罚宣言》《关于医务人员、特别是医生在保护被监禁和拘留的人不受酷刑和其他残忍、不人道或有辱人格的待遇或处罚方面的任务的医疗道德原则》《联合国少年司法最低限度标准规则(北京规则)》《保护所有遭受任何形式拘留或监禁的人的原则》《关于外籍囚犯待遇的建议》《囚犯待遇基本原则》等。所有这些表明，罪犯的人权保障已经越来越受到国际社会的高度重视，成为不容忽视的一个重要问题。

“将罪犯改造成为守法公民”是我国监狱工作的目标。要改造罪犯，首先就必须把罪犯当人看，让他们享有法定权利，而让他们享有法定权利也正是为了更好地改造他们。二者相辅相成，不可分割。因此要搞好监狱工作，必须从改造罪犯的角度出发，认真维护罪犯的合法权利，健全和完善罪犯人权保障制度。在中国共产党领导下创建的新型监狱制度，翻开了中国监狱制度史上罪犯人权保障制度建立和发展的辉煌篇章。1927年至1949年的22年间，是新中国罪犯人权保障制度的萌芽时期;中华人民共和国成立后,我国建立起一套民主的国家机构和制度,颁布了保障公民权利的宪法,并且对监狱工作中如何保障罪犯合法权利逐步形成了一系列的法律、法规制度;1978 年 12 月召开的中国共产党十一届三中全会,果断地提出了加强社会主义民主和健全社会主义法制的任务,开启了我国社会主义人权保障的新时期。尤其是中共中央提出将依法保护人权写入宪法的建议并于 2004 年 3 月召开的十届全国人大二次会议成功通过。“尊重和保护人权”写进宪法标志着我国人权保障进入了全新的阶段,罪犯人权保障制度作为国家人权保障的重要组成部分也必将取得更大发展。

二、我国罪犯权利保障机制

以立法形式对罪犯权利予以确认,无疑是罪犯权利保障的前提和基础。然而,立法毕竟是静态的,立法上的罪犯权利只是一种可能状态,而罪犯所具有的特定身份决定了其权利更易于受到侵害。要使罪犯权利从可能状态转化为实然状态,需要建立一个全面有效的罪犯权利保障机制。

(一)物质保障

为了维持罪犯正常生活的权利,国家对罪犯的吃、穿、住、用、医疗卫生等物质生活条件予以切实保障。罪犯生活经费被列入国家预算,生活费标准按实物量计算,罪犯伙食管理工作以保证罪犯“吃饱、吃热、吃熟、吃得卫生”为原则,各监狱还为有特殊饮食习惯的少数民族罪犯设有专门食灶。从各地实际情况看,罪犯年平均生活费均接近当地居民平均生活标准。罪犯的被服由国家统一配发,发放时要按照国家统一制定的寒区、温区、热区等不同标准执行。我国罪犯人均生活设施面积在 5 平方米以上,所有监舍都要求坚固、整洁、透光、保暖、通风。罪犯的医疗保健被列入监狱所在地区的卫生、防疫计划,罪犯享受免费医疗,每年定期接受健康检查,生病得到狱内及时诊治,必要时,办理保外就医或送社会医院诊治。到目前为止,我国监狱系统已形成由省中心医院、监狱医院、基层医务室组成的三级医疗卫生网络,并且罪犯每千人拥有医师数和每千人拥有医院病床数均高于全国平均水平。

在劳动保护和安全上,严格执行有关国家标准,按照规定设置安全防护设施,对参加生产劳动的罪犯,按规定发给防护用具、保健食品等。为了丰富罪犯的业余卫生生活,各监狱每年还拨出专款,用于购置书籍、报刊、文具、文娱体育器材,以便为开展多种多样的文化、娱乐、体育活动创造条件。

(二)制度保障

我国监狱极为重视有关罪犯权利行使的制度建设,目前已经建立起一系列的相关制度,如分类、分级处遇制度,生活卫生管理制度,通信、会见制度,罪犯物品管理制度,罪犯教育制度,申诉、控告、检举制度等。20世纪90年代以来,按照依法治监工作的总体部署,我国监狱系统进行狱务公开制度建设,面向罪犯、罪犯亲属及全社会,公开宣传罪犯的权利与义务,减刑、假释、暂予监外执行的条件、程序,监狱人民警察的职责、纪律等内容,主动接受各方面监督。这项被誉为"阳光工程"的工作,对促进罪犯权利保护起到了积极作用。

(三)组织保障

罪犯因被判刑而与社会隔离,并处在严密的管束之下,由此决定了罪犯行使权利具有一定的局限性,其法定权利的行使更多地要借助于监狱的帮助。因此,为了有效保障罪犯的合法权利,必须提高监狱人民警察的业务素质和执法水平。为此,我国立法机关和政府制定了相应的法律和规定,要求监狱工作人员必须经过专门的法律和业务知识的培训,合格后方能上岗工作;严禁对罪犯施加酷刑、侮辱和打骂虐待,如果发生体罚虐待罪犯的违法行为,要严肃处理,直至追究刑事责任。

我国监狱普遍开展了对监狱人民警察的教育,强化人民警察保障罪犯权利的意识,以统一思想,打牢罪犯权利保障的认识基础。同时,我国监狱还通过开展对罪犯的法制教育,使他们知道自己所拥有的权利,并不断增强自身的权利保护意识,鼓励他们当权利遭受侵害时,学会用法律手段维护自己的权利。

(四)司法保障

司法是捍卫社会公正的重要防线,也是维护罪犯权利的一道重要屏障。我国法律不仅明确规定了罪犯的权利,同时还从实体和程序两个方面规定了在罪犯权利受到侵犯后的司法救济措施。例如,《监狱法》规定监狱人民警察不得有"刑讯逼供或者体罚、虐待罪犯"等九种禁止性行为,我国《刑法》也专门规定了"刑讯逼供罪""虐待被监管人罪""徇私枉法罪""徇私舞弊减刑、假释、暂予监外执行罪"等,并且规定了相应的刑罚。我国法律还通过规定罪犯申诉、控告的权利及其程序,以此来保障罪犯寻求司法救济的途径。

(五)监督保障

作为国家的法律监督机关,人民检察院对监狱行刑活动是否合法,依法实行监督。另外,我国实行人大代表、政协委员视察制度,各级人大代表、政协委员通过不定期视察监狱,检查执法情况、听取罪犯的意见和建议。这些外部监督活动对促进监狱执法的公正性,保护罪犯的合法权利,具有重要意义。

此外,我国监狱重视动员社会各界力量参与行刑改造工作,包括罪犯家属在内的社会各方面力量积极参与对罪犯的帮助、教育和改造,为罪犯依法行使权利、顺利回归社会创造了有利条件。

第九章 改造罪犯的基本手段

重点提示

我国监狱对罪犯进行的改造是通过一定的方法和手段具体实施的。监狱是通过具体的方法和手段的实施完成改造罪犯成为守法公民这一任务的。我国监狱对罪犯进行改造的基本手段包括狱政管理、教育改造、劳动改造。

第一节 狱政管理

一、狱政管理的概念和性质

(一)狱政管理的概念

狱政管理是监狱对在监狱内服刑罪犯的行政管理工作。其中包括:分押分管;警戒;戒具和武器的使用、通讯、会见、生活、卫生、奖惩、对罪犯服刑期间犯罪的处理等活动。

狱政管理的概念主要有以下几方面的含义:

1. 狱政管理是监狱对在狱内服刑罪犯的日常行政管理工作。

2. 狱政管理涉及监狱对在狱内服刑罪犯的各种管理,包括:分押分管;警戒;戒具和武器的使用;通信、会见;生活、卫生;奖惩;对罪犯服刑期间犯罪的处理等。

(二)狱政管理的性质

1. 狱政管理是监狱对在狱内服刑罪犯进行改造的一个基本手段,其在改造罪犯过程中所起的作用是其他手段不可代替的。

2. 狱政管理涉及狱内服刑罪犯管理的各个方面,与罪犯的权益息息相关。

3. 狱政管理是一种特殊的行政管理工作。狱政管理人员是监狱人民警察,狱政管理的对象是监狱内服刑罪犯。狱政管理的各项活动具有法律强制性。

二、狱政管理的功能

(一)规范功能

由于狱政管理涉及监狱对在狱内服刑罪犯的各种管理,包括分押分管、分级处遇、通信、会见、生活、卫生、奖惩等各个方面,监狱内服刑罪犯的日常活动几乎都与狱政管理相关。所以狱政管理在规范监狱内服刑罪犯的日常行为活动方面具有不可替代的作用。

(二)激励功能

狱政管理的激励功能首先是通过对罪犯实行分级管理,并以不同的处遇方式激励罪犯的改造。其次是对罪犯实行严格的考核监督,以分数考核来实行定量分析,检测、评估罪犯的改造进度与改造程度。最后是对罪犯实行严格的奖惩制度。监狱通过对罪犯严明、公正、公开、公平的奖励和惩罚,可以激发和鼓励罪犯的改造积极性,使绝大多数罪犯认罪悔罪,接受教育和改造。

(三)导向功能

狱政管理的导向功能表现为通过激发罪犯接受改造的积极因素,抑制抵触情绪等消极因素,引导罪犯走上自觉接受改造之路,这对鼓励罪犯不断增强改造的信心,加快改造的步伐等方面具有较强的价值导向作用。

第二节 教育改造

我国监狱对罪犯的改造是通过使用一定的方法、手段具体进行的。教育就是其中的一种方法、手段。由于我国对罪犯的改造贯彻以教育为主的原则,所以教育在改造罪犯中作为一种基本手段发挥着主导性的作用。据司法部 2016 年统计:监狱教育改造工作取得了显著成绩,监狱罪犯入监教育合格率达 99%,职业技能证书获证率达 74%,出监综合评估率近 98%,罪犯心理健康教育普及率达 100%。10 年来累计收押改造 560 万名罪犯,对 159 万余名罪犯进行了扫盲和义务教育,15.8 万余名罪犯获得国家承认的大专及以上毕业证书,263 万余名罪犯获得职业资格证书,大多数罪犯被改造成为守法公民。①

---

① 葛晓阳:《我国监狱教育改造工作成绩显著 263 万余名罪犯获职业资格证书》,载《法制日报》2016 年 10 月 17 日,第 1 版。

一、教育改造的概念和基本特征

(一)教育改造的概念

教育是指教育者根据一定社会或一定阶级的要求,对受教育者所进行的一种有目的、有计划、有组织、有系统的整体性影响活动。通过教育者的这种有目的、有计划、有组织、有系统的整体性影响活动,进而使受教育者获得一定的文化知识、谋生技能,形成一定的思想品德,发展智力体力,提高素质,使其成为一定社会(阶级)所需要的人。

教育改造是指监狱对在监狱内服刑的罪犯,进行的以转变罪犯犯罪思想的教育为核心,以文化知识教育为基础,以职业技术教育为重点的有计划、有组织、有目的、有系统的整体性影响活动。

教育改造的这一概念包括以下含义:

1. 教育改造中的教育者是监狱及监狱人民警察,被教育者是在监狱内服刑的罪犯。

2. 教育改造的主要内容有思想教育、文化知识教育、职业技术教育等,其中思想教育是教育改造的核心,文化知识教育是教育改造的基础,职业技术教育是教育改造的重点。

3. 教育改造的目的是将罪犯改造成为守法公民。

(二)教育改造的基本特征

1. 法定性

对罪犯的教育改造,是国家法律明确规定的行刑内容。罪犯教育是我国监狱依法进行的一项活动,对监狱来说是监狱的一项重要职能,对罪犯来说则是一项义务,国家通过用法律作出规定对教育改造进行严格规范。1994 年制定的《监狱法》在第五章“对罪犯的教育改造”中对罪犯教育作出了明确、具体的规定。为了将对罪犯的教育改造这项工作进一步发展完善,司法部于 2003 年 6 月 13 日以司法部令第 79 号发布了《监狱教育改造工作规定》,并于 2003 年 8 月 1 日起施行。《监狱教育改造工作规定》对监狱的教育改造工作作出了比较详尽的规定。

2. 长期性

对罪犯进行教育改造的时间,取决于罪犯被判处的刑罚种类、刑期以及罪犯接受教育改造的程度。根据我国《刑法》第 78 条的规定,被判处有期徒刑的罪犯减刑以后实际服刑时间不能少于原判刑期的 1/2,被判处无期徒刑的罪犯减刑以后实际服刑时间不能少于 13 年,被判处死刑缓期二年执行的罪犯实际服刑时间则更长。

因此,对罪犯进行教育改造则是一个较长的时间过程。

3. 再社会化性

在监狱内服刑的罪犯,对其刑罚执行完毕将回归社会。监狱对罪犯所进行的教育改造是在监狱这一特殊环境之中,在严格监管条件下进行的。由监狱对罪犯所进行的教育改造实质是一种再社会化性质的教育过程,是一种罪犯由被迫接受教育改造到逐渐自觉接受改造的转化过程。经过这种再社会化性质的教育,罪犯回归社会后,才能成为适应社会的守法公民。

二、教育改造的内容、原则和要求

(一)监狱教育改造工作的内容

《监狱教育改造工作规定》第 5 条规定:"监狱教育改造工作主要包括:入监教育;个别教育;思想、文化、技术教育;监区文化建设;社会帮教;心理矫治;评选罪犯改造积极分子;出监教育等。"

1. 入监教育

入监教育是指监狱对新入监的罪犯,将其安排在负责新收分流的监狱或者监区,集中进行为期两个月的专门教育。负责新收分流的监狱(监区)对新入监的罪犯告知其在服刑期间享有的权利和应履行的义务。

入监教育是改造罪犯的起始环节,是正确执行刑罚、对罪犯进行有效改造的重要准备工作,为每个新入监的罪犯接受监狱教育改造工作打下基础。负责新收分流的监狱(监区)对新入监的罪犯进行的教育包括:法制教育和监规纪律教育。目的是引导其认罪悔罪,明确改造目标,适应服刑生活。

2. 个别教育

个别教育是监狱根据每一名罪犯的具体情况,安排监狱人民警察对其进行有针对性的教育。个别谈话是个别教育的主要表现形式。监狱各监区的人民警察对所管理的罪犯,应当每月至少安排一次个别谈话教育。

(1)个别谈话教育的要求。《监狱教育改造工作规定》第 17 条规定:"罪犯有下列情形之一的,监狱人民警察应当及时对其进行个别谈话教育:(一)新入监或者服刑监狱、监区变更时;(二)处遇变更或者劳动岗位调换时;(三)受到奖励或者惩处时;(四)罪犯之间产生矛盾或者发生冲突时;(五)离监探亲前后或者家庭出现变故时;(六)无人会见或者家人长时间不与其联络时;(七)行为反常、情绪异常时;(八)主动要求谈话时;(九)暂予监外执行、假释或者刑满释放出监前;(十)其他需要进行个别谈话教育的。"

(2)个别教育过程中对顽固型罪犯和危险型罪犯的认定和教育转化工作。《监狱教育改造工作规定》第21条规定:“监狱应当建立对顽固型罪犯(简称顽固犯)和危险型罪犯(简称危险犯)的认定和教育转化制度。有下列情形之一的,认定为顽固犯:(一)拒不认罪、无理缠诉的;(二)打击先进、拉拢落后、经常散布反改造言论的;(三)屡犯监规、经常打架斗殴、抗拒管教的;(四)无正当理由经常逃避学习和劳动的;(五)其他需要认定为顽固犯的。有下列情形之一的,认定为危险犯:(一)有自伤、自残、自杀危险的;(二)有逃跑、行凶、破坏等犯罪倾向的;(三)有重大犯罪嫌疑的;(四)隐瞒真实姓名、身份的;(五)其他需要认定为危险犯的。”对顽固型罪犯和危险型罪犯,监狱应当制定教育改造方案,指定专人负责教育转化工作。

3. 思想、文化、技术教育

思想、文化、技术教育是监狱教育改造工作的基本组成部分。三项教育互相依托,互相促进,缺一不可。其中,思想教育是核心,它在转变罪犯犯罪思想,矫正犯罪恶习中起主导作用;文化知识教育和生产技术教育对于提高罪犯的文化水平,掌握一技之长,促进思想改造,摆脱愚昧,增加刑满释放后的适应能力具有重要作用。

思想教育是指对罪犯进行的以法制、道德、形势、政策、前途等内容的教育,其主要任务是解决罪犯的人生观、道德观和认罪态度、改造态度问题。思想教育在教育改造罪犯活动中处于核心地位。《监狱法》第62条规定:“监狱应当对罪犯进行法制、道德、形势、政策、前途等内容的思想教育。”

对罪犯的思想教育主要包括以下几个方面的内容:(1)认罪悔罪教育;(2)法律常识教育;(3)公民道德教育;(4)劳动常识教育;(5)时事政治教育。

文化教育是教育改造的一项重要内容。《监狱法》第63条规定:“监狱应当根据不同情况,对罪犯进行扫盲教育、初等教育和初级中等教育,经考试合格的,由教育部门发给相应的学业证书。”对罪犯进行文化知识教育,使其具备一定的文化知识,是改变罪犯的知识结构和畸形的心理状态,转移罪犯不正当的兴趣和需要,提高罪犯认识能力、思想觉悟、道德水平的基础。

文化教育包括:监狱根据罪犯不同的文化程度,分别开展扫盲、小学、初中文化教育,有条件的可以开展高中(中专)教育。鼓励罪犯自学,参加电大、涵大、高等教育自学考试。

对罪犯的文化知识教育,在内容安排上,必须根据罪犯的实际文化程度,分别编班,设置不同的课程。

技术教育是监狱通过对罪犯进行的职业技术培训,使罪犯掌握一定的生产技能,激发他们接受改造的积极性,提高他们在刑满释放后的就业谋生能力。技术教育对巩固罪犯改造成果,具有十分重要的作用。

技术教育包括:监狱根据罪犯在监狱内劳动的岗位技能要求和释放后就业的需要,组织罪犯岗位技术培训和职业技能教育。

4. 监区文化建设

监狱的监区文化建设主要包括:(1)监狱的文化、体育活动。如文艺表演队、体育运动队等。(2)监狱的图书馆、阅览室、墙报、黑板报等。(3)对罪犯进行艺术和美育教育。(4)组织罪犯收听收看有益于罪犯改造的广播、影视节目。

5. 社会帮教

社会帮教是监狱积极争取社会各个方面和社会各界人士的支持,配合监狱开展有益于罪犯改造的帮助教育活动。社会帮教工作的内容包括:监狱与罪犯原户籍所在地或居住地的政府、原单位(学校)、亲属联系,签订帮教协议,邀请有关单位和人士来监狱开展帮教工作。监狱组织罪犯到社会上参观学习,接受教育等。

6. 心理矫治

心理矫治工作是监狱教育改造工作的主要内容之一,监狱根据罪犯的心理状况,开展对罪犯的心理矫治工作。对罪犯进行心理矫治工作的内容包括:心理健康教育、心理测验、心理咨询和心理疾病治疗等。

7. 评选罪犯改造积极分子

为了激励罪犯接受改造,在教育改造工作中注重发挥罪犯改造积极分子的示范作用,监狱和省、自治区、直辖市监狱管理局定期组织评选改造积极分子,调动罪犯改造积极性。

8. 出监教育

出监教育是指监狱对即将服刑期满的罪犯集中进行为期3个月的专门教育。出监教育的目的是巩固罪犯改造成果,确保罪犯改造质量,为罪犯回归社会做好准备工作。出监教育是罪犯在刑罚执行期间接受教育改造的最后一道工序,属于罪犯改造质量验收环节。同时,对改造不好的罪犯,也是一种补课教育。监狱的出监教育一般在罪犯刑满释放前3个月集中进行有针对性的各项教育。

出监教育包括:(1)形势、政策、前途教育;(2)遵纪守法教育;(3)必要的就业指导;(4)职业技能培训。

(二)教育改造的原则

根据《监狱教育改造工作规定》第4条的规定:“监狱教育改造工作,应当根据罪犯的犯罪类型、犯罪原因、恶性程度及其思想、行为、心理特征,坚持因人施教、以理服人、循序渐进、注重实效的原则。”监狱教育改造工作的原则主要有:

1. 因人施教原则

因人施教原则是指根据各个罪犯不同的情况，采取不同的教育内容和方法，进行有针对性的教育。

2. 以理服人原则

以理服人原则是指对罪犯的教育要坚持摆事实、讲道理，以正面的疏导和教育为主，做耐心细致的说服教育工作，反对简单、粗暴、压制罪犯的工作方法，允许罪犯申辩，实事求是地解决问题。

3. 循序渐进原则

循序渐进原则是指对罪犯的教育改造工作应当按照教育的规律，由表及里、由浅入深地进行。对罪犯的教育改造，尤其是对罪犯的思想教育是一个较长的过程，需要长期的工作才能使罪犯认罪悔罪，自觉接受改造，形成正确的人生观、道德观、价值观。

4. 注重实效原则

注重实效原则是指监狱对罪犯的教育改造工作应当根据罪犯的犯罪类型、犯罪原因、主观恶性程度及其思想、行为、心理特征，分成各种类型，并针对不同类型罪犯，采取有针对性的教育。使监狱对罪犯的教育改造工作在改造罪犯成为守法公民的过程中充分发挥作用。

(三)教育改造的要求

根据《监狱教育改造工作规定》第6条的规定："监狱教育改造工作，应当坚持集体教育与个别教育相结合，课堂教育与辅助教育相结合，常规教育与专题教育相结合，狱内教育与社会教育相结合。"对监狱教育改造工作的要求是四个相结合：

1. 集体教育与个别教育相结合

集体教育是指监狱把全体罪犯集中起来所组织进行的共同性教育。集体教育适宜解决罪犯中带有普遍性的问题。个别教育是指监狱针对每个罪犯的不同情况而单独进行的思想教育活动。个别教育适宜解决罪犯的个性问题。

个别教育是同集体教育、分类教育相对而言的。只有在做好集体教育工作的同时，有计划地开展个别教育，才能真正解决好每一个罪犯的思想转化，提高教育改造的质量。集体教育与个别教育相结合，实质是普遍与特殊、共性与个性的结合。二者既有紧密的联系，但又不能互相代替。

2. 课堂教育与辅助教育相结合

课堂教育是指监狱在办"特殊学校"活动中，为了有组织、有计划、有系统地对罪犯进行教育改造工作，而建立的文化技术学校和所设置的各种类型的教学班级。

监狱根据每一名罪犯的具体情况,将罪犯分别安排在不同的教学班级中,在课堂上对罪犯进行思想教育、文化教育、技术教育。课堂教育是监狱教育改造工作的主要形式之一。

辅助教育是指监狱为了使课堂教育取得更好的成效,而在罪犯中开展的健康的富有教育意义的各种业余文化教育活动。例如,观看影视节目、组织文体娱乐活动、阅读图书等各种教育形式。辅助教育具有知识性、趣味性、生动性等特点,辅助教育不仅可以稳定罪犯情绪,而且可以使罪犯的业余时间丰富多彩。

在监狱对罪犯进行教育改造工作中,课堂教育与辅助教育相结合,才能使罪犯在健康有益的活动中,开阔视野,陶冶情操,提高课堂教育的成效。

3. 常规教育与专题教育相结合

常规教育是指监狱有组织、有计划、有系统地对罪犯进行的思想教育、文化教育、技术教育。

专题教育是指监狱为了配合常规教育,在罪犯中进行的就某一个专题进行的专项性教育。

常规教育是一种系统的影响活动,其内容主要包括思想教育、文化知识教育和生产技术教育,常规教育所涉及的内容具有广泛性。常规教育对转变罪犯犯罪思想、矫正罪犯犯罪恶习起着主导的作用。专题教育所涉及的内容则具有单一性。常规教育与专题教育相结合对于促进罪犯改造过程中各种积极因素的增长,促进罪犯文化素养的提高,促进罪犯知识的增进,丰富和发展监狱教育改造工作,具有积极的作用。

4. 狱内教育与社会教育相结合

狱内教育是指监狱依靠自己内部力量对罪犯进行的专门教育,其内容包括思想教育、文化知识教育和生产技术教育等。

社会教育,相对监内教育而言,是指运用社会力量,对罪犯进行的有关教育。

在改造罪犯工作中,仅靠监狱的专门教育是不够的,还必须运用社会力量进行教育。社会教育不但能弥补狱内教育的不足,而且还能起到狱内教育难以起到的巩固、加强、丰富和发展监狱教育改造工作成果的作用。狱内教育与社会教育相结合,是我国教育改造罪犯工作中的一个创举,也是我国教育改造罪犯工作中的特色之一。

三、教育改造的任务

《监狱教育改造工作规定》第 3 条规定:“监狱教育改造工作的任务,是通过各种有效的途径和方法,教育罪犯认罪悔罪,自觉接受改造,增强法律意识和道德素养,掌握一定的文化知识和劳动技能,将其改造成为守法公民。”

(一)认罪悔罪、接受改造

认罪悔罪、接受改造是教育改造所要解决的首要问题。罪犯在服刑改造初期存在的犯罪思想,是他们走上犯罪道路的原因,也是他们接受改造的主要障碍。要使罪犯认罪悔罪,只有通过长期、艰苦、细微的思想教育,才能逐步转变他们错误的人生观、道德观、法纪观,增强罪犯的法律意识和道德素养,实现把罪犯改造成守法公民的目的。

(二)提高罪犯文化知识水平

提高罪犯文化知识水平是教育改造工作的基础。罪犯中相当一部分人文化水平很低,以致善恶不分,是非颠倒。通过文化知识教育,提高他们的文化知识水平,不仅可以促进罪犯的思想改造,而且有利于罪犯学习生产技能。

(三)进行职业技术培训

对罪犯进行职业技术培训是教育改造工作的重点。通过对罪犯的职业技术培训,使罪犯掌握一定的生产技能,对于激发他们接受改造的积极性,提高他们在刑满释放后的就业谋生能力和巩固改造成果,具有十分重要的作用。

四、教育改造的地位和作用

《监狱教育改造工作规定》第2条规定:“监狱教育改造工作是刑罚执行活动的重要组成部分,是改造罪犯的基本手段之一……”《监狱教育改造工作规定》的这一规定,明确了监狱教育改造工作的地位和作用。

(一)教育改造是我国监狱执行刑罚的内容之一

《监狱法》第3条规定:“监狱对罪犯实行惩罚和改造相结合、教育和劳动相结合的原则,将罪犯改造成为守法公民。”我国监狱在执行刑罚过程中,不仅要依法惩罚罪犯,更重要的是改造罪犯成为自食其力的守法公民。这就要求监狱不仅对罪犯进行严密的监管控制,组织他们参加劳动,而且要对他们进行思想教育和文化技术教育。因此,教育改造是我国监狱执行刑罚的内容之一。

(二)教育改造是改造罪犯的基本手段

教育改造是指监狱有计划、有组织、有目的、有系统地对罪犯进行的整体性影响活动,目的是将罪犯改造成为守法公民,具有思想上的主动进攻性。通过对罪犯灌输理论,传授知识,培养技能,进行深入细微、针对性强的思想教育,促使罪犯走自觉改造的道路,成为守法公民。教育改造是转变罪犯犯罪思想,树立新的人生观、道德观、法制观,学习文化知识和生产技能的基本途径。在改造罪犯成为守法公民的过程中起着基本手段的作用。

(三)教育改造主导性的作用

由于我国对罪犯的改造贯彻以教育为主的原则,所以教育改造在改造罪犯中作为一种基本手段发挥着主导性的作用。其表现为,通过对罪犯的教育改造,转变他们的犯罪思想,矫正犯罪恶习,学习文化,掌握一定劳动技能,把他们改造成为自食其力的守法公民,化社会消极因素为积极因素,达到预防犯罪和减少犯罪的目的。

五、教育改造的功能

(一)矫正功能

矫正功能体现为监狱在教育改造过程中,运用教育方法手段,转变罪犯的错误思想意识,使之符合法治社会的要求。矫正功能主要通过以下途径实现:帮助罪犯提高认识能力,形成正确的世界观、人生观、价值观。自觉克服在改造过程中遇到的各种困难和阻力,不断巩固已形成的良好的行为习惯,克服各种消极心理,巩固已取得的改造成果。

(二)感化功能

感化功能体现为监狱在对罪犯进行教育改造活动过程中,通过贯彻执行监狱工作方针、政策,以及监狱人民警察文明的言谈举止和善意劝导的行动去影响罪犯,与罪犯沟通思想、感情,引导罪犯逐渐接受教育,向好的方面转化。

(三)塑造功能

塑造功能体现为监狱运用教育改造手段,通过对罪犯进行思想教育和文化技术教育,不仅改造他们的犯罪思想和矫正其恶习,而且提高罪犯的文化水平,使其获取更多知识,掌握一定的生产技能,改造罪犯成为自食其力的守法公民。

第三节　劳动改造

组织罪犯参加劳动,通过劳动改造罪犯,使其成为守法公民,是我国监狱刑罚执行的一种基本制度,也是我国改造罪犯的特色之一。劳动改造是改造罪犯的一种基本手段,这一手段的确立是劳动在人类社会发展进程中的作用、劳动自身具有的特性所决定的。监狱对罪犯进行劳动改造所采用的形式就是组织罪犯参加生产劳动,使罪犯在参加劳动的过程中,改造思想、矫正恶习,成为自食其力的劳动者。监狱组织罪犯参加生产劳动是劳动改造罪犯这一基本手段的载体。

一、劳动改造的概念和特征

(一)劳动改造的概念

劳动改造是指我国监狱对被依法判处死刑缓期二年执行、无期徒刑、有期徒刑的罪犯,通过组织其参加具有法律强制性的劳动而进行改造的一种执法活动。

劳动改造的这一概念具有以下含义:

1. 劳动改造是我国监狱依法对罪犯进行的一项执法活动。我国法律对劳动改造这项监狱依法对罪犯进行的执法活动作出明确规定。

2. 劳动改造是我国监狱依法对罪犯进行改造的基本手段之一。我国监狱依法对罪犯进行的改造活动主要是通过运用各种基本手段作用于罪犯,使其成为守法公民。

3. 劳动改造这一对罪犯进行改造的基本手段,在运用过程中,具有法律强制性。

(二)劳动改造的特征

1. 特定性

我国有关法律规定的劳动改造有特定含义,即劳动改造的执行主体是监狱,劳动改造罪犯的工作只能由监狱进行,这是法律赋予监狱的职权,其他任何机关、团体、组织和个人都无权实施劳动改造罪犯的工作。被执行劳动改造的对象是被判处死刑缓期二年执行、无期徒刑、有期徒刑的有劳动能力的在监狱服刑的罪犯。被判处非监禁刑罚的罪犯,如判处管制或其他单独判处附加刑的罪犯不属于劳动改造对象范围。

2. 法律强制性

根据人民法院所作出的已发生法律效力的判决(裁定)书和执行通知书,监狱将被判处死刑缓期二年执行、无期徒刑、有期徒刑的罪犯收监。监狱法规定,在监狱服刑的凡是具有劳动能力的罪犯,必须参加劳动,它是在刑罚执行的监管控制下强制进行的,不得抗拒。监狱法关于罪犯奖惩的规定中,把“积极劳动”“超额完成生产任务”作为奖励的条件之一。把“有劳动能力拒不参加劳动者或消极怠工,经教育不改的”列为破坏监管秩序的行为,可以给予警告、记过或禁闭的处罚。如果罪犯在劳动改造活动中触犯刑法的规定,还将受到刑事处罚,因此,对罪犯实施劳动改造具有明显的法律强制性。

3. 多样性

组织罪犯参加劳动是世界上大多数国家通行的做法。我国监狱组织罪犯参加劳动的活动具有多样性的特征。其表现如下:监狱依法安排每一个有劳动能力的罪犯参加劳动,劳动的项目包括生产性劳动、习艺性劳动、自我服务性劳动。

二、对罪犯实施劳动改造的依据

(一)法律依据

《监狱法》对劳动改造作出明确的规定,概括起来有:

1. 明确规定罪犯必须参加劳动。《监狱法》第 69 条明确了参加劳动罪犯的范围是具有劳动能力的所有罪犯。具有劳动能力的罪犯必须参加劳动,表明这种参加不是自愿的,而是带有强制性的。

2. 明确规定罪犯参加劳动的目的和意义。《监狱法》第 70 条规定组织罪犯参加劳动的目的和意义是使罪犯"矫正恶习,养成劳动习惯,学会生产技能,并为释放后就业创造条件"。

3. 明确规定罪犯参加劳动的时间、报酬、劳动保护和劳动中工伤处理等。

(二)理论依据

我国监狱的罪犯改造工作是以马克思列宁主义、毛泽东思想为指导思想的。马克思主义的经典著作中对于"劳动"这一人们使用劳动资料、改变劳动对象,使之适合自己需要的有目的的活动给予了极高的评价。认为:

1. 劳动在人类形成过程中起了决定性作用。人类是在长期的劳动实践活动中,才逐渐发展到今天的程度的。"劳动创造了人本身。"①

2. 劳动是人类社会存在和发展的最基本的条件。马克思指出:"任何一个民族,如果停止劳动,不用说一年,就是几个星期,也要灭亡。"②

3. 劳动是人类最基本的实践活动。人类的实践活动包括范围很广,但最基本的实践活动是生产劳动。毛泽东同志在其著作《实践论》中明确指出:"人类的生产活动是最基本的实践活动,是决定其他一切活动的东西。"③

马克思列宁主义、毛泽东思想关于劳动的上述观点成为我国监狱把劳动改造确立为改造罪犯基本手段的指导思想。

---

① 《马克思恩格斯选集》(第 1 卷),人民出版社 1995 年版,第 363 页。

② 《马克思恩格斯选集》(第 4 卷),人民出版社 1972 年版,第 368 页。

③ 《毛泽东选集》(第 1 卷),人民出版社 1995 年版,第 282 页。

（三）实践依据

在民主革命时期，各革命根据地民主政权的监所根据马克思列宁主义关于改造罪犯的理论，把组织犯人参加生产劳动作为改造犯人思想的一种手段，并取得显著的成效，积累了经验，为中华人民共和国成立以后的劳动改造罪犯提供了实践的依据。中华人民共和国成立以来，在全国范围内把组织罪犯参加生产劳动作为改造罪犯的一种手段，取得了更大的成功，为坚持劳动改造制度提供了更加坚实的实践依据。

三、劳动改造的作用

我国监狱之所以把劳动改造确立为改造罪犯的基本手段，是由于劳动改造在罪犯改造过程中，具有的独特的、不可替代的作用。这种作用表现为：

（一）转化思想的作用

罪犯的犯罪思想是导致罪犯实施犯罪的关键因素之一，是犯罪原因系统中一个极其重要的方面。罪犯的犯罪思想表现为错误的世界观、人生观、价值观等。这种错误的世界观、人生观、价值观的形成，一方面是由罪犯个人的社会存在所决定的，另一方面是受到社会上其他个体或群体腐朽、落后意识的影响。马克思主义认为：存在决定意识，认识从实践中产生，并随着实践的发展变化而发展变化。人类最基本的实践活动就是生产劳动，人们的社会存在主要表现为在社会的生产方式中所处的位置。转化罪犯的犯罪思想要首先改变罪犯的社会存在，监狱通过组织罪犯劳动，把罪犯置换在一个新的社会存在之中，这就为转化罪犯的犯罪思想，转变其错误的世界观、人生观、价值观奠定了基础。监狱在组织罪犯劳动过程中，让罪犯通过劳动重新认识自我、认识社会、认识世界。树立正确的世界观、人生观、价值观等。

（二）矫正恶习的作用

监狱内服刑罪犯中的相当一部分人具有程度不同的恶习，这些恶习具体表现为：好逸恶劳、贪图享受、蔑视法制、不遵守社会公德、自由散漫等。通过生产劳动，使罪犯了解社会财富的创造过程，逐渐培养其热爱劳动，珍惜劳动成果的思想。监狱生产劳动过程中严格的劳动纪律和严明的规章制度，可以使罪犯逐渐形成社会责任感和遵纪守法的习惯。监狱生产劳动中各个生产环节和工序的相互配合，有助于罪犯树立人与人之间相互合作的集体观念。对于罪犯中一些不具有恶习的人而言，通过参加劳动也能使其巩固其原有的良好习惯并避免受到其他罪犯恶习的影响。

（三）学习谋生技能的作用

监狱内服刑罪犯除极个别人因在服刑期间又犯应判处死刑之罪而被执行死刑外，绝大多数罪犯经过监狱的改造，服刑期满后回归社会。监狱服刑人员中，有的人已经不能从事服刑前所从事的社会职业，如原为国家公职人员犯罪的；有的人不具有正当的社会职业技术，如原以盗窃为生的；有的人虽然可以从事服刑前所从事的社会职业，但需要在职业技术上进一步提高或者是掌握一两门新的职业技术进而更有利于回归社会后的生存。监狱通过组织罪犯生产劳动，使罪犯在劳动过程中逐渐树立新的人生目标，并掌握实现这种新的人生目标所需要的谋生技能。服刑人员回归社会后，能够自食其力，重新开始走自己的人生道路。

劳动改造由于具有以上作用，在罪犯改造过程中，其他改造手段不能代替也无法代替劳动改造这一手段。

四、劳动改造的意义

劳动改造作为改造罪犯的基本手段之一，有着十分重要的意义，主要体现在以下几个方面：

（一）劳动改造显示了我国刑事司法活动的特色

对罪犯实行劳动改造，其中心内容是通过把物质产品的生产劳动确定为惩罚改造罪犯的基本途径和手段，使罪犯在生产劳动中转变自己的思想意识，造就新的品质和技能，从而达到改造的目的。这是一项对绝大多数罪犯普遍适用的，有目的、有计划、有组织的积极的改造活动。因此，劳动改造不仅较好地解决了刑罚的执行问题，而且充分显示了我国刑事司法活动的特色。

（二）劳动改造完善了国家惩罚改造活动的手段体系

我国监狱工作的目的是将罪犯改造成为守法公民。在惩罚改造罪犯的司法活动中，我们已经形成和有效地运用了多种改造手段。劳动改造以其独特的作用和功效，使监管改造、教育改造等手段变得更加充实，相互作用、相互补充，形成了监管改造、狱政管理、教育改造和劳动改造等基本手段的综合统一体。因此，劳动改造使我国惩罚改造罪犯的手段体系变得更加完善。

（三）劳动改造极大地充实了我国刑罚执行的内容

作为刑罚执行重要内容之一的劳动改造，它不仅是刑罚的社会存在价值的保证，而且也是使刑罚的预防机制得以强化的保障。因为劳动改造的成功运用，提升了国家刑罚的威慑力，极大地增强了刑罚打击犯罪的功效，使刑罚固有的对犯罪行为的遏制作用和否定评价的功能得以充分发挥，从而保障了刑罚的社会存在价值，使刑罚执行的内容变得更加充实。

五、劳动改造的功能

(一)揭示功能

劳动改造对罪犯的思想活动和内心世界具有揭示和表现的功能。人的行为是受思想支配的,人的思想往往都是通过其行为表现出来。组织罪犯参加集体劳动,可通过劳动来观察罪犯的言行,如罪犯在劳动中是否爱护工具,能否团结互助,通过听其言、观其行来了解罪犯的思想状况,这有助于针对罪犯的真实思想进行教育改造工作。但这种揭示功能需要监狱人民警察辩证的分析和看待。一般情况下现象能正确反映本质,但有时现象也可歪曲地反映本质,需要监狱人民警察进行认真、客观、全面的观察才可以作出正确的结论。

(二)矫正功能

罪犯是在参加生产劳动的过程中,感受到劳动改造这一手段的作用的。体会到劳动的意义、价值,在思想上发生潜移默化。但是,监狱组织罪犯参加的生产劳动与社会上的生产劳动不同。它不仅要生产出物质财富,更重要的是要在生产劳动中把罪犯改造成为新人。劳动生产活动对于罪犯的内心世界具有净化、矫正的作用。罪犯入监前一般存在贪图享乐、不劳而获、游手好闲、放荡不羁的恶习。组织参加集体劳动后,能真正感受劳动的艰辛,体验到侵吞公私财物,不劳而获是可耻的,逐渐培养热爱劳动的观念和养成劳动的习惯。通过劳动报酬和奖励制度,培养其逐渐树立按劳取酬的思想。通过参加严格管理的劳动生产,有助于克服其无组织无纪律,放荡不羁的恶习。通过参加一些集体协作的生产过程,逐渐培养其团结协作的精神,克服自私自利、损人利己的恶习。

(三)培训功能

劳动可以使罪犯在生产过程中学会一项或几项的生产技术,促进其智力的发展,提高他们回归社会后谋生的能力。在对罪犯进行技术教育的同时,可以使罪犯增长知识,学会一技之长。在几十年的监狱工作中,培养出成千上万熟练的技工、技术员、工程师。据司法部统计,2008 年至 2012 年 4 月,全国监狱系统取得职业技术证书的罪犯达到参训总数的 77.3%,罪犯回归社会后重新犯罪率保持在较低水平。①

---

① 2012 年 4 月 25 日司法部部长向第十一届全国人大常委会第二十六次会议报告监狱法实施和监狱工作情况,载司法部网:http://www.moj.gov.cn/index/content/2012 - 04/27/content_3530608.htm?node = 7379,最后访问日期:2018 年 5 月 1 日。

(四)健康功能

被人民法院依法判处有期徒刑、无期徒刑和死刑缓期二年执行的罪犯在监狱内服刑,长期的监禁生活,如果没有适量的活动,将对罪犯的健康产生消极的影响。罪犯虽在监狱内服刑,但从体力劳动的角度讲和在社会上的体力劳动者一样从事正常的生产活动,这也是中国监狱工作进步性的体现。组织罪犯参加生产劳动,可以增强体质,还可以防止罪犯无所事事,无事生非,使罪犯保持良好的精神面貌,获得身心健康的全面发展。

六、劳动改造的原则

(一)从"改造人、造就人"出发的原则

《监狱法》第3条明确规定:"监狱对罪犯实行惩罚和改造相结合、教育和劳动相结合的原则,将罪犯改造成为守法公民。"在这里劳动作为改造罪犯的一种手段、途径的法律立意是十分清楚的。监狱的根本任务,劳动的根本目的是将罪犯改造成为守法公民。安排罪犯参加生产劳动是为改造罪犯的目的服务的,而不是为监狱经济效益服务的。我们在安排监狱生产发展方向,制订生产计划,确定生产指标,安排劳动时间和强度上都必须从改造人、造就人的目的出发,服从和服务于改造罪犯这个中心,有利于罪犯改造。改造和生产劳动是目的和手段的关系,是本末的关系,绝不能本末倒置,舍本求末。

(二)劳动实践与思想教育相结合的原则

组织罪犯从事生产劳动,主要目的是改造罪犯,转变思想,矫正恶习,而不是着眼于获取经济利益。监狱企业的生产不同社会一般企业,它生产的不仅是"物"的产品,而且要造就合格的"人"的产品,它在生产产品的同时还肩负着改造罪犯的重任。必须把生产"物"和教育人两个任务结合在一个过程中进行。改造主观世界离不开改造客观世界,即罪犯思想转化离不开劳动生产,但劳动并不能自发地产生先进思想和优良的品质,所以在组织罪犯生产劳动的同时,必须同时注意进行政治思想教育和文化技术教育。

(三)按照经济规律组织监狱生产的原则

在对罪犯使用劳动改造这一手段时,必须要组织罪犯参加有益于社会和人民的生产劳动。这种生产劳动是能够为国家和社会创造一定的社会财富,具有一定的经济效益。组织罪犯劳动生产,既是改造罪犯的基本手段,同时也是一项经济活动。既然是经济活动就要讲求经济效益,就要求按经济规律办事,严密组织管理,严格劳动纪律,厉行节约,防止浪费,提高质量,降低成本等一系列经济活动的原则,都必须认真贯彻执行。尤其是国家正在建立完善社会主义市场经济体制,市场经济对监狱系统生产的产品,提出了严峻的挑战,监狱生产的产品不可能不进入激烈竞争的市场。由于监狱生产相对于社会企业又存在许多特殊的情况,如何提高其适应社会主义市场经济体制的能力,需要不断发展完善监狱生产,使其既符合监狱改造罪犯工作的要求,又适应社会主义市场经济的要求。

(四)监狱生产与罪犯实际相适应的原则

罪犯是一支非常特殊的劳动力队伍,组织罪犯参加生产劳动,必须从罪犯这一特殊劳动力的全面素质出发。一般说来,罪犯在改造过程中其态度要经历由不自觉到逐步进入自觉的过程,多数罪犯存在"三缺",即缺乏道德品质教养、缺少文化科学知识、缺少劳动习惯和劳动技能。他们身体强弱不均,年龄不齐,其中还有一些年老体弱罪犯。组织生产要从这个实际出发,无论在产品项目的选择,安排生产计划和各项指标都应与一般社会企业有所区别。组织罪犯参加生产劳动要因人适量,按照有利于发挥特长、有利于改造、有利于日后就业的原则,安排不同的场所,不同的工种,采取不同的管理。

第四节　改造罪犯基本手段的相互关系

监狱的基本职能和任务是惩罚罪犯和改造罪犯。这两项基本职能的作用能否充分发挥,两项任务能否很好完成直接体现着监狱工作的成效。为了实现监狱的基本职能,完成监狱的基本任务,对罪犯实施惩罚和改造就成为监狱刑罚执行的主要活动。

监管改造、狱政管理、教育改造和劳动改造都是我国监狱改造罪犯的基本手段,它们必须协调一致,共同作用,相互配合,才能完成惩罚和改造罪犯的共同目标和任务。

一、改造罪犯基本手段的局限性

监管改造、狱政管理、教育改造和劳动改造作为我国监狱改造罪犯的基本手段,由于在监狱改造罪犯的过程中,其对罪犯改造的功能不同、作用也不同,改造罪犯的各个基本手段都具有一定的局限性。具体表现为:

(一)改造罪犯基本手段在功能上的局限性

虽然监管改造、狱政管理、教育改造和劳动改造都具有改造罪犯的功能,但是监管改造、狱政管理、教育改造和劳动改造这些改造罪犯的基本手段对罪犯改造的着力点不同。监管改造侧重于监狱对罪犯的监禁管理方面,狱政管理侧重于监狱对罪犯的日常生活管理方面,教育改造侧重于监狱对罪犯的思想教育、文化教育、技术教育方面,劳动改造侧重于监狱组织罪犯参加劳动方面。由于监管改造、狱政管理、教育改造和劳动改造这些改造罪犯的基本手段在罪犯改造上的侧重点不同、着力点不同,所以监管改造、狱政管理、教育改造和劳动改造这些改造罪犯的基本手段在功能上都有其局限性。监管改造、狱政管理、教育改造和劳动改造这些改造罪犯的基本手段不能互相代替。

(二)改造罪犯基本手段在作用上的局限性

监狱对罪犯的改造必须根据罪犯的犯罪类型、犯罪原因、主观恶性程度及其思想、行为、心理特征等情况,使用监管改造、狱政管理、教育改造和劳动改造这些改造罪犯的基本手段。就罪犯的犯罪类型、犯罪原因、主观恶性程度及其思想、行为、心理特征等情况而言,有的罪犯在一个时期需要重点使用监管改造、狱政管理、教育改造和劳动改造这些改造罪犯基本手段中的其中之一,或者是某一改造罪犯基本手段中的一个方面。所以,监管改造、狱政管理、教育改造和劳动改造这些改造罪犯的基本手段在改造罪犯作用上具有局限性。

二、改造罪犯基本手段的综合运用

由于监管改造、狱政管理、教育改造和劳动改造在监狱改造罪犯的过程中,其对罪犯改造的功能不同、作用也不同,改造罪犯的各个基本手段都具有一定的局限性。监管改造、狱政管理、劳动改造和教育改造都是我国监狱改造罪犯的基本手段,它们必须协调一致,共同作用,相互配合,才能完成惩罚和改造罪犯的共同目标和任务。监管改造、狱政管理、教育改造和劳动改造作为我国监狱改造罪犯的基本手段,在改造罪犯过程中的综合运用,需要根据罪犯的犯罪类型、犯罪原因、主观恶性程度及其思想、行为、心理特征,因人而异。根据罪犯的犯罪类型、犯罪原因、主观恶性程度及其思想、行为、心理特征等情况,确定重点使用监管改造、狱政管理、教育改造和劳动改造这些改造罪犯基本手段的其中之一。在重点使用监管改造、狱政管理、教育改造和劳动改造这些改造罪犯基本手段的其中之一时,不要忘记其他改造罪犯基本手段的配合使用。

第十章 未成年犯

重点提示

未成年犯是罪犯群体中的一个特殊组成部分，对未成年犯实施保护是世界上许多国家通行的做法。我国对未成年犯的刑罚执行极为重视，为了有效地对未成年犯实施保护，我国相关的法律、法规对未成年犯在监禁、教育、劳动、生活卫生等方面均作了特殊的规定。本章首先厘定未成年犯的概念、归纳未成年犯的特征；其次，详细介绍我国对未成年犯的权益保障与未成年犯管教所；再次，对未成年犯刑罚执行与管理中有别于成年犯的部分进行重点介绍；最后，重点介绍我国专门针对未成年犯所实行的教育改造。

第一节 未成年犯的概念与特征

一、未成年犯的概念

未成年犯是指由人民法院依法判处有期徒刑、无期徒刑的年满 14 周岁不满 18 周岁，在未成年犯管教所服刑的犯罪人。这一概念包括以下含义：

(一)未成年犯是年满 14 周岁不满 18 周岁的公民

《未成年人保护法》第 2 条规定："本法所称未成年人是指未满十八周岁的公民。"《刑法》第 17 条第 1 ~ 2 款规定："已满十六周岁的人犯罪，应当负刑事责任。已满十四周岁不满十六周岁的人，犯故意杀人、故意伤害致人重伤或者死亡、强奸、抢劫、贩卖毒品、放火、爆炸、投毒罪的，应当负刑事责任。"根据以上规定，未成年罪犯在年龄上是 14 周岁至 18 周岁。未成年人在实施违法犯罪时的年龄，一律按照公历的年、月、日计算。过了周岁生日，从第二天起，为年满一周岁。

(二)未成年犯是实施了刑法所规定的犯罪行为

依据我国《刑法》的规定，年满 16 周岁的人无论实施何种类型的犯罪行为，都需要承担相应的刑事责任。但是,年满14周岁不满16周岁的未成年人,只有实施故意杀人、故意伤害致人重伤或死亡、强奸、抢劫、贩卖毒品、放火、爆炸、投毒罪,才承担刑事责任,才可能成为未成年犯,而实施刑法规定的其他罪行不负刑事责任,也就不会成为未成年犯。

(三)未成年犯是被判处无期徒刑、有期徒刑的犯罪分子

《刑法》第49条第1款规定:"犯罪的时候不满十八周岁的人和审判的时候怀孕的妇女,不适用死刑。"由于死刑缓期二年执行不是一个独立的刑种,而是死刑的一种执行方式,所以,未成年犯被判处的刑罚不包括死刑缓期二年执行。被判处管制、拘役、有期徒刑同时宣告缓刑的未成年犯,其刑罚由国家其他刑罚执行机关负责实施。因此,我们所研究的未成年犯仅限于被人民法院依法判处有期徒刑、无期徒刑的未成年犯罪人。

(四)未成年犯依法在未成年犯管教所服刑

未成年犯管教所是我国专门设置用来实施未成年犯刑罚执行的场所。未成年犯管教所属于监狱的一种类型,与其他类型的监狱一样,是国家的刑罚执行机关。《刑事诉讼法》第253条第3款规定:"对未成年犯应当在未成年犯管教所执行刑罚。"《监狱法》第74条规定:"对未成年犯应当在未成年犯管教所执行刑罚。"根据《刑事诉讼法》《监狱法》的规定,未成年犯依法在未成年犯管教所服刑。在未成年犯管教所服刑的年满18周岁刑罚尚未执行完毕的罪犯,依法转送监狱继续进行刑罚执行。但是,如果罪犯年满18周岁,剩余刑期不足二年的,仍可以在未成年犯管教所执行剩余刑期。这一部分留在未成年犯管教所的罪犯,适用未成年犯的管理规定。

二、未成年犯的特征

未成年犯与成年犯相比较,在基本结构、生理、心理、改造等方面,有着自己明显的特征。

(一)未成年犯的基本结构特征

未成年犯基本结构主要指未成年犯这一群体在年龄、文化、犯罪性质、刑期、捕前身份等方面的构成情况。①

关于未成年犯的基本结构,国家未公布权威统计数据。通过搜集、梳理与未成年犯基本构成相关的研究成果,未成年犯在基本结构上的特征主要表现为:年龄日

---

① 参见夏宗素主编:《监狱学基础理论》,法律出版社1998年版,第222页。

趋低龄化,14～16周岁罪犯数越来越多;未成年犯占罪犯总数的比例不断提高,未成年犯罪的社会危害性正在逐步加大。[①] 文化程度总体偏低;侵犯财产型罪犯占较大比例;未成年犯犯罪中团伙犯罪、智能型犯罪增多。[②]

(二)未成年犯的生理特征

未成年犯与处在这一时期的其他未成年人具有相同的生理特征。该阶段的未成年人正处于童年向成年人的过渡时期,作为这一过渡时期的生理基础是青春期的发育,身高增长加快,体重迅速增长,脑组织无论从量上还是质上都在发展并渐臻成熟。处于这一特定时期的未成年人需要摄入足够的营养以满足身体发育的需求,需要获得青春期的生理卫生知识。

(三)未成年犯的心理特征

1.独立意识与独立能力之间的矛盾。处于青春期的未成年人,开始认识自己、分析自己、塑造自己,模仿成人思考问题、分析问题、处理问题,要求别人尊重自己、信任自己,处处要求独立、处处渴望独立,希望能够摆脱家庭的束缚,独立的决定自己的一切。但由于受主客观条件所限,独立能力跟不上独立意识的发展,他们的很多问题还需要在成年人的帮助和指导下解决,对成年人还具有依赖性。未成年犯的这一特点更为突出。

2.求知欲与认识水平之间的矛盾。处于青春期的未成年人具有强烈的好奇心和求知欲,渴望了解周围的一切事物。开始审视周围的事物,并有自己的见解,虽然具备一定的认知能力,但是认知水平非常有限。未成年人主观方面强烈的求知欲与客观方面所具备的较低的认识水平之间的矛盾,使其容易被事物的表面现象所迷惑,进而产生较为片面的判断。未成年犯的这一特征尤为突出。

3.需求与满足之间的矛盾。处于青春期的未成年人往往对于未来生活充满着美好的向往,受周围环境的影响,在物质与精神方面有着诸多需求。但是,现实当中,他们的这些需求往往得不到满足或者离他们的心理预期有着较大的差距。未成年犯在需求与满足之间的矛盾往往更加突出,而且在解决这一矛盾的方式与方法上更加的激进,即采用违法犯罪的方式去满足自己物质与精神方面的需求。

(四)未成年犯的改造特征

1.自控力差。未成年犯普遍贪玩好耍、崇尚江湖义气、喜欢感情用事,且纪律法治观念缺失、道德水平低下,自控能力较差。因而,遇事容易冲动,行为不计后果,经

---

① 林维:《晚近未成年人犯罪统计数据研究——结合现行刑事立法、司法问题的分析》,载王牧、张凌主编:《中日犯罪学之比较研究》,中国检察出版社2011年版,第205～217页。

② 史殿国、刘世恩主编:《监狱学基础理论》,中国市场出版社2005年版,第209页。

常违反所规纪律，破坏正常的监管改造秩序，有的行为甚至再次触犯国家刑法，依法被追究刑事责任。

2. 可塑性强。由于未成年犯的各种社会心理品质正处在形成过程中，世界观、人生观、价值观等还不固定，人格尚未形成，其犯罪思想亦尚未牢固形成。未成年犯的犯罪原因主要是文化水平低，知识贫乏，社会阅历浅，辨别是非能力低，很容易受不良环境影响或坏人的教唆而误入歧途，多数未成年犯是初犯，恶习较浅。因此，未成年犯在改造过程中表现出可塑性强的特征。

3. 反复性大。未成年犯入所后，很难适应环境，尤其过不好劳动、学习、生活"三关"，怕劳动、怕学习、怕考试，有的甚至为了逃避劳动而实施自伤自残。经过规范化管理和监狱人民警察耐心细致的思想教育，能够服从管理，并制定改造规划。但是由于未成年犯思想意志薄弱，因为反改造分子的教唆、父母或者其他监护人未按时会见等因素的影响，思想产生波动，行为出现反复，而且往往经过多次反复才能够走上悔过自新之路。

4. 结群性强。结群性强是指个体的未成年犯愿意与其他未成年犯交往并结为群体的倾向性强。由于未成年犯的社会经验不足，认识、分析、判断、处理的能力有限，他们往往难以单独认识事物和作出决定，需要寻求他人的帮助或者支持，来形成认识、作出判断、证明自我价值。因此，未成年犯在改造过程中，非常愿意与他犯结为关系较为密切的群体。

第二节　未成年犯的权益保障与未成年犯管教所

一、未成年犯的权益保障

未成年犯的权益保障应当包括以下三个层面：首先，未成年犯作为未成年人，国家为了防止其走上违法犯罪的道路，通过制定法律法规，保障其权益，尽可能降低未成年人违法犯罪的比例；其次，对于违法犯罪的未成年人，在相关法律法规中设置专门的条款，进一步保障其相关权益；最后，对于未成年犯，国家在刑罚执行中，设置专门的行刑场所，确定有针对性的行刑原则，颁布专门的部门规章，确保未成年犯的各项权益得到保障。

（一）预防未成年人违法犯罪

我国为未成年人的健康成长与发展营造良好的环境，预防未成年人违法犯罪，在宪法和法律中明确了未成年人的各项权利，规范了相应的责任主体的权利、义务与法律责任。宪法中明确规定,凡具有中华人民共和国国籍的人都是中华人民共和国公民。中华人民共和国公民平等地享有宪法和法律赋予的各项权利。未成年人是中华人民共和国公民的组成部分,自然平等地享有宪法和法律规定的各项权利。《宪法》第46、49条进一步对未成年人的抚养、教育、发展做了明确规定,为未成年人身心健康发展提供了宪法保障。为了提高全民族的素质,发展基础教育,促进社会物质文明与精神文明建设,1986年7月1日,我国实施《义务教育法》,并于1992年3月14日颁行《义务教育法实施细则》。通过上述法律规范的颁行,保障了未成年人受教育权利的实现,保障儿童、少年在品德、智力、体质等方面得到全面发展,为培养有理想、有道德、有文化、有纪律的社会主义建设人才奠定了良好的法制基础。为了进一步保护未成年人身心健康,保障未成年人的各项合法权益,促进未成年人全面发展,1992年1月1日,《未成年人保护法》正式实施。该法确立了未成年人保护的原则,明确了未成年人保护内容,规范了具有保护义务的组织及个人的保护职责及相应的法律后果。在此基础上,国家为了进一步预防未成年人犯罪,于1999年11月1日实施《预防未成年人犯罪法》,通过对预防未成年人犯罪的教育、对未成年人不良行为的预防、对未成年人严重不良行为的矫治、未成年人对犯罪的自我预防、对未成年人重新犯罪的预防、法律责任进行了明确、细化的规定,切实预防未成年人违法犯罪。

(二)未成年人违法犯罪的特殊保护

刑法、刑事诉讼法充分考虑未成年人身心特点,以教育、感化、挽救的方针为指导,坚持教育为主、惩罚为辅的原则,对未成年人的犯罪界定、刑事诉讼权利保障、刑罚执行等均作了特殊规定,保障未成年人的各项权利。

《刑法》在总则当中对未成年人实施违法犯罪的情形作了专门的保护性规定。根据《刑法》第17条规定,年满14周岁不满16周岁的人只有实施刑法所规定的特种类型的犯罪行为,才承担刑事责任。对年满14周岁不满18周岁的人犯罪,应当从轻或者减轻处罚。第29条规定,教唆不满18周岁的人犯罪的,应当从重处罚。第49条规定,犯罪时不满18周岁的人,不适用死刑。第65条第1款规定:"被判处有期徒刑以上刑罚的犯罪分子,刑罚执行完毕或者赦免以后,在五年以内再犯应当判处有期徒刑以上刑罚之罪的,是累犯,应当从重处罚,但是过失犯罪和不满十八周岁的人犯罪的除外。"第72条规定,对于被判处拘役、3年以下有期徒刑的犯罪分子,同时符合犯罪情节较轻、有悔罪表现、没有再犯罪的危险、宣告缓刑对所居住社区没有重大不良影响的,可以宣告缓刑,对其中不满18周岁的人、怀孕的妇女和已满75周岁的人,应当宣告缓刑。第100条规定,犯罪时不满18周岁被判处5年以下有期徒刑刑罚的人,免除在入伍、就业时如实向有关单位报告自己曾受过刑事处罚的义务。

《刑事诉讼法》中设专章保障未成年人在刑事诉讼中的各项权益。第266条确立了对犯罪的未成年人实行教育、感化、挽救的方针,坚持教育为主、惩罚为辅的原则。同时规定人民法院、人民检察院和公安机关办理未成年人刑事案件,应当保障未成年人行使其诉讼权利,保障未成年人得到法律帮助,并由熟悉未成年人身心特点的审判人员、检察人员、侦查人员承办。第267条规定:"未成年犯罪嫌疑人、被告人没有委托辩护人的,人民法院、人民检察院、公安机关应当通知法律援助机构指派律师为其提供辩护。"第269条规定:"对未成年犯罪嫌疑人、被告人应当严格限制适用逮捕措施。人民检察院审查批准逮捕和人民法院决定逮捕,应当讯问未成年犯罪嫌疑人、被告人,听取辩护律师的意见。对被拘留、逮捕和执行刑罚的未成年人与成年人应当分别关押、分别管理、分别教育。"第270条规定:"对于未成年人刑事案件,在讯问和审判的时候,应当通知未成年犯罪嫌疑人、被告人的法定代理人到场……讯问女性未成年犯罪嫌疑人,应当有女工作人员在场。审判未成年人刑事案件,未成年被告人最后陈述后,其法定代理人可以进行补充陈述……"第271条、第272条、第273条对未成年人犯罪附条件不起诉的相关内容进行了规定。第274条明确规定:"审判的时候被告人不满十八周岁的案件,不公开审理。但是,经未成年被告人及其法定代理人同意,未成年被告人所在学校和未成年人保护组织可以派代表到场。"第275条规定:"犯罪的时候不满十八周岁,被判处五年有期徒刑以下刑罚的,应当对相关犯罪记录予以封存。犯罪记录被封存的,不得向任何单位和个人提供,但司法机关为办案需要或者有关单位根据国家规定进行查询的除外。依法进行查询的单位,应当对被封存的犯罪记录的情况予以保密。"

(三)未成年犯的权益保障

国家保障未成年犯的各项权益主要通过以下途径:

1. 设置专门的行刑场所。国家设置专门的刑罚执行场所——未成年犯管教所负责未成年犯的刑罚执行。通过未成年犯管教所的设置,将未成年犯与成年犯分开关押,可以有效地防止未成年犯感染成年犯的各种恶习,避免未成年犯受到成年犯的欺凌,同时,有利于国家为未成年犯所确立的各项特殊处遇制度的落实。《刑事诉讼法》第253条第3款规定:"对未成年犯应当在未成年犯管教所执行刑罚。"《监狱法》第74条规定:"对未成年犯应当在未成年犯管教所执行刑罚。"

2. 颁行细化的部门规章。国家在监狱法中确立了符合未成年犯生理、心理特点的刑罚指导原则,在此基础上,作为国家专门负责刑罚执行的管理机关——司法部于1999年12月18日发布实施《未成年犯管教所管理规定》，对将未成年犯管教所的性质、刑罚执行的原则、组织机构、管理制度、教育改造、生活卫生、考核奖惩等内容进行了明确、细化的规定，为规范未成年犯管教所刑罚执行工作，保障未成年犯的各项权益，提高未成年犯的改造质量，最终使未成年犯成功回归社会提供了强有力的法律保障。

3. 设置特殊的法律条款。2012年7月1日起施行的最高人民法院《关于办理减刑、假释案件具体应用法律若干问题的规定》第19条规定："未成年罪犯的减刑、假释，可以比照成年罪犯依法适当从宽。未成年罪犯能认罪悔罪，遵守法律法规及监规，积极参加学习、劳动的，应视为确有悔改表现，减刑的幅度可以适当放宽，起始时间、间隔时间可以相应缩短。符合刑法第八十一条第一款规定的，可以假释。前两款所称未成年罪犯，是指减刑时不满十八周岁的罪犯。"2017年1月1日起施行的最高人民法院《关于办理减刑、假释案件具体应用法律的规定》第19条规定："对在报请减刑前的服刑期间不满十八周岁，且所犯罪行不属于刑法第八十一条第二款规定情形的罪犯，认罪悔罪，遵守法律法规及监规，积极参加学习、劳动，应当视为确有悔改表现。对上述罪犯减刑时，减刑幅度可以适当放宽，或者减刑起始时间、间隔时间可以适当缩短，但放宽的幅度和缩短的时间不得超过本规定中相应幅度、时间的三分之一。"第26条规定，对犯罪时未满18周岁的罪犯在适用假释时可以依法从宽掌握。上述条款所规定的内容，进一步体现了国家对未成年犯权益的特殊法律保护。

二、未成年犯管教所

（一）未成年犯管教所的性质

未成年犯管教所是监狱的一种类型，是国家专门设置的用于对未成年犯执行刑罚的国家刑罚执行机关。我国《刑事诉讼法》《监狱法》对此进行了明确的规定。对未成年犯执行刑罚的国家刑罚执行机关，有些国家称为少年监狱。我国为了体现对未成年人权益的保护，称为未成年犯管教所。

（二）未成年犯管教所的职能

未成年犯管教所的国家刑罚执行机关性质决定了未成年犯管教所的职能是对未成年犯执行刑罚、实施惩罚与改造。对未成年犯的执行刑罚，即未成年犯管教所按照人民法院对未成年犯作出的已经发生法律效力的判决或裁定所确定的刑种或刑期，依法将其收押入所，执行人民法院在判决或裁定中所确定的刑罚内容。未成年犯管教所对未成年犯执行刑罚的过程中，依法剥夺其人身自由，进行教育改造。

（三）未成年犯管教所的设置和组织机构

1. 未成年犯管教所的设置。《监狱法》第 11 条规定："监狱的设置、撤销、迁移，由国务院司法行政部门批准。"各省、自治区、直辖市根据需要设置未成年犯管教所，由司法部批准。未成年犯管教所设所长一人、副所长若干人，并根据实际需要设置管理、教育、劳动、生活卫生、政治工作等必要的工作机构和配备其他未成年犯管教所的管理人员。

2. 未成年犯管教所的组织机构。作为对未成年犯进行改造的场所——未成年犯管教所，根据未成年罪犯的生理、心理、行为特点设置组织机构，未成年犯管教所在组织机构上与成年犯监狱和监区相比较，有所不同。在组织机构上，未成年犯管教所实行所、管区两级管理。管区在押犯不超过 150 名。

（四）未成年犯管教所的人民警察

未成年犯管教所和管区的人民警察配备比例均高于成年犯监狱和监区。《未成年犯管教所管理规定》第 31 条规定："未成年犯管教所应当配备符合国家规定学历的人民警察担任教师，按押犯数百分之四的比例配备。教师实行专业技术职务制度。禁止罪犯担任教师。"第 11 条规定："未成年犯管教所的人民警察须具备大专以上文化程度。其中具有法学、教育学、心理学等相关专业学历的应达到百分之四十。"即对未成年罪犯进行改造的人民警察素质的要求高于成年犯监狱和监区的人民警察。

第三节　未成年犯的刑罚执行和管理

《监狱法》第 75 条第 1 款规定："对未成年犯执行刑罚应当以教育改造为主。未成年犯的劳动，应当符合未成年人的特点，以学习文化和生产技能为主。"根据未成年罪犯的生理、心理、行为特点，《监狱法》作出对未成年犯刑罚执行"两个为主"的规定，决定了未成年犯管教所对未成年犯的刑罚执行与管理与成年犯监狱相比较有诸多区别。

一、未成年犯刑罚执行与管理的主要特点

（一）未成年犯管教所工作的方针

《未成年犯管教所管理规定》第 3 条明确规定："未成年犯管教所贯彻'惩罚和改造相结合，以改造人为宗旨'和'教育、感化、挽救'的方针，将未成年犯改造成为

具有一定文化知识和劳动技能的守法公民。”“惩罚和改造相结合,以改造人为宗旨”为我国监狱工作的方针,未成年犯管教所作为监狱的一种类型应当贯彻执行这一方针。但是,未成年犯的改造不同于成年罪犯的改造。在对未成年犯的改造上还要同时贯彻“教育、感化、挽救”的方针。未成年犯管教所贯彻“惩罚和改造相结合,以改造人为宗旨”和“教育、感化、挽救”的方针,其基本要求是:对未成年犯的刑罚执行中,将惩罚与改造相结合,惩罚是改造的前提,改造是惩罚的目的,无论是惩罚还是改造,都以改造未成年犯为宗旨。在对未成年犯的改造方法上,应以教育、感化为主,实现挽救的目的。

(二)未成年犯的改造原则与方式

未成年犯管教所对未成年犯的改造实行“两个为主”的原则。即在改造手段的使用上,以教育为主;在组织劳动活动中,以学习、掌握技能为主。未成年犯改造方式的采用,应根据其生理、心理、行为特点,坚持以未成年犯成功回归社会为出发点和落脚点,以教育为主,以提高未成年犯思想道德修养、文化知识水平、职业技能水平为重点,采用形式多样的改造方式。

二、未成年犯的刑罚执行

(一)收监

根据《刑事诉讼法》《监狱法》的有关规定,未成年犯管教所的刑罚执行范围是被人民法院依法判处有期徒刑、无期徒刑的年满 14 周岁不满 18 周岁的犯罪人。罪犯被交付执行时,已年满 18 周岁的罪犯,未成年犯管教所不予收监。在未成年犯被交付执行时,具有《刑事诉讼法》第 254 条规定的情形之一的,未成年犯管教所暂不收监。

(二)转送

在未成年犯管教所的未成年犯服刑期间年满 18 周岁时,剩余刑期不超过 2 年的,仍可以留在未成年犯管教所执行剩余刑期。剩余刑期在 2 年以上的,应当及时转送成年犯监狱执行刑罚。

(三)减刑、假释

我国对未成年犯的刑罚执行极为重视,现行法律法规对未成年犯的减刑、假释作了特殊的规定。最高人民法院《关于办理减刑、假释案件具体应用法律若干问题的规定》第 19 条规定:“未成年罪犯的减刑、假释,可以比照成年罪犯依法适当从宽。未成年罪犯能认罪悔罪,遵守法律法规及监规,积极参加学习、劳动的,应视为确有悔改表现,减刑的幅度可以适当放宽,起始时间、间隔时间可以相应缩短。符合刑法第八十一条第一款规定的,可以假释。前两款所称未成年罪犯,是指减刑时不满十八周岁的罪犯。"2017 年 1 月 1 日起施行的最高人民法院《关于办理减刑、假释案件具体应用法律的规定》第 19 条规定:"对在报请减刑前的服刑期间不满十八周岁,且所犯罪行不属于刑法第八十一条第二款规定情形的罪犯,认罪悔罪,遵守法律法规及监规,积极参加学习、劳动,应当视为确有悔改表现。对上述罪犯减刑时,减刑幅度可以适当放宽,或者减刑起始时间、间隔时间可以适当缩短,但放宽的幅度和缩短的时间不得超过本规定中相应幅度、时间的三分之一。"第 26 条规定,对犯罪时未满 18 周岁的罪犯在适用假释时可以依法从宽掌握。《未成年犯管教所管理规定》第 57 条规定:"对未成年犯的减刑、假释,可以比照成年犯依法适度放宽。对被判处无期徒刑确有悔改表现的未成年犯,一般在执行一年六个月以上即可提出减刑建议。对被判处有期徒刑确有悔改表现的未成年犯,一般在执行一年以上即可提出减刑建议。未成年犯两次减刑的间隔时间应在六个月以上。对未成年犯有《监狱法》第二十九条规定的重大立功表现情形之一的,可以不受前三款所述时间的限制,及时提出减刑建议。"

(四)释放

未成年犯服刑期满,未成年犯管教所应当按期释放,发给释放证明书及路费,通知其亲属接回或者由人民警察送回。

刑满释放的未成年人具备复学、就业条件的,未成年犯管教所应当积极向有关部门介绍情况,提出建议。

三、未成年犯的管理

(一)警戒制度

1. 警戒的形式。《未成年犯管教所管理规定》第 17 条规定:"未成年犯管教所建立警卫机构,负责警戒、看押工作。"第 18 条规定:"未成年犯管教所监管区的围墙,可以安装电网。在重要部位安装监控、报警装置。"

2. 警械的使用。《未成年犯管教所管理规定》第 19 条规定:"未成年犯管教所应当配备必要的通讯设施、交通工具和警用器材。"第 20 条规定:"对未成年犯原则上不使用戒具。如遇有监狱法第四十五条规定的情形之一时,可以使用手铐。"

(二)分押分管

《未成年犯管教所管理规定》第 15 条规定:"对未成年男犯、女犯,应当分别编队关押和管理……少数民族未成年犯较多的,可单独编队关押和管理。"第 16 条规定:"未成年犯管教所按照未成年犯的刑期、犯罪类型,实行分别关押和管理……"

对未成年犯分押分管的标准主要是性别、刑期、犯罪类型，即按照未成年犯的性别分别编队关押和管理。少数民族未成年犯在人数较多的情形时，可以单独编队关押和管理。

（三）分级处遇

对未成年犯的分级处遇内容涉及活动范围、通信、会见、收受物品、离所探亲、考核奖惩等方面。《未成年犯管教所管理规定》第16条规定："……根据未成年犯的改造表现，在活动范围、通信、会见、收受物品、离所探亲、考核奖惩等方面给予不同的处遇。"

（四）通信、会见

1. 通信管理。根据《未成年犯管教所管理规定》第21条的规定，经未成年犯管教所批准，未成年犯可以与其亲属或者其他监护人通电话，必要时由人民警察监听。

2. 会见管理。根据《监狱法》第48条和《未成年犯管教所管理规定》第22条的规定，未成年犯在未成年犯管教所服刑期间，按照规定可以会见亲属、监护人。未成年犯会见的时间和次数，可以比照成年犯适当放宽。对改造表现突出的，可准许其与亲属一同用餐或者延长会见时间，最长不超过24小时。

3. 特许离所。《未成年犯管教所管理规定》第23条规定："未成年犯遇有直系亲属病重、死亡以及家庭发生其他重大变故时，经所长批准，可以准许其回家探望及处理，在家期限最多不超过七天，必要时由人民警察护送。"

（五）生活卫生管理

1. 饮食管理。未成年犯的生活水平，应当以保证其身体健康发育为最低标准。未成年犯管教所应当合理配膳，保证未成年犯吃饱、吃得卫生。对有特殊饮食习惯的少数民族未成年犯，应当单独设灶配膳，对生病的未成年犯，在伙食上给予照顾。

2. 被服管理。未成年犯的被服，必须按照规定按时发放。

3. 住宿管理。未成年犯以班组为单位住宿，不得睡地铺。人均居住面积不得少于3平方米。

4. 作息管理。未成年犯管教所应当合理安排作息时间，保证未成年犯每天的睡眠时间不少于8小时。

5. 卫生医疗管理。未成年犯管教所要定期安排未成年犯洗澡、理发、洗晒被服。禁止未成年犯吸烟、喝酒。未成年犯管教所在当地卫生主管部门指导下开展医疗、防病工作，设立医疗机构，保证未成年犯有病得到及时治疗，按照"预防为主，防治结合"的要求，做好未成年犯的防疫保健工作，每年对未成年犯进行一次健康检查。

（六）考核

《未成年犯管教所管理规定》第58条规定："对未成年犯的日常考核，采用日记载、周评议、月小结的方法，由人民警察直接考核。考核的结果应当作为对未成年犯奖惩的依据。"

（七）奖惩

1. 表扬、物质奖励或记功。《未成年犯管教所管理规定》第59条规定："未成年犯有《监狱法》第五十七条情形之一的，未成年犯管教所应当给予表扬、物质奖励或者记功。"

2. 离所探亲。《未成年犯管教所管理规定》第60条规定："对被判处有期徒刑的未成年犯在执行原判刑期三分之一以上，服刑期间一贯表现良好，离所后不致再危害社会的，未成年犯管教所可以根据情况准其离所探亲。"第61条规定："未成年犯被批准离所探亲的时间为五至七天（不包括在途时间），两次探亲的间隔时间至少在六个月以上。离所探亲的未成年犯必须由其父母或者其他监护人接送。"

3. 警告、记过或者禁闭。《未成年犯管教所管理规定》第62条规定："未成年犯有《监狱法》第五十八条规定的破坏监管秩序情形之一的，未成年犯管教所可以给予警告、记过或者禁闭处分；构成犯罪的，依法追究刑事责任。"第63条规定："对未成年犯实行禁闭的期限为三至七天。未成年犯禁闭期间，每天放风两次，每次不少于一小时。"

第四节　未成年犯的教育和劳动

《监狱法》第75条第1款规定："对未成年犯执行刑罚应当以教育改造为主。未成年犯的劳动，应当符合未成年人的特点，以学习文化和生产技能为主。"

一、未成年犯的教育

（一）未成年犯教育的方法

《未成年犯管教所管理规定》第28条规定："对未成年犯的教育采取集体教育与个别教育相结合，课堂教育与辅助教育相结合，所内教育与社会教育相结合的方法。"

1. 集体教育与个别教育相结合。未成年犯管教所应当根据未成年犯基本构成，结合未成年犯的现实改造表现，对未成年犯进行集体教育。同时，充分考察未成年犯的犯罪原因、犯罪手段、刑期、受监禁的心理状况、接受改造的心理状况、现实改造表现以及对未来的规划等情况，进行有针对性的个别教育。

2. 课堂教育与辅助教育相结合。未成年犯管教所应当根据《未成年犯管教所管理规定》第 29 条、第 34 条的相关规定，为未成年犯的课堂教育选择好的教材。在此基础上，不断丰富授课监狱人民警察的教学方法，提高监狱人民警察的教学水平，进而提升未成年犯课堂教育的效果。与此同时，以报刊、黑板报、闭路电视、广播站及各种文化、娱乐、体育活动为载体，科学确定各项活动"主题"，充分调动未成年犯参与的积极性，细化各项活动流程，强化课堂教育效果。

3. 所内教育与社会教育相结合。未成年犯管教所在开展好各种形式的所内教育的同时，还应当充分利用社会资源，对未成年犯进行形式多样的社会教育。对未成年犯的社会教育主要通过"请进来""走出去"这两种途径实施。"请进来"就是邀请社会各界人士、未成年犯的父母或者其他监护人来到未成年犯管教所，帮助未成年犯管教所实施对未成年犯的教育。"走出去"就是组织未成年犯到社会上参观或者参加各种公益活动，使未成年犯在活动中受到教育。

(二) 未成年犯教育的内容

1. 入所教育。未成年犯管教所对新入所的未成年犯，应当进行入所教育，其内容包括认罪服法、行为规范和所规纪律教育等。入所教育时间不得少于两个月。

2. 思想、文化、技术教育。未成年犯管教所应当对未成年犯进行思想教育、文化教育、技术教育。其中思想教育的主要内容包括：法律常识、所规纪律、形势政策、道德修养、人生观、爱国主义、劳动常识等，所用教材由司法部监狱管理局统编。对未成年犯进行文化教育要根据未成年犯的文化程度，分别进行扫盲教育、小学教育、初中教育。采取分年级编班施教，按规定的课程开课，使用经国务院教育行政部门审定的教材。有条件的未成年犯管教所可以进行高中教育。未成年犯管教所应当鼓励完成义务教育的未成年犯自学，并组织其参加各类自学考试。对未成年犯进行技术教育应当根据未成年犯的刑期、文化程度和刑满释放后的就业需要，重点进行职业技术教育和技能培训，其课程设置和教学要求可以参照社会同类学校。

3. 生理、心理健康教育。未成年犯管教所应当建立心理治疗机构，对未成年犯进行生理、心理健康教育，进行心理测试、心理咨询和心理矫治。

4. 社会教育。未成年犯管教所根据未成年犯在生理、心理、行为上所具有的特点和改造未成年犯的需要，动员、运用社会力量对未成年犯进行帮助教育。对未成年犯进行社会帮教需要采取多种方法,主要包括:所组织未成年犯到社会参观;组织未成年犯参加社会上的公益活动;聘请社会知名人士或者有影响的社会志愿者担任辅导员等。

5. 出所教育。未成年犯管教所对即将刑满的未成年犯,应当进行出所教育,其内容包括形势、政策、遵纪守法等。并在就业、复学等方面给予指导,提供必要的技能培训。出所教育时间不得少于两个月。

(三)未成年犯教育的管理

1. 教育计划。《未成年犯管教所管理规定》第 30 条规定:"未成年犯的文化教育列入当地教育发展的总体规划,未成年犯管教所应与当地教育行政部门联系,争取在教育经费、师资培训、业务指导、考试及颁发证书等方面得到支持。"未成年犯管教所按照年度、学期制订教育计划,并根据改造过程中遇到的问题制订专题性教育计划。

2. 师资队伍。在教学师资上,由符合国家规定学历的人民警察担任未成年犯的教师,按照押犯数 4% 的比例配备。教师实行专业技术职务制度。禁止罪犯担任教师。

3. 教育设施。《未成年犯管教所管理规定》第 32 条规定:"未成年犯管教所应当设立教学楼、实验室、图书室、运动场馆等教学设施,配置教学仪器、图书资料和文艺、体育器材。各管区应当设立谈话室、阅览室、活动室。"未成年犯管教所应当按照上述规定设立相应的教育设施,配置相应的教学仪器、设备,并加强管理,确保教育改造活动的正常开展。

4. 教育时间。在课堂化教学时间上,对未成年犯进行思想、文化、技术教育的课堂化教学时间,每周不少于 20 课时,每年不少于 1000 课时,文化、技术教育时间不低于总课时数的 70%。

5. 教育考核。对未成年犯进行教育考核,不仅可以对未成年犯教育的效果进行检验,还可以对未成年犯进行鞭策与激励。同时,未成年犯通过学习所获得的各项证书,必将为其成功回归社会奠定一定的基础。《未成年犯管教所管理规定》第 36 条规定:"对参加文化、技术学习的未成年犯,经考试合格的,由当地教育、劳动行政部门发给相应的毕业或者结业证书及技术证书。"

二、未成年犯的劳动

(一)未成年犯劳动的特点

《监狱法》第 69 条规定:"有劳动能力的罪犯,必须参加劳动。"第 75 条第 1 款规定:"……未成年犯的劳动,应当符合未成年人的特点,以学习文化和生产技能为主。"即未成年犯参加劳动时以学习文化和生产技能的习艺性劳动为主,而不是以生产物质资料的生产性劳动为主。

(二)未成年犯劳动的管理

1. 未成年犯的劳动场所及设施。未成年犯管教所应当根据要求,设立适合未成年犯特点的习艺性劳动场所及设施。

2. 未成年犯的劳动工种、劳动强度及劳动保护。未成年犯管教所在组织未成年犯劳动时,应当在工种、劳动强度和保护设施等方面严格执行国家有关规定,禁止安排未成年犯从事过重的劳动或者危险作业、禁止组织未成年犯从事外役劳动、禁止组织未满16周岁的未成年犯参加生产性劳动。

3. 未成年犯的劳动时间。未成年犯管教所在组织未成年犯劳动时,每天不准超过4小时,每周不准超过24小时。

第十一章　外国监狱制度概要

重点提示

各个国家在处理犯罪问题的过程中逐渐认识到，犯罪现象是国际社会的公敌，解决这个给全球造成严重危害的问题需要遵循一致的伦理法律规则，国际社会应采取全球性的战略措施。联合国在预防犯罪及罪犯处遇方面发挥了积极作用。世界各国在应对犯罪人的制度措施方面大同小异，普遍设立了监狱制度，包括监狱执行刑罚制度、囚犯监管制度、囚犯矫正教育、囚犯劳动制度、出狱人保护制度等。

第一节　联合国的监狱规则

一、联合国在预防犯罪与刑事司法领域的活动

（一）联合国在预防犯罪与刑事司法领域的机构

联合国的宗旨之一是“促进国际间的合作，以解决国际间属于经济、社会、文化、及人类福利性质的国际问题，且不分种族、性别、语言或宗教，增进并激励对于全人类之人权及基本自由的尊重”。而犯罪直接危害着经济发展和社会进步、威胁着人民的人权和基本自由，因此，在国际范围内促进预防犯罪和刑事司法就成为联合国的一项重要职责。联合国在预防犯罪与刑事司法领域的活动，是通过加强和完善后的预防犯罪和刑事司法方案来实施的。预防犯罪和刑事司法方案，设置于经济和社会理事会内，由包括预防犯罪和刑事司法委员会、预防犯罪和刑事司法司、预防犯罪及罪犯处遇大会、专业研究机构等在内的执行机构具体负责落实执行。

（二）联合国在预防犯罪与刑事司法领域的活动

联合国每5年举行一届预防犯罪及罪犯处遇大会，迄今为止共召开了11届大会，大会的宗旨是为各国政府、有关机构、有关政府间组织和非政府组织以及专家、学者提供论坛，探讨预防犯罪和刑事司法领域内大家所共同关心的问题，交流经验

信息，寻求预防犯罪和改造罪犯的可行办法，推动国际合作。预防犯罪及罪犯处遇大会提出的各项建议，提交联合国大会、经济及社会理事会和各国政府。

二、联合国的监狱规则

（一）联合国监狱规范的构成

1. 联合国国际人权宪章体系中包含的监狱方面的规范

联合国国际人权宪章体系，主要是由《世界人权宣言》《经济、社会及文化权利国际公约》《公民权利和政治权利国际公约》构成的。联合国国际人权宪章体系，从人类的高度着眼，提出了人应该享有的基本权利和自由，这些权利和自由可分为公民权利和政治权利与经济、社会、文化权利两大类。由于犯罪使公民的法律地位身份有了受审判、受拘留、受刑罚处罚的区别，从而使犯罪公民权利的享有相应地受到了一定范围及程度的限制，犯罪公民的权利问题也就成为联合国国际人权宪章体系不能忽视的一项内容。对犯罪公民应享有的权利进行限制，则是监狱管理的实质内容。

2. 联合国关于刑罚规则中包含的监狱方面的规范

联合国有关刑罚规则的文件比较多，重要的有：《保护人人不受酷刑和其他残忍、不人道或有辱人格待遇或处罚宣言》《禁止酷刑和其他残忍、不人道或有辱人格的待遇或处罚公约》《执法人员行为守则》《执法人员行为守则实施细则》《关于医务人员、特别是医生在保护被监禁和拘留的人员不受酷刑和其他残忍、不人道或有辱人格的待遇或处罚方面的任务的医疗道德原则》《为罪行和滥用权力行为受害者取得公理的基本原则宣言》等。这些刑罚规则中，刑罚执行及相关罪犯的处遇是重要的内容，而刑罚执行及相关罪犯的处遇本身又是监狱管理中的实质内容。

3. 联合国专门的监狱规范

联合国专门的监狱规范包括：《囚犯待遇最低限度标准规则》《切实执行〈囚犯待遇最低限度标准规则〉的程序》《囚犯待遇基本原则》《关于保护面对死刑的人的权利的保障措施》《保护被剥夺自由少年规则》《关于移管外籍犯的示范协定及有关外籍犯处遇的建议》等，联合国这些专门的监狱规范是联合国监狱规则的主要部分。联合国专门的监狱规范以《囚犯待遇基本原则》为核心，由《囚犯待遇最低限度标准规则》加以实体性具体化，由《切实执行〈囚犯待遇最低限度标准规则〉的程序》加以程序性操作化，并以少年犯的处遇与保护、死刑犯的处遇与保护、外籍犯的处遇与保护为必要的附加内容。当然，罪犯的处遇与保护，其根本前提与对应必须是犯罪的受害者得到公正待遇和取得援助。

（二）联合国监狱规则的内容

1. 监狱行刑运作目标规范

作为刑罚执行场所，监狱应是具有良好秩序的特殊社区，监狱环境之内应不存在对生命、健康和身体完整的危险，监狱应当严格维护纪律和秩序，但不应实施超出安全看守和有秩序的集体生活所需要的限制，这是监狱贯彻其他所有规则的必要前提。保证监狱的安全包括囚犯的安全、监狱管理人员的安全以及监狱本身的安全，社会也有权要求任何公民不受囚犯的侵害，而且，监狱应采取最轻的限制措施来维护安全。

判处犯罪人监禁，这本身就是一种折磨人的惩罚，监狱的条件不能加重这种固有的折磨，监狱运作要尽可能围绕帮助囚犯重返社会生活这个中心目标来进行。因此，监狱的各种规章制度不应超越刑罚的固有范围而去限制囚犯的自由、囚犯与外界社会的联系和对个人发展绝对必要的机会，监狱的各种规章制度应有助于囚犯适应和重返正常的社会生活。

2. 监狱职员规范

监狱是一个划分为等级的组织，监狱长是顶级人物，监狱长的任务是把立法和准则转换为政策和目标，目标往下传达到监狱职员，使用现有职员来取得既定的目标。这意味着职员应当有一定的余地来确定自己的方法，同时保持对监狱长的响应。监狱不应当实行军事体制，等级森严极度分明的组织结构和军事方法抑制了职员的责任感，减小了个人介入和个人关心的程度。监狱内部的各种职能都必须明确界定，确定每个职员的权利职责，职员越胜任工作岗位就越专业化，就越应留给他们更多的自己作出决定的自由；监狱各级领导有责任尽可能优化职员的工作环境并促进囚犯的利益。监狱职员的分工，除负责警戒看守的监狱管理人员外，应当尽可能有足够人数的精神病医生、心理学家、社会工作者、教师和职业培训教师等专家。

监狱职员应当具有教育和智力上的一定水平，就业之前应当在一般和特殊职责方面接受训练且必须通过理论和实践测验，就职后应当参加定期或不定期的在职培训班，以维持和提高文化知识和专业能力。监狱职员应充当公开、警觉的观察者，并要与囚犯建立联系。在挑选职员时应当考虑到这一点，因为职员不仅要意识到安全，还要了解囚犯的需要。监狱需要认识到训练良好的职员的重要性，新招录的监狱职员应当接受一定的基本训练课程，联合国的行刑规则规定了培训科目，主要有法律知识、人际关系技巧、卫生知识等。

3. 监狱囚犯规范

根据联合国的行刑规则的规定,囚犯的人权包括生命与身体完整的权利,不受酷刑和其他虐待的权利,健康权,人格尊严权,受适当法律程序保护的权利,不受歧视的权利,不受奴役的权利,意识和思想自由的权利,宗教信仰自由的权利,家庭生活受尊重的权利,自我发展的权利。

有些权利会受到被拘留或监禁这一事实的限制,这些受到限制的权利就是囚犯应保留的权利,其中较为重要的包括隐私权、活动自由权、言论自由权、财产权、自由选举权。联合国的行刑规则规定,囚犯应该以阅读报章杂志和特定机关出版物、收听无线电广播、听演讲或以管理单位核准或控制的类似方法,经常获知比较重要的新闻;囚犯私有金钱、贵重物品、衣物和其他物品按规定不得自行保管时,应由监狱代为保管,并采取步骤保持物品完好,囚犯出狱时归还,代囚犯所收外界送来的财物以同样办法办理;囚犯带入监狱的药剂或药品,监狱医疗官员应当决定如何使用;囚犯享有"选举的权利和机会"只是受一些"合法的限制",由监狱职员帮助囚犯行使选举权是良好的实践。

4. 监狱矫治囚犯规范

为了保障不同囚犯的合法权益,保护不同的囚犯群体,确定不同的警戒控制级别,联合国的行刑规则规定,应按照性别、年龄、犯罪记录、被拘留的法定原因和必须实行的处遇,将囚犯分为不同的种类,分别收押于不同的监狱或监狱的不同部分。将男犯与女犯收押在不同的监狱,同时兼收男犯和女犯的监狱应将监禁女犯的监舍隔离开来。女犯应当由女性官员负责管理,除非有女性官员陪同男性职员不得进入监所中的女犯区域;将未决犯与已决犯分开关押;将民事囚犯与刑事囚犯分开关押;将青少年囚犯与成年囚犯分开关押。

对被判处监禁的囚犯应当在刑期许可的范围之内,以培养他们出狱后过一种守法和自立生活为目的,矫治方案应当以鼓励囚犯自尊和培养其责任感为内容。为此,联合国的行刑规则规定,应当按照囚犯的个别需要,考虑囚犯的犯罪记录及社会简历、身心能力和态度、个人秉性、刑期长短和释放后的前途等因素,对囚犯进行分类给予不同的处遇并配之以宗教关怀、文化教育、职业培训、就业咨询、身体发展和提高道德品质等事项的矫治方案。实行灵活性的囚犯分组制度,使各组囚犯与相应的处遇联系起来;实施等级不同的警戒制度,使各组囚犯与相应的警戒制度联系起来;监狱规模应利于实施处遇个别化,封闭式监狱的囚犯不宜过多,开放式监狱的囚犯越少越好;监狱实行特许制度,以鼓励囚犯端正行为、启发责任感。

5. 监狱的正当程序规范

关于惩戒制度，囚犯绝食、越狱、暴动、自杀之类的行为是对监狱秩序的最大破坏和威胁，但是，对于这类囚犯的惩戒也不能滥用，必须保证公正。联合国的行刑规则规定，惩戒是为了恢复被囚犯破坏了的监狱纪律和秩序，不应超过安全看守和有秩序的集体生活所需的限制。惩戒的程序，由法律或法规来规定应受惩戒的违纪行为，并通过听证程序决定对囚犯的惩戒，有关囚犯有权向上级主管当局上诉，对一次违纪行为不得反复适用惩戒措施。严格禁止任何构成残忍、不人道或有辱人格的惩戒措施，如手铐、铁链、脚镣、拘束衣等戒具永远不得作为惩戒用具，囚犯不得参与对其他囚犯的惩戒。

关于投诉制度，基于被剥夺了自由的法律地位、生活在封闭的特殊环境的现实，囚犯的合法权益极易受到侵害且不易被知晓，为保护囚犯的合法权益免受侵害，联合国的行刑规则作了明确规定。囚犯有权了解监狱对囚犯的规章制度及有关信息，囚犯入狱时应发给载述有关其所属类别处遇、监所纪律要求的书面资料，告知其权利义务，如果囚犯为文盲则应口头传达这些资料。囚犯有权通过法定途径投诉，囚犯应该有机会向监狱长提出请求或申诉，囚犯也可向监狱检察员提出请求或申诉，囚犯应能按照规定的渠道向中央的监狱管理部门、司法当局或其他适当机关提出请求或申诉，内容不受检查。囚犯有权获得对其投诉的答复，除非请求或申诉显然过于琐碎或毫无根据，应迅速加以处理并予以答复，不得无故拖延。

第二节 监狱执行刑罚的指导原则

一、监狱

（一）监狱管理体制

1. 监狱在国家生活中的地位

从某种意义上讲，监狱工作（属于社会治安工作中的重要一环）与经济工作、教育工作并驾齐驱、互相制约，这是当代世界各国监狱的共性，因此，各国对监狱给予了充分的重视。然而，由于各国的政权组织形式、法律文化传统、政治经济形势、阶级力量对比情况的差异，各国在负责监狱事务的责任归属方面有不同的制度。

第一，政府责任制。政府责任制下，政府组织实施监狱工作，监狱工作的领导主管部门向政府汇报监狱工作情况。例如，美国、瑞典、日本、法国等国家对监狱工作实行政府负责制。这种责任制突出行政权力对监狱工作的支配作用。

第二,议会责任制。议会责任制下,监狱工作虽由政府组织实施,但由监狱工作的领导主管部门直接向议会汇报监狱工作情况。英国等国家实行的就是监狱工作议会负责制。这种责任制强调立法权力对监狱工作的宏观操纵。

第三,政党责任制。政党责任制下,由执政党直接制定监狱工作的政策、规划监狱工作方案、选配监狱机关负责人,监狱工作的领导部门直接向执政党汇报监狱工作情况。波兰实行的就是监狱工作执政党负责制,共产党直接管理监狱工作。这种负责制着重于贯彻党的全面行政领导。

第四,军事责任制。军事责任制包括监狱军事化管理和监狱准军事化管理两种类型。监狱军事化管理,由军队组织实施监狱工作,把监狱直接纳入军队管理之下,如匈牙利等;监狱准军事化管理,国家对监狱实行半军事化管理,监狱实行军事制度进行管理,如南非等。军事责任制在于发挥军事的武装作用。

2. 监狱组织体系结构

(1)监狱组织体系。监狱组织体系有两种模式:一种模式是与国家结构形式相联系的监狱组织体系,另一种模式是与国家结构形式无联系的监狱组织体系。关于与国家结构形式相联系的监狱组织体系,国家结构形式是设立各种各类国家机关的基础,国家结构形式有单一制和联邦制两类,相应地,监狱组织体系也是根据国家的结构形式组建起来的,第一种是单一制国家结构形式的监狱组织体系,第二种是联邦制国家结构形式的监狱组织体系。

第一,单一制国家结构形式的监狱组织体系。单一制是国家结构形式的一种,单一制的国家是由普通的行政单位或自治单位组成的,全国只有一个统一的立法机关、一部宪法、一个中央政府。在全国内所有按行政区划分设置的行政单位和自治单位,均受中央政府的统一领导,没有脱离中央而独立的权力。英国、法国、意大利、日本、挪威等国属于单一制国家。单一制国家的监狱组织体系,基本上有两种:一种为一级体制,另一种为二级体制。

实行监狱组织体系一级体制的国家,从中央到地方只设置统一的、单一的监狱组织体系,主要有日本和法国等。在日本,中央政府设置法务省,法务省管辖矫正局,矫正局下辖具体的各种类型的矫正机关——监狱。在法国,中央政府的司法部管辖监狱局,监狱局下辖9个监狱区域管理局,监狱区域管理局直接管辖分设在行政区划省份内的具体监狱。实行监狱组织体系二级体制的国家,在一级政权形式——中央政府、二级政权的形式——州或省政府内,分别设置自成一体的中央监狱组织体系及州或省监狱组织体系,主要有英国、瑞典等国。在英国,中央政府内设内务部,内务部管辖监狱局,监狱局下辖中央监狱,地方监狱则隶属于地方行政司法部门。

第二,联邦制国家结构形式的监狱组织体系。联邦制是国家结构形式的又一类型,联邦制的国家,亦称联盟国家,由两个以上的州或邦或共和国结合而构成,除设有联邦司法机关和联邦政府外,各州或各邦或各共和国还设有自己的立法机关和自己的政府,除联邦宪法外,各州或各邦或各共和国还有自己的宪法,联邦的权力可遍及全国,而各州或各邦或各共和国的权力只能在该领域内行使。与国家结构形式相适应,联邦制国家普遍采取监狱组织体系二级体制,有的国家还采取监狱组织体系三级体制,有的国家则采取监狱组织体系一级体制。

相对于与国家结构形式有联系的监狱组织体系而言,与国家结构形式无联系的监狱组织体系有两种:一种为军队监狱组织体系,另一种为私营监狱。

(2)监狱组织体系结构。在监狱组织体系结构方面,世界各国的思路和做法基本是一致的,监狱组织体系结构统一由领导机关、管理机关、职能机关所构成。不论是一级体制的监狱组织体系,还是二级体制的监狱组织体系,不论是三级体制的监狱组织体系,还是军队监狱组织体系,概莫能外。典型的监狱组织体系中,领导机关为一元(指一个),是政府机构中主管监狱工作的部门,主要负责监狱系统的立法、宏观决策、规划监狱的根本性问题,大多数国家称为司法部,如美国、法国、德国等国家,日本为法务省,英国、加拿大为内务部;管理机关为一元(指一个),是政府机构中下辖的主管宏观行刑总体工作的单位,多数国家称为监狱管理局,有的国家称为矫正局;职能机关一元(指性质为一类),是指具体负责执行刑罚的各类监狱,具体名称叫法很多。以上可谓之为"三元制"监狱组织体系结构,有些国家则采取"四元制"监狱组织体系结构。

(二)监狱分类与警戒分级

1.监狱分类

根据归属对监狱进行分类。以归属为分类标准,监狱分为中央监狱与地方监狱;根据与社会的分离程度对监狱进行分类。以与社会的分离程度为分类标准,监狱分为封闭式监狱、半开放式监狱、开放式监狱;以关押的罪犯对象为分类标准,监狱分为男犯监狱、女犯监狱、未成年犯监狱、老年犯监狱;根据任务目的分出几类特殊监狱,主要有罪犯分类中心、精神病犯监狱、艾滋病犯监狱、交通犯监狱。

罪犯分类中心是对罪犯进行行为、心理诊断评价分类以便根据分类结果把他们押送到相应的监狱去服刑,西方国家的监狱体系基本上都设有罪犯分类中心。精神病犯监狱是专门关押患有精神病的囚犯的监狱;艾滋病犯监狱是专门关押患有艾滋病或感染有艾滋病病毒的犯人的监狱,这两类监狱不仅执行刑罚,同时也有治疗任务。交通犯监狱是专门关押交通肇事犯的监狱,其行刑目的之一就是要启发他们的责任心,目前,只有日本有这种监狱。

2. 监狱警戒分级

监狱分为最高警戒监狱、中度警戒监狱、低度警戒监狱、最低警戒监狱、超级警戒监狱以及行政管理级行刑机关。最高警戒监狱是安全防范程度最高的监狱,高度警戒隔离带以高大厚实的围墙或加强的围栏、多人与单人监房、工作人员与罪犯的最高比例、严格控制囚犯活动为特征,监狱四周有高墙并设枪塔,狱内警戒森严,门窗重重分段隔离,犯人的活动自由受到严格的限制。专门关押罪行最严重、危害性最大、拒不悔改、有逃跑可能的罪犯,其工作重点是保卫社会、防止囚犯的危险行为,而对囚犯回归社会的工作做得较少,快要释放的囚犯还得转押到其他监狱去接受释放准备训练。

行政管理级行刑机关有特殊的使命,如拘留审判前的犯罪人,治疗患有严重或慢性医疗问题的囚犯,或者监禁异常危险、暴力、或逃跑倾向的囚犯。

3. 监狱建筑与内部组织构成

监狱是执行刑罚的场所,这个场所是由一系列建筑环绕围起来的。根据理论与实践,以建筑式样为标准,监狱可被分为圆形监狱、放射形监狱、电线杆形监狱、庭院式建筑监狱、城堡式监狱等。这些建筑样式的监狱,所包含的具体建筑很多,主要有行政办公建筑、武器库房,监牢房建筑、禁闭室,饭厅、伙房,教学楼、图书馆室,运动场、体育馆,教堂、医院、厂房,等等。有的监狱还设有死刑执行室,女犯监狱普遍还设有育婴室或托儿所。

外国监狱内部行政组织构成中,处于最高级别的是监狱长,属于内部最高组织,监狱长对监狱内的一切事务承担完全责任;监狱长之下设置若干职能部门和辅助部门履行相应职能,这些职能部门和辅助部门属于内部行政中层组织;直接监管服刑犯人的监区、队组等,属于内部基层行政组织。普遍上,监狱内的有六个主要职能部门,这六个职能职能部门分别是保安部门、监管部门、刑务部门、教育部门、生活管理部门、劳动管理部门等,辅助部门一般包括有人事部门、财务部门、经济部门、后勤部门等。

(三)监狱工作人员

1. 监狱工作人员的建制与构成

外国监狱工作人员的建制情况不尽一样,总括起来可归为四种主要建制。第一种为军事建制,第二种为警察建制,第三种为特种公务员,第四种为公务员与警察混合建制。就监狱工作人员编制的核心——看守人员来看,看守人员在监狱工作人员中所占的比例是最高的,因为他们工作在监狱的第一线直接管理囚犯。

普遍而言,外国监狱的工作人员包括领导人员、管理人员、行政后勤人员、基层矫正人员、教育人员、技术人员、检察人员等,但没有工人编制;不仅有狱内的专职人员,而且还有狱外的兼职人员。这是因为行刑矫正罪犯是一项极其复杂艰难的工作,在外国尤其是西方国家,行刑矫正工作被视为宗教工作、医疗工作、心理工作、教育工作、生产劳动和法律法规建设的一个综合体。这些不同的专业化工作,理应由不同的监狱工作人员分别担任落实,这些人员可归纳为行政管理人员、看守人员、专业人员、辅助人员①和监察人员。

2. 监狱工作人员的招聘与培训

联合国预防犯罪和罪犯待遇大会通过的有关文件向其成员国建议,在挑选监狱工作人员时,应特别审慎,注意只任用那些符合条件,即正直、具有人道精神、工作能力强、身体适合的人。具有了这些基本条件之后,还得参加司法部门组织的专业考试,这种考试也比较严格,往往要经过笔试和口试,之后才根据考试成绩择优录取。

联合国预防犯罪及罪犯处遇大会《关于狱政人员的招收和培训的建议》强调:"狱政人员在任职前,要接受专业培训,并经过理论和实践考核。"并建议分三个阶段进行培训。第一个阶段,在监所内进行培训,使应聘人员了解监狱的一般情况,熟悉职业方面的事项。第二个阶段,应聘人员应入校学习或参加由国家监狱部门组织的训练班,学习心理学和犯罪学的基本知识,掌握与囚犯进行接触的技能。第三个阶段,对那些在前两个阶段未被淘汰、对狱政工作表现出浓厚兴趣并有志从事该工作的应聘人员,进行实际工作内容的培训。此外,当然应给他们提供学习心理学、犯罪学、行刑学以及其他有关学科的机会。

二、监狱执行刑罚的指导原则

(一)尊重罪犯的人格和合法权利

刑罚态度的人道性意味着对于人的自主性的承认,中心思想是犯罪人必须得到人的对待,即教化、培养、满足最低需求并回归社会。世界各国范围内,刑罚态度的人道性趋势,基本上是具体化为一系列刑罚人道主义规范,包括肯定型与否定型两类规范;肯定型规范把犯罪人作为主体来对待,通常以"应当享有……权利""尽量确保……权利"的法律语言表达;否定型规范制止把犯罪人作为手段来对待,通

① 参见郭建安主编:《西方监狱制度概论》,法律出版社2003年版,第38~42页。

常以“禁止侵害……权利”“不得侵害……权利”的法律语言表达；这两类规范结合成一个规范体系确保刑罚人道态度的落实。

囚犯是实施犯罪行为并受刑罚惩罚的公民。人在社会生活中的地位与角色是由国家法律规定的，强调罪犯是犯了罪的公民，主要是为了着重从法律的本质规定上分清犯罪公民与守法公民的法律定性定位区别。犯罪公民与守法公民的法律区别就在于前者触犯了国家的刑法，因而应受到刑罚制裁。犯罪公民要受到刑罚制裁是毫无疑问的，这是指罪犯在法律地位上处于受刑罚惩罚的状态，而社会上的守法公民则处于受法律保护的地位。但是，犯罪人作为人本身，并不能也不可能因为犯罪受惩罚就变成了非人，所以，仍然有人格尊严。

（二）禁止酷刑

人们对酷刑的危害的认识，逐渐使酷刑从合法的权威地位下降到了法律既不肯定又不否定的境地，直至现在世界各国在法律上一律禁止酷刑，而只是实践中存在酷刑的局面。人类社会汲取严酷的刑罚所留下的惨痛的教训，不断进行刑罚改革，使刑罚品格朝着轻缓趋势的方向发展。由于刑罚体系针对的犯罪现象是全人类所共有的，因而刑罚体系的构成内容在发展趋势上具有一定的趋同性，最为明显的就是刑罚品格的轻缓趋势。① 伴随人类社会文明的提升，科学精神、人文精神日益渗透进了刑罚体系演变的过程之中，结出了刑罚体系宽和的硕果。教育刑思想引发了刑罚观念的更新，刑罚关注的焦点转为犯罪人，针对犯罪人要求实行刑罚个别化，倡导刑罚人道主义，注重发挥刑罚教育矫正犯罪人的功效。以教育刑的理念为指导，通过废止死刑或限制死刑的适用范围、基本上废除肉体刑、取消流刑，塑造出的刑罚体系的品格必然是宽和，体现着刑罚本身对人的生命和肉体的尊重。

（三）促使罪犯回归社会

随着人类文明的进一步发展，世界各国不断总结经验教训，经过长期的磨合终于选择了教育刑。教育刑思想也称教育刑论，是指把对犯罪人执行刑罚看作对犯罪人的教育矫正使之不再犯罪以达到预防犯罪保卫社会目的的刑罚理论，当今世界各国的刑罚无不以教育刑思想为指导。教育刑思想指导下，监狱对罪犯执行刑罚，一般情况下服刑人最终是要回到社会中的。从人的再社会化角度讲，监狱就是再社会化的机关之一，以便改变再社会化对象原有的生活方式和行为方式，使之接受适应社会生活的要求。总之，囚犯来自社会，最终还要回到社会。

---

① 参见邱兴隆、许章润：《刑罚学》，群众出版社1988年版，第28~29页。

第三节 监狱行刑制度

一、行刑程序制度

(一)收押制度

收押是严肃的刑事司法活动,是刑罚执行的起始环节,标志着监狱对罪犯执行刑罚的开始。各国的刑事立法对收押制度都作了明确的规定,收押过程中一般包括办理囚犯入狱手续、建立囚犯档案、进行检查登记等方面的事项。收押之前需要明确收押管辖,世界各国的监狱行刑实践,根据罪犯的犯罪性质、罪行轻重、死刑与自由刑的不同刑种、自由刑不同的刑期、年龄大小及性别等不同情况,划分了各类监狱的收押管辖范围。一般做法是,未成年犯监狱收押未成年犯人,男犯监狱收押男犯人,女犯监狱收押女犯人;高度警戒监狱收押高度危险性的犯人,中度警戒监狱收押中度危险性的犯人,低度警戒监狱收押低度危险性的犯人,开放式监狱收押轻微危险性的犯人。

具体到某个犯人要被收押到哪座监狱里,有三种决定方式,第一种由分类中心决定,美国采用的就是这种办法;第二种由监狱的行政主管部门决定,其一由所在地区的监狱行政主管部门决定,其二由中央的监狱行政主管部门决定;第三种由判决法院决定。世界各国监狱的收押制度所包含的内容非常广泛、庞杂,收押制度的核心内容可归纳为:收押时间,接收有关执行的法律文书,物品检查,健康检查,入监登记与建立罪犯个案服刑档案,入监教育,发放日常生活用品,特殊事项的处理等几项。

(二)释放制度

释放是执行刑罚的最后环节,标志着对罪犯执行刑罚的终结,施加于罪犯的强制、监管、矫正等项行刑措施停止运作,是被释放人重新步入社会开始新生活的根本转折点,也意味着社会再度接纳社会成员的开始。根据当代世界各国法律的规定,释放包括刑满释放、大赦释放、特赦释放、免除刑罚执行释放等。刑满释放,是指监狱因对服刑罪犯的刑罚执行期限届满而将其释放出狱的一种释放形式,是最为常见、最为普遍的释放形式。世界各国监狱的释放制度较为一致,其基本内容包括释放前的准备、办理释放手续及相关事项、释放后帮助。

根据当代世界各国监狱立法规定及监狱释放实践,释放前的准备,一般包括以下几个方面的内容。对即将释放的服刑犯人,通常在释放前的一定时间内集中起来进行出监教育,具体做法各国不尽相同,有的在监狱内进行,有的在社会上的矫正机关内进行。调查出狱人可能出现的各种问题,并与出狱人讨论研究克服这些困难的可能性。一些国家为了做好释放准备工作,帮助犯人加强或建立与家庭及希望将来工作单位的联系,规定犯人在释放前可离监探亲、工作释放、学习释放。释放前必须对犯人进行体格检查,将有关服刑文件、释放证发给释放者。监狱将保管的释放者的个人财物交还给本人,让其核对验收签字盖章。监狱给释放者免费提供所需的便服,并发给一定数额的补助金。

一般情况下应在刑期最后一天的上午释放,如刑期在假日结束的应在假日的前一天释放,刑期在星期六、星期日、星期一结束的可提前到星期五释放,如遇有规定的特殊情况可提前两天释放。但在日本,《刑法》规定刑满释放应在刑期终了之日的次日。① 有的国家规定监狱得提供运输工具把释放人送到前犯罪地或居住地及批准的其他地点,对未成年人则必须护送至居住地,有的国家规定监狱提供释放人到释放地点的交通费用。关于释放后帮助,各国刑事法律普遍规定对释放人回归社会后提供一定的帮助,如协助找工作,必要时提供临时住所,提供生活费用和日常生活用品等,这些工作一般由更生保护组织负责落实。

二、行刑变更制度

(一)延期执行刑罚与中止执行刑罚

1. 延期执行刑罚制度。延期执行刑罚制度又称暂缓执行刑罚制度,是指在刑事判决生效后刑罚执行开始前,由于存在阻碍刑罚执行的法定事由,而规定延期执行刑罚直到延期执行的事由消失再启动刑罚执行的制度。世界上实行延期执行刑罚制度的国家为数并不多,如德国、波兰、阿尔及利亚、土耳其等国,主要是出于人道主义的考虑,同时也是为了体现法律的严肃性、权威性,贯彻有罪必罚、罪刑相应的刑事法治原则。

2. 中止执行刑罚制度。中止执行刑罚制度,是指在刑事判决生效刑罚执行开始后,由于存在阻碍刑罚执行继续进行的法定事由,而规定中止执行刑罚直到中止执行的事由消失再恢复刑罚执行的制度。世界上实行中止执行刑罚制度的国家为数并不多,主要有德国、波兰等国,主要是出于人道主义的考虑。

关于中止事由,根据一些国家监狱立法的规定,阻碍刑罚继续执行的法定事由包括:轻罪囚犯需要他人照顾、监狱无法提供必要的特殊诊断或治疗、服刑罪犯遇

---

① 参见《日本刑法典》,张明楷译,法律出版社 2006 年版,第 14 页。

有紧急事态、女犯怀孕等。关于中止期限,中止期限有两种,一种是有明确期限可确定的,如紧急事态引起的终止,期限为一周,中止期满就恢复刑罚执行;另一种是自然的不便确定,如服刑罪犯出狱治病等,阻碍刑罚继续执行的法定事由消失就恢复刑罚执行。关于中止实施,中止执行刑罚由刑罚执行机关决定,应通知检察机关,中止时间不计入刑期。

(二)减刑制度

根据现代世界各国刑法、刑事诉讼法、监狱立法的规定,减刑可分为一般减刑和特别减刑两种,一般减刑是对一般人的一般犯罪普遍自然取得的减刑,特别减刑是对具备特定减刑条件的罪犯实施的减刑。各国的刑事司法实践证明,减刑作为一项刑罚执行制度对于鼓励服刑罪犯积极悔改具有重大的促进作用,只要真心悔罪、积极改造,那么原判刑罚可以通过自己的努力缩短,实际上就把缩短刑期提前出狱的主动权交到了服刑罪犯手里。

减刑分为一般减刑和特别减刑两种。一般减刑是必减,任何罪犯只要没有恶劣表现便可获得减刑,每服一定刑期就自然减少一定时间。这是因为,罪犯表现良好在数据操作上的繁杂,不仅增加了统计管理的工作量,而且还常被假象所困扰,为简便易行起见,只要罪犯没有恶劣表现便均可获得减刑,减刑演变为自然的事情了,或者成为罪犯的一项权利。特别减刑是得减,只对具备特定减刑条件的罪犯实施。对于特别减刑的条件,各国监狱立法规定趋向于一致,主要是服刑期间行为表现良好,如劳动好、学习好、服从管教、遵纪守法等。

三、假释制度

假释制度的产生与发展是与刑罚观念的嬗变具有密切关系。首先,教育刑思想是假释制度的理论指引。教育刑思想主张,监狱作为刑罚执行机关,不仅仅是关押服刑犯人的场所,也是对他们进行行刑教育改造的场所,从而才需要在监狱环境里创制一些能够鼓励犯人在狱中积极进步的各种措施。为此,各国的行刑实务者作了不懈的努力,在摸索尝试中最终确立了假释,因为假释对监狱和服刑犯人最有吸引力。其次,自由刑是假释的运行基础。当主要刑罚方法是死刑或肉刑时,把已决犯人从关押场所押解到行刑场所后,执行刑罚在瞬间完成,根本就不存在关押或者释放的问题,执行完了就了事。教育刑思想指导下,自由刑成为主导的刑罚方式,监狱执行自由刑就必须把已决犯人关押在监狱里,并且实施各种各样的行刑措施教育改造服刑犯人,取得教育改造效果后,就将悔改自新的犯人提前释放出狱。可见实施自由刑,才会有假释的可能和必要。

在世界各国刑事法律的规定中，假释大体可分为两种类型：一种是裁量假释，另一种是法定假释。

第四节　罪犯监管制度

一、安全警戒防范制度

（一）防范原则

在保障监狱的安全与秩序上，西方国家的监狱，普遍坚持三项原则。其一，自我负责的原则，以矫正为目的的现代监狱管理制度中，参与管理活动的不应该只是监狱工作人员，而且也应包括犯人在内，这个过程中重要的是激发和唤起犯人的社会责任感。自我负责的原则体现了矫正优先的思想，其基本精神是监狱的正常生活主要不应通过强制措施，而应通过培养犯人的理性精神和自我责任意识来维持。当然这并不排除必要的强制性措施。其二，辅助原则，为维护监狱的安全和正常生活秩序，当使用其他手段，如谈话、教育、警告等手段不能达到目的时，才可对犯人采取必要的限制和处罚。其三，适度原则，犯人对维护监狱的安全和秩序所承担的义务和限制不得超过矫正所必要的限度，犯人违犯监规纪律所受到的处罚和限制要与明文规定的处罚内容和程序相适应。

（二）防御带警戒

监狱的防御报警或警戒系统的目的是要防止人们逃跑，一个综合系统包括四个阶段的主要措施。第一个阶段是以物质障碍的方式延迟任何试图逃跑的行为，物质障碍如围墙或栏栅。第二个阶段是以探测系统感应器实际探测侵入者。这个探测导致了第三个阶段，即警戒工作人员的报警。第四个阶段是警戒工作人员对有关情形作出的回应，这个阶段可能包括闭路电视监控和记录，还有实际调查报警。

（三）内部警戒

绝大多数国家没有制定监狱内部警戒的标准，只有少数几个国家有。负责监狱内部警戒的职业监狱行政管理人员，肩负着制定书面警戒控制政策和程序的企盼。这些程序公布在所有监狱人员均可得到的一本操作手册中。警戒控制政策和程序应该至少每年审查一次，警戒控制手册包括囚犯分类、建筑物检查、囚犯点名、钥匙控制、工具控制、囚犯搜查和紧急状况程序方面的资料，运行程序禁止没有即时有效协助的矫正人员进入高度警戒区。每年每天，每天24小时囚犯处于目视监督与控制之下。为警惕地监督囚犯,矫正官员必须不间断地待在能听到囚犯生活声响的范围内,以便于制止不当行为和混乱现象。

关于设施检查与搜查和监狱设施的警戒检查,涵盖监狱的每个部分,应该最低每周由监狱行政管理人员进行一次,但必须由轮班管理者每天进行一次。

二、罪犯分类制度

(一)罪犯分类制的兴起

罪犯分类是指按照一定标准对罪犯的归类。一般认为,现代意义上的罪犯分类制度始于1598年荷兰阿姆斯特丹市的维兹拉修监狱。现代罪犯分类制度与现代刑罚理论是分不开的。刑法新派主义认为,刑罚适用,尤其是行刑,应充分考虑罪犯的特点、罪犯的人格。刑事社会学派的著名学者意大利犯罪学家菲利强调,量刑与行刑应当考虑罪犯的自身特点。在刑事古典学派看来,每一名罪犯都是一个抽象的、正常的人,盗窃犯就是盗窃犯,谋杀犯就是谋杀犯,在立法者眼中不存在任何具体的人。这种不考虑罪犯身心、犯罪特点及人格而仅把罪犯作为抽象的法律现象处理的刑事司法,菲利比之于江湖庸医,认为这与旧医学不顾病人病症,仅把疾病当作抽象的病理现象进行治疗一样。[①] 菲利提出:"同样的犯罪,从人类学和社会学方面说,由于犯罪的原因不同,对各种人格的罪犯则需要采取不同的治疗方案。"[②]

(二)罪犯分类的刑罚理论

现代刑罚理论认为,罪犯进入监狱,犹如病人到医院就医,必先诊断病症、分析病因,才能寻求对症的药剂。每一名罪犯的犯罪情况并不相同,即使情况类似,但其身心状况、家庭环境、社会背景等各不相同,他们入监所需要的矫治方法及所需矫治时间也各不相同。对罪犯行刑矫正的监狱,如不将新入监的罪犯加以详细调查,运用科学分类,针对其需要拟订个别处遇方案,则监狱的各种行刑矫正措施无法适合其个别需要,难以达到矫正目的。

联合国于1955年在瑞士日内瓦召开第一届预防犯罪及罪犯处遇大会,通过了决议《囚犯待遇最低限度标准规则》。《囚犯待遇最低限度标准规则》规定:为防止囚犯之间的"不良影响","使他们恢复正常社会生活",对"不同种类的囚犯应按照性别、年龄、犯罪记录、被拘留的法定原因和必须施以的待遇,分别送入不同的狱所或监所的不同部分"。在联合国的大力倡导下,罪犯分类制发展成为世界各国监狱

---

① 参见[意]菲利:《实证派犯罪学》,郭建安译,中国政法大学出版社1987年版,第39~40页。
② 参见[意]菲利:《实证派犯罪学》,郭建安译,中国政法大学出版社1987年版,第40页。

通行的一种制度,并且在监狱工作中发挥的作用越来越大。现在,世界上的绝大多数国家的监狱对罪犯实施分类制度,尤以美国、英国、意大利、日本等国的监狱最为普遍,其中美国监狱的罪犯分类制最为典型。

三、累进处遇制

(一)累进处遇的起源

累进处遇是一种将罪犯刑期分为若干个阶段,每个阶段设定不同处遇,监狱管理人员能够根据罪犯所判刑期、罪犯服刑表现、服刑时间等因素,在计分基础上从监狱或看守所提前释放,进行动态调整的行刑管理制度,也称为"善时"、"赢得时间"或"因善行缩减刑期",为世界许多国家的矫正系统所使用。累进处遇制起源于17~18世纪英属澳大利亚"表现积极假释放"的实践,后经爱尔兰人克罗夫顿的发展,逐步再传播到世界其他国家。

(二)累进处遇制的内容

1. 处遇分级

累进处遇的根据是犯人的"危险性"和"不适宜性",须客观地进行鉴定。累进处遇的第一级是一种特殊的级别,仅适用于某些被认为具有特别危险的犯人或其某些行为表现明显不宜于在普通或开放监狱执行的犯人。第一级处遇的对象主要包括:有组织犯罪或团伙犯罪的全体成员;暴乱、暴行、威胁和恫吓监狱工作人员或他犯的参与者或组织者;无正当理由拒绝服从监狱规章制度者;罪行严重和被判重刑者。被划为第一级处遇的犯人至少服刑6个月以后才有可能经专业人员诊断处理之后重新划分处遇级别。大多数犯人从一开始被划为二级处遇,被安置在普通监狱服刑。被划为三级处遇的犯人须安置在开放监狱服刑。享有第三级处遇的犯人可以像外界社会那样生活,他们白天外出劳动,下班后返回监狱,周末可以自由休假。在西班牙,犯人服刑2个月之后即可被划为三级处遇,不像其他国家那样,规定犯人必须服满刑期若干时间才能享受某一级处遇。在这方面,西班牙更注重犯人的表现,服刑期长短则不受影响。第四级处遇为假释期,等于犯人的释放日期被提前,其余刑可以在监外度过。

2. 个别处遇

计分基础早期释放的四种主要形式,包括行政管理的、挣分的、可奖励的和紧急状况计分,以不同程度变化的方式,用于当代的监狱系统。行政管理性善时,可自动给予监狱囚犯,这些囚犯经常得到所有潜在的分数,一般情况下,一开始服刑他们能接收到这样的分数。然后,所服刑期主要受因不当行为而被撤销的计分的影响。善时,不仅奖励善行,也用来制裁恶行。从而,许多人称它为抑制性或惩罚制度。挣分制更为接近奖励积极行为的原本的善时概念。通过参与监狱方案或活动,如教育和职业训练或监狱工业,囚犯就可减少他们的刑期。可奖励的或特殊的善时计分,给予那些作出例外行为的囚犯,如献血囚犯。最后,过度拥挤的监狱和时常发生被法院判决囚犯人口达到上限的监狱,就鼓励使用特殊的紧急计分奖励。所有符合专门要求的囚犯,如那些即将释放或非暴力型罪犯,可以被赋予大量分数而导致早期释放。现行行政管理性善时法,授权给监狱行政管理人员自由决定回应人口危机措施的情况下,经授权监狱行政管理人员提前解除囚犯的监禁日期。

四、生活卫生管理

(一)饮食服务管理

食物是服刑犯人最为关心的问题之一,向犯人提供符合营养卫生要求的食物,是监狱最基本的工作之一。饮食服务是指给犯人准备与提供食物的活动,在监狱工作中占有极其重要的地位,世界各国监狱非常重视犯人的食物问题。因为,饮食服务的重要性是不可否认的,是对犯人影响最大的因素。犯人每天要三次早餐、午餐和晚餐受到所供给的食物的影响,差的食物是犯人投诉和控诉的首要目标,事实上,差的食物也一直是大多数犯人暴乱和骚乱的一个因素。食物是犯人生活的一种必需品,无论将监狱中的食物服务工作中的意义看得多么重要,都是不过分的。在监狱中,食物似乎有比一般人更为重要的意义,它是监狱中服刑的犯人所盼望的极少数事情之一。监狱管理人员要把饮食服务作为最重要的事情之一优先处理,它要比文化教育、健身娱乐等方案重要得多。

目前,西方国家监狱犯人饮食服务方面,面临着一些重大挑战。例如,如何满足犯人的不同口味和特殊饮食需要,如何在预算的幅度内向犯人提供足够数量的食物,如何将饮食服务区域的破坏行为降到最低限度,如何避免对饮食设置的破坏行为,如何减少犯人在饮食服务方面提出的诉讼。任何国家的监狱都必须面对而不能回避,为了应付这些不断增加的挑战,西方国家的监狱部门不断调整自己的饮食服务工作,雇用专业人员从事饮食服务工作,制定监狱的饮食服务标准。

(二)犯人监宿管理

1.监舍的一般要求

根据各国的情况来看,监狱里犯人住宿设施的使用和条件是有一定要求的。美国矫正协会等编制的《成人矫正机构标准》中对监舍照明做了具体规定。例如,所有监舍都应当有自然光照,每天在监舍被监禁 10 小时或更长时间的普通犯人,都应当通过一个可以看到室外的至少为3平方英尺的通道或者窗户,接受自然光照;每天被监禁在监舍中不到10小时的普通犯人,都应当通过上述规格的通道或者窗户,或者通过位于监舍和相邻空间之间的至少3平方英尺的通道或者窗户,接受自然光照。每间集体活动室要有可以看见室外的透明玻璃窗,窗户面积至少12平方英尺。如果犯人被监禁在没有可以看见外面的通道或者窗户的监舍中,那么,每间集体活动室应当为每个犯人再增加1平方英尺的玻璃窗。

2. 监舍的分类

就世界各国监狱里的监舍情况来看,普通监舍是指监禁一般犯人并供其居住的监舍。根据居住的犯人多少,这种监舍又分为单人监舍、双人监舍、多人监舍、集体监舍等类型。单人监舍,是指仅供一名犯人居住的监舍,通常配备有床、书架、桌子、椅子、冲水马桶、洗脸池、照明设施、衣橱或者衣柜等设施。在一些管理最严的单人监舍中,还装备有监控摄像镜头、烟雾探测器和灭火喷水设施。单人监舍的面积大小不等。从某些西方国家的监狱情况来看,犯人一般都往单人监舍内,中等警戒度以上的监狱更是如此。

特别监舍,是指由于特别原因而监禁某些犯人并供其住宿的监舍,主要有惩戒性监舍、隔离性监舍、医疗性监舍三种类型。

(三)医疗卫生

1. 医疗服务的特点与重点①

外国监狱中的医疗服务方案,也称为“卫生保健方案”“监狱健康方案”等,是指监狱对犯人实行的维护犯人健康和治疗犯人疾病的矫正方案,在西方国家监狱中是最基本的犯人服务方案之一。虽然犯人由于犯罪被判刑收入监狱服刑或待审,但是他们享有生命权、健康权,监狱必须保障他们享有这些权利并维护他们的身体健康。因此,监狱必须给犯人提供相应的医疗保障和服务,确保被监禁期间犯人的生命和健康,使所有患病的犯人都能够得到医学治疗。

西方国家监狱医疗服务方案主要存在四个方面应注意的重点问题,即戒毒、精神健康、传染病、犯人死亡。监狱犯人中普遍存在酗酒、吸毒等问题,因而,监狱提供戒毒服务、帮助犯人克服嗜酒成瘾和吸毒,是监狱医疗服务的重要内容。首先,要确定吸毒的那些犯人;其次,采取适当的措施治疗犯人的酒精依赖性和毒瘾。

2. 监狱里的医疗资源

关于监狱医务的人力资源。西方国家监狱医务人员大体上由两类人员组成。

---

① 参见吴宗宪:《当代西方监狱学》,法律出版社2005年版,第666~669页。

一类是专职医务人员,这类医务人员是专门在监狱中从事医疗工作的医务人员,包括监狱的医疗官员、医生和护士。他们是监狱的正式雇员,由监狱负责他们的薪水和其他福利。一般来说,规模较大的监狱都有数量不等的专职医务人员。另一类是兼职医务人员,这类医务人员是根据合同为监狱囚犯提供医疗服务的职业医务人员,他们通常是监狱附近的社区医疗机构中的专业人员,也可能是私人医生。

兼职医务人员又可以分成两类主要情况。其一是给小型监狱提供全面医疗服务的兼职医务人员,小型监狱不配备专门的医务人员,所以一般签订合同约定监狱外面的医务人员到监狱内提供服务。其二是大型监狱中给犯人提供某些专门服务的兼职医务人员,大型监狱里犯人对不同医疗服务的需求量是不同的,有的医疗项目的需求量大,有的医疗服务的需求量较小。监狱专职医务人员往往是那些需求量大的医疗领域的医务人员,需求量较小的医疗项目则通过签订合同聘请兼职医务人员的办法来解决。

五、诉冤制度

(一)犯人诉冤制度的特点

现在世界多数国家尤其是西方国家的监狱,普遍建立了犯人诉冤程序或称投诉程序,解决处理行政管理范围内犯人对监狱有关问题的抱怨或者投诉。美国、英国、西班牙、丹麦、荷兰、加拿大等许多西方国家,都赋予犯人投诉权,确立了犯人诉冤制度,使犯人可以通过诉冤或者投诉的渠道,改善监狱生活条件,解决自己受到的不公平待遇等问题。从当代西方国家监狱犯人诉冤制度的情况来看,犯人诉冤制度就是通过行政途径正式审理和解决监狱内犯人投诉的过程和程序,普遍具有保护性、行政性、高效性、规范性、建设性的特点。

(二)监狱犯人诉冤的主要内容

犯人诉冤的内容可以涉及监狱服刑犯人生活的各个方面。在犯人进入监狱服刑期间,只要他们认为受到不恰当、不公平的对待,或者认为其合法利益受到侵害,都有可能提起诉冤程序。从西方国家监狱的实践来看,犯人诉冤的主要内容集中在以下几个方面:政策及其执行、监狱中的人际关系、监狱矫正方案与服务、监狱生活条件等。

(三)监狱犯人诉冤制度的运行

虽然世界各国监狱犯人诉冤制度有诸多差异,但也总存在一定的共同基本成分,这些共同基本成分是监狱犯人诉冤制度的核心构成内容,反映了世界各国监狱犯人诉冤制度的共同趋势。监狱犯人诉冤制度的核心成分包括监狱官员和犯人参与制定和审查，可供选择的非正式解决方式，书面政策，审查层次，固定的时间限制，紧急规定，书面要求和反应，可利用性，对避免报复的防护措施，保存日志和记录。

诉冤程序政策的制定和审查，要有监狱官员和犯人参加。这种主要是为了增强诉冤程度的可靠性，使制定并且最后公布的犯人诉冤程序能够得到双方的理解和有效执行落实。参与的方式可以是多种多样的，包括邮寄起草委员会的公报，通过定期出版物公布犯人诉冤程序的内容，召集代表会议等。对于犯人诉冤程序审查，可以按照年度时间定期进行，也可以根据发生的变化进行。

第五节　罪犯矫正教育制度

一、罪犯矫正教育概述

(一)罪犯矫正教育的原则

1. 尊重罪犯人格的原则。罪犯矫正教育的核心内容是对罪犯进行守法公民的人格素质的教育和培养，人格素质教育是罪犯矫正教育的重要组成内容，要进行人格教育当然就必须以尊重罪犯人格为前提。

2. 罪犯自我教育的原则。罪犯矫正教育的关键在于罪犯自我觉悟，要想让罪犯进行自我教育，罪犯矫正教育就必须以启发罪犯自我认识犯罪的危害为重点，通过罪犯的自我教育才能真正悔改自新。

3. 罪犯自己掌握自己命运的原则。罪犯矫正教育就是要提高罪犯的自我认识能力、自我控制能力、自我独立的社会生活能力，使罪犯认识到只有他自己才能掌握自己的人生命运，摆脱自己的犯罪困扰只能最终靠他自己，唯有如此才能顺利地重返社会正常生活。

在西方国家，还盛行"最低限制条件原则"①，即犯罪的条件应当低于或者至少不应当高于自由状态下没有犯罪的人们的最低水平的条件，更进一步讲，由于实施犯罪行为而被判刑监禁的犯人，不能从监禁中获得好处，如教育课堂、美容手术，这直接源于西方国家奉行的"犯罪人不能因犯罪行为而获得法律好处"的观念原则。最低限制条件原则的中心含义，就是监狱里的服刑犯人获得的商品或服务不能多于社会上的守法者在自由生活中可以获得的商品或者服务。

---

① 参见吴宗宪：《当代西方监狱学》，法律出版社 2005 年版，第 644 ~ 645 页。

(二)罪犯矫正教育的作用

1. 执行法院的判决

罪犯矫正教育的开展是在执行法院的判决①。当今实施教育刑的社会背景下,许多西方国家的法院直接作出判决,要求监狱执行刑罚为犯人提供基本的服务和矫正教育方案,因此,实施矫正教育方案也是执行法院判决的内容。教育刑理论与实践要求,监狱执行刑罚通过剥夺犯罪人的人身自由权利来实现对犯罪人的报应功能,以此体现对犯罪人的惩罚,同时在执行刑的过程中给犯罪人提供各种矫正方案服务。这个要求具有普遍性,如很多女犯以监狱没有像男犯监狱那样给她们提供同样多的服务和矫正方案而侵害了她们的平等权为由起诉监狱及其主管部门,而且法院普遍支持该类诉讼并作出判决要求监狱给女犯提供更多的服务和矫正教育方案。

2. 加强对犯人的控制

罪犯矫正教育具有加强控制犯人的作用②。因为,矫正教育方案本身对犯人具有吸引力和激励作用,犯人为了得到参加矫正教育方案带来的好处就会约束自己的行为。而且,监狱在实施矫正教育方案时,会加强监管犯人的工作,从而强化了监狱内的安全和秩序。矫正教育方案的实施,占据了犯人的诸多时间,使犯人自己可以支配的时间大大减少,因而可以避免犯人无事生非。矫正教育的推行,有助于缓减犯人混刑度日产生的压力,从而增强犯人遵守秩序的稳定性。美国司法部官方意见指出,监狱教育的目的是使每个犯人在铁窗内的时间更有价值,并可望使"每个犯人能以比他或她入狱时好的面目出狱"。

3. 帮助犯人减少犯罪

罪犯矫正教育可以通过改善犯人的社会生存技能而发挥帮助犯人减少将来可能发生的犯罪③。在西方国家,多数犯人的监禁刑期不太长,而且犯罪人最终是要释放出狱回归社会的。因此,教育刑理论认为,如果犯人释放出监狱时变得比进监狱时更坏,那么他们就会实施更多且更严重的犯罪,因而,为了避免犯人以后继续犯罪,就必须对他们实施人道的监禁和实施适当的矫正教育方案,帮助犯人掌握正常社会生活所需要的基本技能,以此使犯人释放回归社会后适应社会自食其力做守法公民而不继续犯罪。美国司法部统计局提交的一份研究报告强调了"受较好教育的人犯法的可能性小"的命题。

---

① 参见吴宗宪:《当代西方监狱学》,法律出版社 2005 年版,第 643 页。

② 参见吴宗宪:《当代西方监狱学》,法律出版社 2005 年版,第 643 页。

③ 参见吴宗宪:《当代西方监狱学》,法律出版社 2005 年版,第 654 页。

二、文化教育

(一)文化教育的实施

1. 文化教育的实施模式

从外国监狱对犯人进行文化教育的实践来看,监狱犯人文化教育的组织实施,主要有三种模式:第一种模式是由监狱中合格的工作人员组织实施,第二种模式是由监狱外面的机构组织实施,第三种模式是前两者的结合,即监狱内外结合起来实施对犯人的文化教育。

2. 文化教育的实施资源

在外国尤其是西方国家,监狱服刑罪犯较为正规的文化教育,通常都是有普通教育部门提供的。如在意大利,监狱服刑罪犯的文化教育有公共教育部及其所属机构负责,属于第三种实施方式,即监狱的教育工作由全国性教育机构提供,它们根据合同提供教师和制定教育方案。根据监狱部门的要求,公共教育部在一些监狱设置相应水平的分校组织实施文化教育。

教师主要有两个来源:一是监狱中直接配备专职教师,专职教师一般要求有大学毕业的文化程度;二是聘请社会上学校的教师作为兼职教师。①

(二)文化教育的内容

1. 文化教育的特点

第一,普遍性②。对监狱服刑罪犯进行文化教育是世界各国监狱实行得最为广泛的矫正教育方案之一,这是教育刑理论与实践最基本的要求。就世界各国监狱里的犯人来看,犯人文化程度偏低,文盲和半文盲犯人占有较大比例,是普遍现象。犯人缺乏基本的读写和算术能力,难以在自由社会上正常生活,在西方国家情况也是如此。然而,包括西方国家在内的世界各国,对申请就业者的文化程度的要求不断提高。因此,为进一步提高服刑罪犯的文化水平,给那些愿意在监狱里继续提高文化水平的犯人提供学习的机会,有些国家规定犯人必须接受文化教育,有些国家规定犯人志愿参加文化教育。法国法律规定,监狱要向有能力接受文化教育的押犯,尤其是青少年押犯,提供一切便利条件。美国监狱规定,凡没有获得高中文凭或普通教育发展证书的罪犯必须参加文化课学习,直至最终获得普通教育发展证书。外国监狱对犯人的文化教育强调对于"必要的罪犯"必须进行文化教育,强制与志

---

① 参见王秉中主编:《外国监狱概论》,金城出版社2003年版,第167~168页。

② 参见吴宗宪:《当代西方监狱学》,法律出版社2005年版,第647~648页。

愿相结合表明了对监狱服刑罪犯进行文化教育普遍性。

第二,多样性①。监狱服刑罪犯的文化教育的多样性是由罪犯个人的情况多样性决定的,每个犯人的能力不同,受教育程度不一样,个人生活习性不同等,就要求对他们的文化教育也应具有多样性。首先,表现为监狱服刑罪犯文化教育层次的多样性,就现在外国监狱对罪犯进行文化教育的级别来看,有扫盲教育、基础教育、普通高中教育、大学教育及更高层次的教育。其次,表现为监狱服刑罪犯文化教育内容的多样性,既有自然科学知识教育,又有社会科学知识教育,既有文化知识的教育,又有生活技能的教育。最后,表现为监狱服刑罪犯文化教育方式的多样性,既有狱内课堂教育,又有监舍内教育;既有函授教育,又有计算机辅助教育;既可与其他犯人一起结伴学习,也可与工作人员一起结伴而学习。

第三,优先性②。世界各国的监狱都奉行教育刑理论,提高犯人的文化程度和认识能力,就成为实施矫正教育的优先考虑事项。因此,外国监狱对服刑罪犯的文化教育方案,具有实施的优先性。首先,监狱服刑罪犯文化教育方案的优先性表现为,在考虑对犯人提供何种矫正方案时,尤其是在经费等资源有限的情况下,往往优先考虑组织实施文化教育方案,特别是优先考虑并安排那些培养犯人基本读写能力的扫盲教育方案。其次,监狱服刑罪犯文化教育方案的优先性表现为,优先考虑安排工作人员、配备办公设施或者教学设施等方面的事项。

2. 文化教育的层次及内容

监狱在押罪犯的文化知识水平普遍比较低下,这既是导致他们犯罪的因素之一,也是他们将来顺利回归社会的障碍之一。因此,对罪犯进行文化知识教育是当今世界各国普遍的做法。从层次来看,监狱服刑罪犯的文化教育有,扫盲教育,中等教育,大学教育,有的还有研究生教育。除此之外,还有社会教育课程。当然,每个国家的监狱服刑罪犯文化教育的层次不可能整齐划一,即使是一个国家内所有监狱的罪犯文化教育层次也不可能是一样的。

三、职业技术教育

(一)服刑罪犯职业技术教育的意义

服刑罪犯的职业技术教育与文化知识教育密切相关,属于矫正教育罪犯的方案方案之一。所不同的是,职业技术教育侧重于罪犯的具体劳动技能的培养和提

① 参见吴宗宪:《当代西方监狱学》,法律出版社2005年版,第648页。

② 参见吴宗宪:《当代西方监狱学》,法律出版社2005年版,第648页。

高。人们普遍认为,对在监狱服刑的罪犯来说,监狱对他们组织实施的职业技术教育,是提供有意义活动的方法,是培养技能和劳动习惯的方法,是为出狱后就业做准备的方法,是克服懒惰的方法。实际上,监狱服刑罪犯职业技术教育有两个重大意义:对监狱运行,对罪犯回归。首先,通过系统的职业技术培训,使罪犯学得一技之长,从监狱生产现实角度上看,由于监狱产业部门可以得到熟练劳动力,因而有利于监狱产业的运行,提高监狱的产销率。其次,通过系统的职业技术培训,使罪犯学得一技之长,从罪犯将来回归社会谋生来看,有助于解决罪犯释放后的谋生就业问题。就此而言,监狱服刑罪犯职业技术教育是一种具有诸多目的的建设性活动。

(二)服刑罪犯职业技术教育的实施

1. 服刑罪犯职业技术教育的种类

服刑罪犯职业技术教育的种类包括素质性职业技能教育和生产性职业技能教育。其中,生产性职业技能培训活动的主要目的,是让犯人有效地提供所需要的生产劳动力,而通过培训让犯人掌握释放后可以利用的职业技能仅仅是附带的结果。尽管生产性职业技能教育能够带来经济利益,但是对犯人职业技能的培训具有局限性,一则因为依据监狱生产需要确定的技能培训范围较为狭窄,二则因为服务于监狱生产的所培训的职业技能在犯人释放出狱后不一定能发挥作用,结果通过培训犯人学到的职业技能将来不一定能在谋职上发挥作用。但一般情况而言,西方国家监狱服刑罪犯职业技术教育,通常种类很多,能够迎合犯人释放出狱后的就业需求。

2. 服刑罪犯职业技术教育的内容

在美国,监狱鼓励罪犯参加职业技能培训,男犯职业技能教育的内容颇为广泛,有理发、印刷、电焊、屠宰、金工、电子、烘烤、管道工、电视和收音机修理、汽车修理、电唱机维修、制图和家具制作修理、医疗急救训练等。美国女犯的职业技术教育则受到许多限制,其内容主要包括美容、秘书训练、资料管理、办公机器操作、烘烤和食品加工、配制钥匙等;个别监狱向女犯提供非传统方案如自动机械技术、电子技术和电视技术、卡车驾驶等。罪犯在监狱里获得的计算机修理技术等级证书,可以在全世界通用。罪犯出狱之后,可以凭借这里学习的技术和技术等级证书,寻求职业。

四、宗教教诲

外国监狱给服刑罪犯提供广泛的宗教服务,包括举行宗教仪式,如洗礼、礼拜、祈祷等,提供个别的或者集体性的宗教辅导,提供宗教书籍、资料和其他物品,管理宗教设施,提供宗教帮助等。监狱中的很多宗教物品都是由监狱牧师分发给犯人的,监狱牧师给犯人提供很多方面的帮助。例如,帮助犯人解决家庭问题,包括犯人与家庭成员的探视,辅导家庭成员,帮助家庭成员获得经济援助或社会服务,将犯人的有关情况通报其家庭,协助犯人婚姻方面的问题;帮助犯人解决子女遇到的问题;到特别住宿单元或禁闭室等监狱场所探视犯人;探望被判处死刑的犯人等。如果犯人是外国人,监狱牧师会通过自己的渠道,协助犯人与本国的家人取得联系。在外国尤其是西方国家监狱中,宗教方案或者宗教服务具有普遍性、专业性、正规性、合法性的特点。

监狱牧师是符合社会上对宗教专业人员的资格要求的专门人员,他们必须接受过正规的神学教育,获得神学方面的学位,得到当地教会的资格认可。外国监狱的宗教方案服务具有正规性,宗教方案服务是监狱的正规矫正方案和活动的组成部分,受法律的保护和调整。监狱内,不仅许多监狱有专职的监狱牧师,而且许多监狱还有完备的宗教场地和设施如教堂,宗教方案服务纳入监狱规划,成为监狱日常活动的组成部分之一,犯人参加宗教活动得到法律的保护。在外国,监狱服刑犯人享有法定权利开展宗教活动,获得宗教服务。很多国家的监狱法规规定,只要不妨碍矫正机构的安全或者其他人的宗教权利和安全,犯人有权利进行宗教活动。如加拿大《矫正与有条件释放法》第75条规定,在不超出为保证监狱安全和人员安全所规定的合理限度内,犯人有权自由地和公开地参加和表明宗教与精神信仰。

五、心理矫治

拥有一定数量合格的心理矫治专业人员是监狱服刑罪犯心理矫治能够顺利、有效进行的基本前提。在许多发达国家,每个监狱一般都能有一名以上的专职或兼职心理学家从事罪犯心理矫治工作,从事罪犯心理矫治工作的心理专家、精神病专家大都不是监狱行刑人员,而是临床心理学家、精神病学家,他们或者是社会有关部门派来的志愿人员,或者是应聘到监狱服务的。

许多国家都规定监狱心理学工作人员必须是心理学专业毕业且取得心理学学士以上学位,同时还必须具有1~2年的心理治疗临床经验。有的国家还要求罪犯心理矫治人员在工作之前,必须研修罪犯心理学并有一定的监狱管理工作经验。西方发达国家对监狱心理矫治人员素质的要求更高,一般要求具有心理学博士学位,且要有比较丰富的实践经验。有些国家根据监狱心理学专家所担任的工作不同,又有不同的任职要求,大致可分为非治疗性心理专家和治疗性心理专家两种。对于治疗性心理专家除具备上述任职条件外,还要求经过3年特殊的培训,然后才被允许对罪犯实施心理矫治。①

在某些西方国家，积累了一定的罪犯心理矫治经验，形成了一些较为固定的工作程序。在具体操作过程中，不同阶段相互穿插，交错地进行，甚至是同时地进行，是经常的事情。不同的监狱，或许罪犯心理矫治的侧重点有所不同。实践证明，对罪犯进行心理矫治只有遵循一定的程序，才能使罪犯心理治疗取得较好的效果。这些程序包括心理测验、罪犯分类、心理治疗方案制定、心理治疗实施以及心理治疗结果评价等几个步骤。②

六、社会生活教育

教育刑理论之下，监狱执行刑罚过程中不论采取何种矫正教育措施，根本目的终究是让服刑罪犯回归社会并恢复社会正常生活。为了实现这个根本目的，除了对罪犯进行文化教育、宗教教诲、职业教育、心理矫治之外，还要对罪犯进行社会生活教育。根据外国监狱对服刑罪犯进行的社会生活教育的情况来看，社会生活教育的内容很多，包括谋职就业技能、消费技能、社区资源使用技能、健康与安全技能、子女养育及持家技能、公民技能等，从某种角度可分为独立生活技能、生存技能、生活适应技能等。

从一些西方国家的监狱系统对犯人提供生活技能教育的实践来看，生活技能教育的内容包括可就业性或者寻找工作技能、消费技能、健康和安全技能、思维技能培训等，以便提高犯人解决问题的能力和道德推理能力，培养犯人的创造性思维和批判性思维。

第六节　罪犯劳动

一、罪犯劳动概述

由于监狱组织罪犯参加劳动的这些明显益处，又可获取经济利益，因而各国监狱都非常重视组织罪犯劳动这项工作。为了防止沦为剥削犯人的目的，为了最大限度地发挥罪犯劳动的效益，各国通过立法明确规定了罪犯劳动的目的。例如，波兰《刑事执行法》规定为养成劳动习惯，印度规定为获得最有效的训练，比利时规定

① 参见王秉中主编：《外国监狱制度概论》，金城出版社 2003 年版，第 177～179 页。

② 参见王秉中主编：《外国监狱制度概论》，金城出版社 2003 年版，第 183～185 页。

是为了更积极地改造犯人。必须注意的是,虽然各国行刑立法或监狱立法都很重视罪犯劳动矫正目的的规定,但是许多国家的监狱组织罪犯劳动的实践并没能完好地实现其法定目的,这最起码表明立法规定与实践效果并不可能也不会完全等同起来。

二、罪犯劳动的组织实施

(一)罪犯劳动的类别和实施

1.罪犯劳动的类别

在监狱服刑期间,可能安排囚犯从事多种劳动,可归纳为后勤、维持性劳动与生产性劳动。例如,矫正行政管理人员使用囚犯从事后勤、维持工作(如厨房伙夫、囚犯办事员、自选超市店员、图书室管理员和看门员)。在囚犯社会秩序之内,关于这些劳动任务安排,存在一个阶层结构组织。对囚犯来说是,凭借被安排从事允许他们接近行政管理信息或违禁品的劳动,某些囚犯努力提高他们的地位,是这些劳动方案的重要性。举例来说,在记录办公室里办事员的劳动岗位在声望的阶梯上地位极高,因为囚犯有机会接近档案柜里的信息资料。同样,在厨房工作意味着能极其容易地接触到违禁品。相比较而言,看门劳动的安排是后勤和维持工作中最没有声望的劳动。生产性劳动主要是农业和工业两大门类。农业主要包括种植水稻、棉花等,养殖业如养鱼、鸡鸭、牛羊等,园艺业如植树、修剪花草等。工业则种类繁多,食品加工,制衣和纺织,车辆制造和维修,木制品和家具,纸制品和印刷,金属制品和金属加工,卫生用具,列车车皮,邮袋,修筑水库、公路、堤坝等建筑工程。

2.罪犯劳动的实施方式

狱内生产经营模式有三种形式。第一种为行政式,对监狱当局开办、设在监狱内的劳动生产单位的劳动生产进行组织经营,如意大利、日本、德国、阿尔及利亚、美国、英国、俄罗斯等国;第二种为合作式,对社会设在狱内的车间的劳动生产进行组织经营,如德国、土耳其等国;第三种为混合式,这是前两种形式的混合形式,对囚犯给监狱当局或给社会企业公司提供劳务进行组织经营。

狱外生产经营模式有五种形式。第一种为合作式,监狱与当地劳工、商、农、手工业管理机构取得联系并征得同意,可与公共企业进行合作,如意大利、德国、阿根廷和西班牙等国,其特色在于产品由公共企业负责销售。第二种为行政式,监狱领导机构在农业、水产、建筑等行业内设立劳动单位,给囚犯提供劳动机会,如土耳其等国,其特色在于监狱只负责按方案完成任务。第三种为雇佣式,雇主企业与监狱建立雇佣法律关系,雇佣囚犯劳动,其特色在于监狱只负责提供罪犯劳动力。第四种为自谋式,监狱允许囚犯到狱外自谋职业,如德国、美国等国,其特色在于监狱毫无生产经营的压力,但自谋式并不普遍且只限于少数特定的囚犯。第五种为保留公职式,服刑人在原单位劳动,如俄罗斯等国,同样,保留公职式并不普遍且只限于少数特定的囚犯。除了自谋式、保留公职式之外,狱外生产经营模式大体上属于合作经营,基本上不存在产品销售问题,监狱当局既摆脱了市场的角逐与风险,可集中精力抓行刑矫正工作,又达到了开发培养罪犯劳动力、减少国家对监狱财政开支的效果。

(二)罪犯劳动的保护和报酬

1. 罪犯劳动的保护

在教育刑主义与实践在世界各国刑罚体系中确立了统治地位之后,罪犯劳动保护问题才被提到各国监狱当局的议事日程上。联合国的有关会议对罪犯劳动保护问题也极为关注。例如,联合国第一届预防犯罪与罪犯处遇大会通过的关于监狱劳动的建议的第6条,便涉及罪犯的劳动保护。该建议的内容是:为保护自由劳动者的安全和健康而制定的各项措施,监狱亦应遵守。同时,应就囚犯所受工伤和所患职业疾病的赔偿问题作出规定,赔偿条件不应低于自由劳动者依法享受的条件。此外,囚犯应最大限度地享受国家现行的社会保险制度。

关于劳动时间。现代监狱组织罪犯劳动时,尽管各国的国情、文化传统不同,在劳动时间上的规定不尽一致,但是基本上都在规定罪犯劳动时间时,遵循该国劳动法的相关规定,罪犯劳动时间与社会上一般劳动者相同。关于劳动保护,许多国家规定,对于从事危险或有污染劳动的罪犯,他们有权享受国家劳动法在这方面特殊规定的权利。

2. 罪犯劳动的报酬

在现代国际社会里,联合国《囚犯待遇最低限度标准规则》和《监狱劳动》明确指出:监狱犯人劳动,应订立公平报酬制度,其数额至少能够激发他们的劳动兴趣和热情。现在世界大多数国家实行犯人有酬劳动制,一般规定“根据犯人劳动的数量、质量、劳动态度和技术能力等,发给劳动报酬”。具体的发放办法各国的做法有所不同,绝大多数国家如英国、美国,俄罗斯、德国、法国、意大利等国,要从犯人劳动收入中扣除生活费,有的还要扣除司法费、毁坏财物损失费、被害者赔偿费等,还有的要扣除上交国家的费用,剩下的劳动收入留作家庭补助费、日常零用费、释放储蓄费等。此外,在瑞典这个高社会福利的北欧国家,即使在监狱服刑的犯人每月也可获得50至80克朗的生活补贴,或许正因如此,不少外国人专程到瑞典犯法,然后束手就擒,心甘情愿地到监狱去赚补贴。对此,瑞典拟修改法律取消对犯人的补贴,但此举遭到本国犯人的反对。

第七节　出狱人社会保护制度

一、出狱人社会保护的兴起与发展

出狱人社会保护的实践最早发端于美国。1776 年美国宾州费城的怀斯德住在监狱附近，由于每天目睹监狱囚犯的悲惨境况，油然而生恻隐之心，于是就呼吁附近居民共同集资，创立了费城出狱人保护会，从事监狱改良活动以及出狱人社会保护活动，以便于扶助出狱人的生活和就业。由此，费城出狱人保护会成为世界出狱人社会保护活动的先驱，怀斯德因此被尊称为出狱人社会保护之父。

在英国，慈善家、监狱改良的鼻祖约翰·霍华德从 1775 年开始倡导发起了监狱改良运动之后，民间的释囚保护团体也随之成立，得到了霍华德及伊莱女士的大力支持。1862 年英国颁布了《出狱人保护法》。此后，其他国家，如丹麦、比利时、意大利、法国、德国、奥地利、西班牙、日本等国纷纷效仿开展了出狱人社会保护工作。

出狱人社会保护制度逐渐在世界范围内蓬勃兴起，引起了联合国的高度重视，1950 年在荷兰海牙召开的第十二届国际刑法及监狱会议把"出狱人社会保护"作为更生保护工作的重要内容进行了专题讨论，通过了《出狱人社会保护的决议》，联合国还成立了释囚协会。在联合国的大力倡导下，现代各国都很重视出狱人社会保护工作，以此作为刑释人员从行刑生活向社会自由生活过渡的桥梁。

二、出狱人社会保护的根据

（一）预防出狱人再次犯罪的实践需要

基于出狱人面临的种种问题，他们比普通守法公民更容易走向社会的对立面而再次实施犯罪。当今社会，犯罪是世界各国面临的、所要解决的最严重的社会问题之一，尤其是防止出狱人重新犯罪更是关注的焦点。1990 年联合国有关专家声称，发达国家的重犯率为 30% 左右。如此高的重犯率基本上可归纳为两个原因：第一，监狱等行刑机关的矫正工作有欠缺，未能使服刑人树立起守法的观念，没有消除其犯罪恶习，而导致再犯；第二，鉴于等行刑机关的矫正工作虽有所成效，但服刑人出狱后受到社会的歧视，而导致再犯，这是出狱人再次犯罪的最主要原因。

（二）出狱人社会保护的理论根据

1. 社会连带论。现代犯罪学提出的社会连带论认为，首先，从犯罪原因来看，犯罪实际上是一种社会现象，每个犯罪事件的发生是由犯罪人主观的某些观念与社会中的许多因素相互作用而造成的,因此,对于犯罪现象,社会应承担一定责任。其次,从犯罪危害来看,犯罪事件不仅足以造成社会治安的破坏、财物的损失、健康及生命的危害,而且事发之后的处理,包括逮捕、审理、监禁、感化教育等方面,增加了社会的负担,还抵触了守法公民创造的社会成果,妨害了社会进步。因而,扶助出狱人适应社会生活、防止再犯,才能符合社会的最高利益,这是促进、维护社会进步的必要工作。

2. 综合治理论。现代社会学的社会化理论认为,罪犯的服刑改造实际上是再社会化的过程,出狱人的社会保护则是对完成再社会化的出狱人进行的社会接纳工作,需要进一步帮助出狱人解决实际困难,强化其坚决悔改自新的意愿,给予宽容、信任和积极改善的机会,使之适应自由社会环境、过正常的社会生活。因此,出狱人社会保护工作需要全社会的积极参与、协助、配合,才能维护社会的良性循环,这是社会综合治理工作所必需的组成部分。

3. 司法整体论。现代行刑思想认为,对罪犯执行刑罚,目的是使之悔过自新、回归社会,这只是司法整体工作的一个构成部分。司法整体工作包括破案审理、执行刑罚、出狱人社会保护,司法程序中各阶段的工作必须贯彻使犯罪人悔过自新的原则。破案审理,在于确证犯罪以及定罪量刑;执行刑罚,在于惩罚矫正罪犯;出狱人社会保护,在于扶助出狱人适应正常的社会生活。前两项司法工作的成效有赖于后一项工作来保证强化,否则,前功尽弃。可见,出狱人社会保护工作是司法整体工作所必需的。

三、出狱人社会保护制度的机构与内容

(一)出狱人社会保护工作的机构

虽然出狱人保护工作的组织形式可作多种分类,但实践中多数国家并不采取单一的组织形式来做出狱人保护工作。也就是说,出狱人保护工作的承担者,既有国家机构,也有民间组织,还有社会机构,不存在全部由国家承担或者全部由民间组织承担的情况。出狱人保护工作的经费,有的来源于国家财政经费,有的来源于私人捐款集资。出狱人保护机构,有的是靠国家出钱来管理的,有的是由私人筹集资金来管理的。出狱人保护机构的工作,有的是提供专项服务,如只提供医疗服务,只提供住宿服务等,有的提供综合服务,如医疗服务、住宿服务、帮助就业服务、帮助就学服务等均可提供。

（二）出狱人社会保护的内容

1. 出狱人社会保护的对象

出狱人社会保护以出狱人为对象，那么何为出狱人呢？就各国的情况来看，出狱人是指依法从刑罚执行场所重返社会的各类服刑人员的总称，其概念可分为广义与狭义两种。广义的出狱人，是指一切刑罚执行机关依法重返社会的人，包括刑满出狱人、假释出狱人、监外执行和保外就医的服刑人、受缓刑、保安处分的受刑人等。狭义的出狱人仅指从刑罚机关依法释放重返社会的人，包括刑满出狱的人、特赦出狱的人。广义的出狱人，是更生保护、社区矫正的对象；狭义的出狱人，则是出狱人社会保护的对象。

2. 出狱人社会保护的内容

第一，物质帮助。许多服刑的犯人，或因家庭贫困，或因与家庭中断联系，或因孤身一人，出狱时身无分文，面临暂时的经济困难。各国普遍给予这方面的协助，物质帮助包括提供交通工具、提供路费、发放衣服、发放生活救济金等。

第二，住宿帮助。为数不少的出狱人，或因与家庭中断联系，或因孤身一人，或因家庭不接纳，不知归于何处，西方国家都给此类出狱人提供住宿帮助，采取不同方法帮助他们解决住宿问题。美国各地的“重返社会训练中心”给出狱人提供短期住宿方便，而最典型的是“住宿中心”提供的住宿帮助。

第三，医疗帮助。有些出狱人或因身体、心理患有疾病，或因有酗酒、吸毒恶习，急需治疗矫正才能过正常生活。多数国家都有协助出狱人治疗的措施，如有的国家还设有精神病疗养院、烟毒禁戒所、酗酒治疗中心等机构，由出狱人社会保护组织把需要接受医疗帮助的出狱人移送给上述组织。

第四，就业帮助。出狱人无一技之长固然难以谋生，就是有专长的也因犯罪劣迹而受到歧视，难以就业，这是各国常见的现象。多数国家的行刑矫正机关或出狱人社会保护机构与公益社团尽力扶助出狱人学习工作劳动的技能，以使他们有业可就。如美国的救世军协会、好朋友团体、善心企业，日本的出狱人社会保护妇女协会，专门帮助出狱人学习工作劳动的技能。美国、英国、韩国、日本等国有方案地将出狱人推荐到政府机关或其他公益事业单位工作，取得了显著成效，美国俄亥俄州甚至任用出狱人担任假释监督员职务。由于就业是出狱人出狱后安身立命之本，所以各国很重视对出狱人的就业帮助。

第五，就学帮助。有的青少年因犯罪服刑而中断了学业，有的成年人出狱后感到知识贫乏，希望再回校学习，这种积极上进求知的表现值得鼓励。许多国家对出狱人的就学帮助一般侧重于青少年，同时对成年人的就学要求也积极给予支持，有关机构积极协助他们复学或指导学习课程、借给宿舍及用品、提供助学金或贷款等。

第六,生活帮助。许多人的犯罪,多与不良的生活习惯、交友不当有关,要使他们从根本上改过自新,必须消除上述不良因素。这方面的做法主要是给出狱人指派辅导员进行观护,及时解决生活困难。当然,这项工作极为重要且需要花费巨大的人力、物力,因而多数国家并没有普遍地、有方案地开展,而仅限于缓刑、假释或其他保护管束者的范围。

第七,精神帮助。理论与实践证明,囚犯长期与外界社会隔离,促成了囚犯个性监狱化的结果,即完全丧失了自我控制能力与应变能力,致使在被释放出狱回归社会时,由于失去了平时所依赖的行为控制能力,马上就会感到焦虑恐慌、无所适从。为了弥补监狱化与回归社会之间的失衡,有些国家的矫正机关就给囚犯提供回归社会的过渡服务,其中包括提供所需要的外界情况资料,提醒囚犯出狱后可能遇到的困难以便有充分的心理准备,给予各方面问题如家庭、婚姻、法律等方面的指导,告诉需要帮助时寻求协助的途径。美国密歇根州的杰克森监狱设置了专门的假释预备队,以提供半天开放式的环境,作为囚犯从监狱到自由社会之间的过渡桥梁。美国匹兹堡的“岔口之家”、纽约市的“妇女伊萨克霍伯之家”、威灵顿的“西街308号”,英国伦敦的“诺曼之家”等,都是为出狱人提供精神和物质帮助的机构。

第八,防止再犯。实践证明,由于种种主客观因素的影响,出狱人在刚回归社会后不可避免地要经历一个过渡期,这个过渡期既有考验又有挑战,他必须在没有人监督的情况下自觉守法。为此,许多国家采取措施监督出狱人,防止他们重新犯罪。在法国,现行《刑法》规定了社会—司法跟踪监督的措施,社会—司法跟踪监督意味着被判刑人有义务在执行法官的监督下并且在判决法院确定的期间内服从旨在防止再行犯罪的监督与救济措施,是在自由刑终了时起实施的,有10年期限、20年期限两种。2005年12月法国议会通过一项严格防控犯罪的立法,根据这项立法,法国有关部门将使用装有全球卫星定位系统(GPS)的手镯,对有性犯罪或暴力犯罪前科的人出狱后实施监控。① 2006年美国加利福尼亚州矫正局代部长宣布,加州打算用全球定位卫星系统(GPS)来标明约2000名有性侵犯倾向者的住址,以证明他们远离学校。

---

① 参见《法GPS手镯监控出狱重犯》,载《扬子晚报》2005年12月1日。

本章参考文献：

1. 潘华仿主编:《外国监狱史》,社会科学文献出版社 1994 年版。

2. 吴宗宪:《西方犯罪学史》,警官教育出版社 1997 年版。

3. 刑法改革国际编:《〈联合国囚犯待遇最低限度标准规则〉详解》,于南译,法律出版社 1998 年版。

4. 陈云生:《反酷刑——当代中国的法治和人权保护》,社会科学文献出版社 2000 年版。

5. 郭建安:《联合国监狱管理规范概述》,法律出版社 2001 年版。

6. [日]菊田幸一:《犯罪学》,海沫等译,群众出版社 1989 年版。

7. [德]凯泽:《欧·美·日本监狱制度比较》,刘瑞祥等译,中国政法大学出版社 1989 年版。

8. 储槐植主编:《外国监狱制度概要》,法律出版社 2001 年版。

9. 郭建安主编:《西方监狱制度概论》,法律出版社 2002 年版。

10. 中国监狱学会、司法部监狱管理局编:《外国监狱法规汇编》,中国政法大学出版社 2002 年版。

11. 武延平主编:《中外监狱法比较研究》,中国政法大学出版社 1999 年版。

12. 王泰主编:《现代世界监狱》,中国人民公安大学出版社 1998 年版。

13. 吴宗宪主编:《中国现代化文明监狱研究》,警官教育出版社 1996 年版。

14. 曲新久:《刑法的精神与范畴》,中国政法大学出版社 2000 年版。

15. 谢望原:《刑罚价值论》,中国检察出版社 1999 年版。

16. 马克昌主编:《近代西方刑法学说史略》,中国检察出版社 1996 年版。

17. 马克昌主编:《刑法通论》,武汉大学出版社 2000 年版。

18. 联合国维也纳办事处社会发展和人道主义事务中心编:《联合国预防犯罪和刑事司法标准和规范简编》,联合国出版物,1993 年。

19. [美]布瑞安·伊恩斯:《人类酷刑史》,李晓东译,时代文艺出版社 2001 年版。

20. 钟安惠:《西方刑罚功能论》,中国方正出版社 2001 年版。

21. 赵秉志主编:《外国刑法原理》,中国人民大学出版社 2000 年版。

22. 刘强:《美国刑事执法的理论与实践》,法律出版社 2000 年版。

23. 金鉴主编:《监狱学总论》,法律出版社 1997 年版。

24. 高铭暄主编:《刑法学原理》(第 3 卷),中国人民大学出版社 1994 年版。

25. [美]杜菲:《美国矫正政策与实践》,吴宗宪等译,中国人民公安大学出版社 1992 年版。

26. 孙晓雳编译:《美国矫正体系中的罪犯分类》,中国人民公安大学出版社 1992 年版。

27. [美]克莱门斯·巴特勒斯:《罪犯矫正概述》,龙学群译,群众出版社 1987 年版。

28. 杨联华主编:《外国法制史》,四川大学出版社 1989 年版。

29. 齐涛主编:《世界通史教程》(古代卷),山东大学出版社 2001 年版。

30. 齐涛主编:《世界通史教程》(近代卷),山东大学出版社 2001 年版。

31. 何勤华、李秀清主编:《外国法制史》,复旦大学出版社 2002 年版。

32. 崔连仲主编:《世界史》(古代卷),人民出版社 1983 年版。

33. 李贵方:《自由刑比较研究》,吉林人民出版社 1992 年版。

34. [英]凯伦·法林顿:《刑罚的历史》,陈丽红、李臻译,希望出版社 2003 年版。

35. 王志亮:《美国和英国的监狱暴乱及对策》,中国文联出版社 2005 年版。

36. 何勤华主编:《外国法制史》,法律出版社 1999 年版。

37. 王秉中主编:《外国监狱概论》,金城出版社 2003 年版。

38. 吴宗宪:《当代西方监狱学》,法律出版社 2005 年版。

39. 狄小华等编:《刑事司法前沿问题》,群众出版社 2005 年版。

40. [美]C. C. 卡尔金斯主编:《美国社会史话》,王岱、程毓征译,人民出版社 1984 年版。

41. [美]斯卡皮蒂:《美国社会问题》,刘泰星等译,中国社会科学出版社 1985 年版。

42. [美]杰西卡·米特福德:《美国监狱内幕》,钟大能等译,法律出版社 1985 年版。

43. 董乐山:《美国的罪与罚》,光明日报出版社 1988 年版。

44. 李道揆:《美国政府和美国政治》,中国社会科学出版社 1990 年版。

45. [美]霍金斯、[美]阿尔珀特:《美国监狱制度——刑罚与正义》,孙晓雳等译,中国人民公安大学出版社 1991 年版。

46. 庄锡昌:《二十世纪的美国文化》,浙江人民出版社 1993 年版。

47. 石云霞等:《美国人权问题研究》,武汉大学出版社 1998 年版。

48. 冉隆勃、王振华等:《当代英国——政治·外交·社会·文化面面观》,中国社会科学出版社 1990 年版。

49. 钱乘旦、陈晓律:《在传统与变革之间——英国文化模式溯源》,江苏人民出版社 2010 年版。

50. 王运生、严军兴:《英国刑事司法与替刑制度》,中国法制出版社 1999 年版。

51. [英]内维尔·哈里斯等:《社会保障法》,李西霞、李凌译,北京大学出版社 2006 年版。

52. 章晓懿主编:《社会保障:制度比较》,上海交通大学出版社 2004 年版。

53. 于爱荣主编:《俄罗斯、日本最新监狱概览》,载《江苏警视》增刊 2006 年版。

54. 吴宗宪等:《非监禁刑研究》,中国人民公安大学出版社 2003 年版。

55. Michael Braswell, Reid Montgomery, Lucien X. Lombando, Prison in America, Anderson Pub. Co. ,1994.

56. Clemens Bartollas, John P. Conrad, Introduction to Corrections, Harper Collins Publisher, 1992.

57. Stephen Livingstone, Fim Owen,Prison Law, Clarendon Press, 1993.

58. Robert Adams, Jo Campling, Prison Riots in Britain and the USA, the Macmilland Press Ltd. , 1994.

59. Richard W. Snarr, Introduction to Corrections Brawn and Benchmark Publishers, 1996.

60. Marilyn D. Mc Shane, Frank P. Williams Ⅲ, Encyclopedia of American Prison, Garland Publishing Inc. , 1996.

61. Bere Useem, Peter Kimball, States of Siege, Published by Oxford University Press, 1991.

62. Marilyn D. Mc Shane Frank P. Williams Ⅲ, Encyclopedia of American Prisons, Garland Publishing Inc. ,1996.

63. Herbert Calllson,Community - Based Corrections,1985.

64. Richard W. Snarr,Corrections,Published by Brown and Benchmark,1996.

第十二章 现代化文明监狱

重点提示

在1994年1月召开的全国司法厅(局)长会议上,司法部明确提出,在今后一个时期内,要坚定不移、量力而行地逐步将全国监狱建设成为社会主义的现代化文明监狱,这是全国监狱系统跨世纪的为之奋斗与发展的基本目标。建设现代化文明监狱,对于深化监狱内部体制改革,提高罪犯改造质量,实现严肃执法和文明执法以及适应社会文明进步具有十分重要的意义。因此,必须认真理解现代化文明监狱的科学内涵,掌握建设的原则和标准体系。

第一节 现代化文明监狱的内涵与特征

一、现代化文明监狱的科学内涵

现代化文明监狱包括了“现代化”、“文明”和“监狱”三个独立的概念。现代化主要是指物质基础或物化设施发展到了较高的程度,而文明从法律角度而言则是表达了刑罚人道化的价值观念。因此,笔者所讲的现代化文明监狱是指具有中国特色的、拥有先进设施设备和科学管理制度的社会主义刑罚执行机关。从这一概念出发,对现代化文明监狱的科学内涵可作如下理解:

(一)具有中国特色

建设社会主义的现代化文明监狱,必须从我国社会发展和监狱工作实际出发,坚定走内涵式发展的道路,立足于中国社会主义现代化的发展水平和社会文明进步的基本程度。具有中国特色,就是指我们所建设的现代化文明监狱,从根本上有别于西方资本主义国家的现代化监狱,即不能照搬照抄或简单模仿西方资本主义的现代化监狱模式,而是要从中国的基本国情出发,制定切实可行的现代化文明监狱的标准体系,在内容上体现社会主义中国监狱的独特性。

建设现代化文明监狱是一个崭新的课题，没有现成的模式可循，需要在建设中不断探索与完善。实际上，我国过去60余年的监狱管理工作，为今天建设现代化文明监狱打下了坚实的基础，其成功的经验是建设现代化文明监狱的立足之本。坚持中国特色，就是要从中国的社会实际和监狱管理工作的实际出发，把过去证明行之有效的成功经验和措施纳入现代化文明监狱的建设之中，并对外国的经验有分析、有批判地加以借鉴，扬之以长，发挥我国管理监狱的优势，进一步深化监狱内部管理体制的改革与发展。

（二）拥有先进设施设备和科学管理制度

从社会主义现代化文明监狱的内涵看，监狱发展的现代化水平与文明程度是制约现代化文明监狱建设的两大要素。现代化既包括监狱监管设施设备的现代化，也包括监狱管理人员与被管理人员的现代化；文明程度亦是如此，它既要求监管设施设备的使用要文明，也要求管理工作的文明执法。建设现代化文明监狱实质上体现了社会主义物质文明与精神文明的高度统一，是社会主义社会文明与进步的客观要求。

由于历史的原因，我国的社会经济发展水平还远远落后于西方发达资本主义国家，监狱的物质设施也是如此。作为社会主义的现代化文明监狱，一方面需要改造比较落后的各种监管设施，更新生产设备，在物质条件上为监狱改造罪犯工作提供基础性保障；另一方面则需要充实与完善科学的管理制度，加强严肃执法和文明执法，不断提高监狱执行刑罚与改造罪犯的水平。

（三）根本属性是社会主义的刑罚执行机关

建设社会主义现代化文明监狱，其根本目的是促进监狱行刑与改造罪犯工作的深化与发展，不断提高监狱行刑效益和罪犯改造质量。因此，建设现代化文明监狱的现代化水平和文明程度，都必须围绕着监狱这一核心而展开，脱离了监狱这一特定事物的现代化和文明，都必将导致建设现代化文明监狱的工作误入歧途。

建设现代化文明监狱不是削弱或放弃监狱惩罚与改造罪犯的基本职能，相反，它所追求的是惩罚与改造罪犯在更高层次上的结合与完善。建设社会主义的现代化文明监狱，实质上是强化了监狱惩罚与改造罪犯的基本职能，使监狱这一刑罚执行机关的效能的发挥更合理，更具保证性，从而使其在更高层次上与社会发展保持一致。

二、现代化文明监狱的特征

现代化文明监狱的特征，是现代化文明监狱本质属性的外在反映。从其科学内涵看,它具有科学、进步和人道三个基本特征。

(一)科学

我们所建设的社会主义的现代化文明监狱,从设施设备、规章制度、方法措施到人员构成(监狱人民警察),都要求必须代表着我国社会发展的最高水平。现代化作为“应用科学技术推动人类文明向合理方向发展的变革过程”,呈动态的渐变趋势,它意味着会使社会制度、生产方式、人际关系、分配方式等更加完善合理。现代化的方向和目标,必须通过最先进的科学成果和技术手段才能实现。所以,社会的现代化实质上也可以理解为科学化,只不过现代化的内涵更加宽泛。从目前建设现代化文明监狱的实际看,其科学性主要表现在:

1. 监管监控设施的技术化

监管监控设施的技术化,是建设社会主义现代化文明监狱最根本的物质基础,属于现代化文明监狱的硬件之一。由于现代化本身要求必须具备比较先进的物质条件,并以此作为现代化建设的基本支柱。因此,监管监控设施的技术化,便成为最能体现现代化文明监狱科学性的基本内容之一。

2. 教育改造设施的现代化

我国监狱工作的根本目标是把罪犯改造成为社会的守法公民,使其回归社会后能够适应现代社会生活。因此,只有不断提高教育设施和劳动设施的科学技术水平,才能使罪犯所接受的教育与技能和社会的发展保持同步。由此可见,教育改造设施的现代化,既是建设社会主义现代化文明监狱的客观要求,充分体现着现代化文明监狱的科学性,同时也是社会发展的必然的内在要求。

3. 管理制度的规范化

一般而言,先进的物化设施需要人通过规范的管理制度来操作,并且需要严格遵守操作规程。否则,再先进的设施也是形同虚设。因此,现代化文明监狱中的“硬件”设施,必须制定相应规范的管理制度,才能保证物尽其用。所以,监狱管理制度的规范化,同样体现着现代化文明监狱的科学性。

(二)进步

一般而言,文明是指人类改造自然和改造社会的物质与精神成果的总和,它是社会进步和社会发展状况的一种标志。现代化文明监狱应该是一个国家先进的物质成果与精神成果在监狱管理工作中的具体运用和体现。由于社会主义社会制度是当今人类社会中最先进的一种社会制度,因此,社会主义中国的现代化文明监狱必须呈现出明显的进步性。主要反映在以下几个方面:

1. 刑罚目的的进步性

历代剥削阶级国家的监狱，都把惩罚罪犯定为监狱行刑的根本目的，因此，监狱几乎成了“残酷”和“野蛮”的代名词。社会主义中国监狱行刑的根本目的是把罪犯改造成为社会的“守法公民”，它比折磨、摧残犯罪人的野蛮做法有了一个质的飞跃。建设现代化文明监狱，实质是把改造罪犯的理论与实践更加系统化、规范化，因此，它有着非常明显的进步性，亦即既定的行刑目的在现代化文明监狱的建设中会得到更加充分的体现。

2. 改造内容与方法的进步性

在社会主义制度下，我们用人类最先进的思想——马克思主义改造罪犯，向他们灌输正确的世界观、人生观与价值观，在改造的方法上，我们除了采取必要的强制措施外，还特别注重采用教育的方法、说理的方法以及感化的方法。这些先进的内容与方法，必然会在社会主义现代化文明监狱中被发扬光大。

（三）人道

社会主义现代化文明监狱，从教育、改造等方面体现出了社会主义人道主义的特征，主要表现在：

1. 权利的保护意识增强

一般而言，权利保护的增强是与社会经济基础的发展、法律制度的健全以及社会公民价值观念的发展紧密相连的。建设社会主义现代化文明监狱，就是要在监狱的物质条件、监狱人民警察的执法水平以及各种规章制度的建立健全方面抓出特色，从而推动罪犯权利保护工作。注重保护罪犯的合法权利，实质是承认其服刑与改造的主体资格，关注罪犯的社会地位与价值。

2. 注重罪犯的身心健康

在现代化文明监狱的建设中，改造罪犯工作的重点不仅要根除罪犯的犯罪思想与恶习，而且还要特别注重对罪犯健康身心的培养，即在更高的层次把罪犯改造成为社会的新人。在当今社会里，人们对心理健康的重视程度日益增强。同样，现代化文明监狱会更多地关注罪犯的身心健康，这实际上是从精神世界挽救与帮助罪犯。

第二节　建设现代化文明监狱的原则和标准

一、建设现代化文明监狱的原则

1995 年全国监狱工作会议指出，我国建设现代化文明监狱的总体思路是：“以党的基本路线为指针，以邓小平同志建设有中国特色的社会主义理论为指导，根据全面贯彻实施《监狱法》的要求，立足于中国的实际情况，吸收和借鉴外国监狱制度的有益做法，统一标准，总体规划，统筹安排，分步实施，逐步把我国监狱建设成为坚持社会主义方向，体现人类社会文明、进步成果的现代化文明监狱。”作为一项探索性工作，重点是把握好以下五项原则：

（一）硬件与软件并举，注重软件建设的原则

现代化文明监狱的建设分为硬件和软件两部分。硬件主要是指监狱的物化设施，软件则包括警察素质、执法水平、管理制度、教育方法、改造手段等。建设现代化文明监狱，硬件与软件必须同时并举，不可偏废，两者都要抓，两手都要硬。现代化文明监狱缺少一定的硬件，很难体现现代化的表象特征，管理与改造水平也会受到一定的制约，因此硬件是基础。但是，软件又具有相对的独立性，软件的发展并不完全依赖于硬件的提高。当然，硬件提高了，肯定会促进软件的进一步发展。

作为现代化文明监狱物质保障的硬件而言，它对于防御罪犯、保障安全是至关重要的。但是，由于目前国家和监狱财政都比较困难，一时难以拿出需要的巨资，所以硬件建设要量力而行，需要有一个积累过程。软件建设相对而言，需要的资金较少，在硬件建设条件不足的情况下，可以先行发展。而从软件的内容看，显然不像硬件那样明显地受资金所制约，但软件本身的发展提高需要有一个渐进的过程。因此，强调和重视软件建设，不仅是因为软件建设有自身的发展内容，而且是由于硬件作用的发挥有赖于软件的建设与发展。只有软件建设真正搞好了，硬件的功效才有可能事半功倍，相得益彰。

（二）分层次实施的原则

由于全国各地的监狱情况差别较大，地方经济发展不平衡，如果不分层次，不考虑各个监狱现有的条件，现代化文明监狱的建设工作就很难在全国铺开。一些条件较差的单位会感到可望而不可即，产生畏难情绪或出现“等、要、靠”的思想，不利于现代化文明监狱建设的整体提高。

分层次实施的原则，就是根据监狱的现实状况把现代化文明监狱分为部级和省级两个基本层次。条件比较好的单位要争创部级现代化文明监狱。条件尚不具备的单位要创造条件，先争建省级现代化文明监狱或文明监区，然后再逐步提高。现代化文明监狱的建设一般以地方投入为主，以监狱的自我积累、自我发展、自我建设和自我完善为主。

分层次实施，其核心是不搞“一刀切”。对于条件基本具备的单位，优先帮助和扶持，通过以点带面的方式树立示范典型，带动整个监狱系统建设现代化文明监狱

的有效开展。这样,国家和地方能够集中优势,按计划、有步骤地推动现代化文明监狱的发展进程。

(三)分类建设、分别指导的原则

建设现代化文明监狱,既要有总体规划和原则性,又要体现出灵活的特点,充分发挥每个监狱的特长。分类建设、分别指导的原则,就是充分考虑不同地区、不同行业、不同关押对象和监狱条件的差异,分别制定不同的建设标准,分别指导。分类建设、分别指导的原则最大的优点就是允许体现地方特点和风格,不搞一种模式。这一原则要求必须充分正视各个监狱的现实情况,并充分考虑监狱生产的行业特点,针对性非常强,从而有效地调动每个监狱建设现代化文明监狱的积极性,推动建设现代化文明监狱的整体工作不断向前发展。

从目前全国监狱的现状来看,监狱生产受市场经济和行业竞争的冲击较大,一些单位正在走下坡路,经济不太景气,不同的行业受到排挤的程度也不尽相同。而且,各省、自治区、直辖市政府和财政对监狱工作的重视和支持也各有所别。只有正视这些建设现代化文明监狱的不利因素,才能够制定相应的政策,发挥优势,注重解决好薄弱环节。

(四)统一规划、分步实施的原则

建设现代化文明监狱,是一项全方位、多层次提高监狱改造罪犯的质量工作。尽管有些监狱的条件相对还比较落后,但建设现代化文明监狱标准的起点一定要高,绝不能因迁就一些监狱而把建设的标准降低,否则,就失去了建设社会主义现代化文明监狱的应有之义。从这一思想出发,建设现代化文明监狱的工作不能盲目冒进,应该坚持统一规划、分步实施的原则,即全国或各省、自治区、直辖市要有统一的标准、统筹的安排,允许一些单位在实施建设中分期到位,具备条件的方面先搞上去。统一规划、分步实施,其实质是把较高的目标分解成若干个阶梯式目标,使建设单位从自身条件出发,化整为零,各个击破,树立起必胜的信心,进而实现建成现代化文明监狱的宏伟目标。

建设现代化文明监狱,统一规划的核心是统筹,即要有全国监狱一盘棋的概念,绝不能顾此失彼。建设现代化文明监狱是整个监狱系统的大事,如果只有几所监狱搞上去了,则只是万里长征的第一步,关键是要带动其他监狱一同建设。分步实施,实际上是要有一个长远的规划,要有蚂蚁啃骨头的劲头,脚踏实地,不急不躁。

(五)从实际出发、讲求实效的原则

建设有中国特色的社会主义现代化文明监狱,不能只是喊喊口号或摆空架子。由于它涉及监狱发展的大方向,因此,需要从实际出发,讲求实效。坚持从实际出发、讲求实效的原则,一是要从中国社会主义政治、经济。文化发展的实际出发,讲求建设现代化文明监狱的社会效果。二是要从中国每个监狱的实际出发,讲求执法水平、管理水平和改造质量的真正提高。应当充分考虑我国社会的发展水平和监狱的实际情况,摆正现代化文明监狱硬件与软件建设的辩证关系,脚踏实地地抓好现代化文明监狱的建设工作,充分利用现有的条件和经济实力,切实提高与改善监狱的执法水平与管理水平,使具有中国特色的社会主义现代化文明监狱朝着更加科学、人道的方向发展。

二、建设现代化文明监狱的标准

(一)改造质量和社会效益

1. 严格依法惩罚罪犯

惩罚罪犯,是所有社会监狱的共性。但是社会主义国家监狱惩罚罪犯,必须严格依法进行,这是做好改造罪犯工作,不断提高改造质量的一个基本前提。严格依法惩罚罪犯,要求监狱必须严格执行人民法院的生效判决,依法限制罪犯的人身自由,对罪犯实行强制性的规范化管理,注重刑罚目的的实际效果,使罪犯切实感受与体验到刑罚的惩戒作用,不敢再以身试法。

2. 改造质量高

我国监狱工作的最终目的是把罪犯改造成为守法公民。因此,不断提高改造质量,降低重新犯罪率,是建设社会主义现代化文明监狱的根本着眼点。提高改造质量,实际上是监狱工作全方位的深化和综合整体效能的提高。建设现代化文明监狱,就是要全方位地对监狱改造罪犯工作进行“质检”,找出监狱改造罪犯工作的薄弱环节,花大力气予以解决,提高我国监狱的整体改造效能。

3. 社会效益好

监狱工作社会效益的标志主要有三个:一是罪犯经过监狱的惩罚改造之后,脱胎换骨,回到社会上能够遵纪守法,做一个安分的公民。二是罪犯在狱内养成了劳动习惯,并且学到了一定的劳动技能,回归社会后能够为国家的经济建设作贡献,变消极因素为积极因素,化破坏力量为建设力量。三是监狱与社会有关部门从改造、教育到刑满安置帮教,建立起了一套完整的社会工作网络,使监狱改造罪犯工作有了一个雄厚的社会基础,使社会的综合治理工作能够真正落到实处。

(二)狱政设施和技术装备

1. 监狱建筑规范

监狱建筑是监狱的基本物质形态。从建设现代化文明监狱的角度而言,监狱建筑的各种设施必须规范、齐全,监狱围墙、岗楼、电网、监门和警戒地带的高度与距离应符合《监管改造环境规范》的基本要求,监舍、禁闭室、接见室、干部值班室等规范、齐备,罪犯生活区与生产区、干部办公室、家属区严格分开设置。

2. 具备必要的电子监视系统

罪犯活动密集区和有关要害部位,都必须安装摄像或侦听装置,能够做到全方位、有重点的监控防范。

3. 照明、报警和通信系统

监门、围墙、通道和重要部位必须按一级供电标准照明,并备有应急照明设施;围墙要安装低能耗、高压分路的报警电网,监狱门卫室,监区内的干部值班室、生产区的干部办公室要有报警装置,直接从事接管工作的干警应配备微型紧急警报器;监狱应达到超短波二级通信网标准,实现电传、传真、微机联网通信和有线无线自动拨号无人值守转接,实现大区域短波、超短波移动通讯追捕网等。

4. 交通工具、武器及警用器材

建设现代化文明监狱,应配足好押解追捕、生活卫生、狱内侦查等方面的用车;按规定配发和保管专用与公用枪支,并配备狙击步枪,严格枪支的使用保管制度;按规定配备手铐、脚镣、电警棍、催泪弹等,装备一定数量的盾牌、头盔、橡皮警棍等防暴器材,装备一套刑侦器材和一台夜视仪等。

5. 微机、电化管理教育系统

监狱应建立危机工作室,实现与省、自治区、直辖市监狱管理局域网;建立计算机管理中心,存储罪犯档案及有关材料;建立闭路或开路电视播放系统,配备一套以上彩色录像设备,建立能够编辑制作一般节目的电教编辑室等。

(三)健全的狱政管理制度

1. 机构设施与警力配备制度

监狱必须设置狱政管理科和生活卫生管理科,在押犯 3000 人以上的监狱和重刑犯监狱须设狱内侦查科,其他监狱设狱侦科或狱侦组。上述职能机构工作人员配备须占监狱科室人员总数的 20% 以上。分监区的警察须达到该中队押犯总数的 8% 以上,监区、分监区直接从事监管改造的警察应占本单位警察总数的 60% 以上。

为了监内的秩序稳定,监狱须设内看守队,内看守员不少于 20 人;监狱设置罪犯档案室、通信检查室和接见室,配备专职干部管理;重刑犯监狱和在押犯 3000 人以上的监狱设防暴队,防暴队员不少于 10 人;监狱内设罪犯医院,配备专职管理干部和医务干部,在押犯少于 500 人的监狱可设卫生所;监狱罪犯伙房配备专职管理干部;罪犯人均建设设施使用面积 5 平方米以上,每间宿舍居住不超过 20 人等。

2. 监狱执法与罪犯权益保障制度

建设现代化文明监狱，要求监狱收押、释放工作须连续 5 年以上无失误；监狱人民警察在警戒具、禁闭室和武器的使用上连续 5 年以上无责任事故；监狱人民警察连续 5 年以上无因渎职而被追究刑事责任，连续 3 年以上无因违反职责而受行政处分；罪犯伙食、被服、住宿、医疗管理制度符合监狱法律法规的规定。

3. 监所安全和监内管理制度

建设现代化文明监狱，需要建立严格的监控制度、生活卫生制度、狱内侦查制度等。要求在连续 5 年无罪犯逃脱（农业单位在 1‰以下）；连续 5 年无狱内特别重大案件；连续 3 年无狱内重大案件、无罪犯非正常死亡；连续 3 年狱内发案率在 1‰以下；连续 3 年狱内又犯罪案件侦破率在 90% 以上。

（四）科学的教育改造手段

1. 建立健全教学管理制度

建立健全教学机构，落实教学管理制度，是保证教育改造效果的基础环节。监狱要有固定的教学场所，必要的教学设施和电化教学设备；建立具有一定规模的图书室和必要的文体活动场所；强化对罪犯的“三课”教育制度，每年“三课”教育的总课时，成年犯不少于 500 课时，未成年犯不少于 1000 课时，实行考试、升降级和发证等制度。

2. 坚持分类教育制度

建设现代化文明监狱，必须注重对罪犯实施有效的分类教育，切实加强个别教育，大力开展法律教育，建立罪犯心理咨询与矫治制度。监狱人民警察对所分管的罪犯要做到“四知道”，并且掌握每个罪犯的学习、生活、思想等方面的真实情况。监狱对罪犯的分类关押纯度应达到 80% 以上。

3. 建立监区文化教育制度

建设丰富多彩的监区文化，开展形式多样、有益于罪犯身心健康的各种辅助性教育，是现代化文明监狱监区文化教育制度的基本内容。它对于加强罪犯的政治思想教育、文化教育以及智力开发，都具有十分重要的意义。

4. 建立健全社会帮教网络

建设现代化文明监狱，要通过法律的形式，与罪犯原地区政府、原工作单位及其家属签订帮教协议，使社会帮教工作制度化、法律化和规范化。社会帮教的有效覆盖面应达到 60% 以上，并做好定期检查、指导与协调工作。

5. 优化师资队伍建设

建设现代化文明监狱，必须建立一支高素质的师资队伍。政治教师按罪犯的

1%配备,其中专职政治教师不得少于3名,文化、技术教师应达到在押犯的3%以上。所有专职教师必须具备大专以上文化程度,其他教师具备高中(中专)以上学历。

(五)科学的劳动手段和良好的经济效益

1.建立劳动用工制度

从现代企业生产角度看,现代化文明监狱必须建立起现代化的岗位用工制度。罪犯独立上岗前必须持有资格证书,并定期对在岗罪犯实行考工晋级和技术培训。劳动项目的选择,应本着有利于罪犯的改造、就业和监所安全的原则,因地制宜。

2.建立良好的劳动环境

建设现代化文明监狱,要求罪犯室内劳动现场的噪声、粉尘、有害气体的控制和照明、通风、降温保暖等指标必须符合国家有关规定。从事特殊行业生产的,要按规定给予补偿。罪犯因工伤亡事故发生率不得突破行业规定的指标,严禁超体力和超时间劳动。

3.建立完善的监狱企业管理制度

现代监狱企业管理制度,既要参照现代化社会企业的先进管理制度构筑基本框架,同时又必须考虑监狱劳动改造罪犯的特殊目的,建立以提高罪犯改造质量和经济效益为中心的监狱生产经济管理体系。

(六)具有高素质的监狱人民警察队伍

1.建立健全职能机构

监狱依法应设整治工作、狱政管理、教育改造、生活卫生、生产管理等职能部门,人员要有合理科学的分工,各职能部门的领导必须熟悉相关业务。

2.素质结构优化

全体监狱人民警察能够坚持四项基本原则,忠诚于党的监狱事业,具有较强的敬业精神。监狱领导班子群体优化,知识年龄结构合理,团结协作,形成了坚强的领导核心。监狱长应熟悉法律,善于管理,精通教育改造,受过监狱专业的正规培训。监区长、分监区长应该懂法律与生产,熟悉监狱基本业务,具有中专以上文化程度或受过专业学校的业务培训。

监狱人民警察队伍中大、中专以上文化程度的应达到60%以上;现有45岁以下的警察必须达到大专或中专以上文化水平;新招收、调入的警察必须经过3个月以上的岗位培训并获合格证书;监狱设有常年培训班,培训经费有保障;能够落实岗位责任制,责、权、利明确,严格考核奖惩制度,杜绝罪犯致死、致残等重大违纪违法事件的发生。

3. 重视理论研究工作

建设现代化文明监狱，必须结合监狱工作实际，定期开展理论研究工作，不断推进先进、科学的管理措施与改造方法，成果明显，并能逐渐提高整个监狱工作的决策和管理水平。

综上所述，建设现代化文明监狱总体要求是：真正达到法制健全、执法严谨、管理文明、设施完善、装备先进、改造手段科学、物质保障有力，监狱的整体水平实现法制化、规范化、科学化和现代化。

第三节　现代化文明监狱的考核验收

从社会发展角度而言，现代化文明监狱应该是一个不断发展、不断完善的过程。因此，现代化文明监狱的标准应该是逐步发展的。但是，从建设社会主义现代化文明监狱的角度而言，又应该制定一个最基本的标准。所以，现代化文明监狱的考核验收，实际就是对建设现代化文明监狱成果的考察，从而确定现代化文明监狱的建设程度。

一、现代化文明监狱的考核

根据司法部关于建设现代化文明监狱的工作部署，我国建设现代化文明监狱分为两级三个层次，即部级现代化文明监狱和省级现代化文明监狱，其中，在省级现代化文明监狱之中，全面建设条件不够的，可先建设文明监区。因此，在考核上主要分为两种情况：

(一) 部级现代化文明监狱的考核

部级现代化文明监狱，是我国建设现代化文明监狱中最高的一级，因此，要求的条件高、起点高，审核严格。一般来讲，先由建设部级现代化文明监狱的单位提出申请，并向省、自治区、直辖市监狱管理局报送相关材料，由各省、自治区、直辖市监狱管理局组织有关部门和人员进行初步审核，认为基本符合部级现代化文明监狱建设标准的，由省、自治区、直辖市监狱管理局正式向司法部监狱管理局提出申请。司法部监狱管理局根据各省、自治区、直辖市监狱管理局的申请函，组织有关部门和专家正式对具体申请者进行考核。最后，由考评小组将考评报告上报司法部现代化文明监狱考核评审委员会，由该委员会最终作出裁定。考核要根据部级现代化文明监狱的建设标准认真进行，并通过实地观察、座谈、调查等多种方式获取第一手材料。

(二)省级现代化文明监狱和文明监区的考核

省级现代化文明监狱和文明监区的考核,一般也是由建设单位提出申请,由省、自治区、直辖市监狱管理局组织有关部门和人员进行考核。在考核中,要依照省级现代化文明监狱和文明监区的建设标准逐项审查,多方了解,全面考察。

二、现代化文明监狱的验收

(一)部级现代化文明监狱的验收

根据司法部监狱管理局的考核,对申报单位会有两种处理结果:一是考核后认为符合部级现代化文明监狱的建设标准,报司法部党组批准后,由司法部监狱管理局正式挂牌,并以书面的形式命名为司法部部级现代化文明监狱;二是考核后认为尚不符合部级现代化文明监狱建设条件的,由司法部监狱管理局向被考核单位提出具体不足或改进意见,由省、自治区、直辖市监狱管理局协调、督促。

(二)省级现代化文明监狱和文明监区的验收

省级现代化文明监狱和文明监区的验收,由各省、自治区、直辖市监狱管理局在认真考核的基础上进行,处理结果也是两种情况:一是对符合省级现代化文明监狱或文明监区建设标准的,正式挂牌,命名为省级现代化文明监狱或文明监区,并报司法部监狱管理局备案;二是对于不符合省级现代化文明监狱或文明监区建设标准的,由省、自治区、直辖市监狱管理局向申请单位提出具体的不足或改进意见。

三、现代化文明监狱考核验收的程序

从现代化文明监狱的评审角度看,考核验收是两项密不可分的工作。因此,考核验收的基本程序应遵循如下规程:

(一)申请

申请,即建设单位向上级主管部门提出的评审现代化文明监狱的一种意向要求,申请必须有书面的材料,口头申请一般不予受理。

(二)组成考核验收工作组

上级主管部门认为申请者基本符合现代化文明监狱建设标准的,应当及时组成考核验收工作组,并责成专人(或部门)负责。考核验收小组的成员必须熟悉监狱工作,并需吸收一些专家学者参加。

(三)提出考核工作报告

考核验收工作组成立后,要对申请单位进行材料审查和实地考察,然后拿出一份考核工作报告,作为主管部门考核验收的基本依据。考核工作报告应针对建设现代化文明监狱的基本标准,全面、详尽、具体地反映申请单位建设现代化文明监狱的情况。

(四)主管部门评定

根据考核验收工作组的考核工作报告及有关情况,主管部门的领导应进行认真的研究评议,最终决定申请单位建设现代化文明监狱是否达标。对于符合条件达到标准的,应根据程序予以审批,并正式发文通知;对于尚未完全达到建设现代化文明监狱基本要求的,上级主管部门应通过研究提出改进工作的具体意见,以利于申请单位改进工作,不断提高。

第十三章　罪犯回归社会

重点提示

回归社会,主要是指被判处剥夺人身自由刑罚的罪犯,合法返回社会生活、工作、学习。但是,我们知道,罪犯被判处刑罚在监狱环境中长期生活,与社会相对隔离,一旦返回社会必然有许多不适应,由此产生了更生保护、社会帮教等工作。我国监狱制度一贯强调以改造人为宗旨,重视对出狱人的帮教,并与社会组织联手帮助出狱人员适应社会生活,不再重新犯罪,这是社会治安综合治理的一个重要组成部分。对回归社会的出狱人的帮教不仅在刑满释放之后,而是应从出狱前就进行,使出狱人员能够被社会无缝接纳,成为守法公民,从而有助于国家的稳定和社会秩序安定。

我国改造罪犯工作的质量总体上是好的,罪犯再社会化和回归社会都比较成功,但同时也存在一些问题。因此,一方面需要不断改进监狱改造罪犯工作的质量,另一方面需要社会环境的治理与改善,通过监狱与社会有关部门应密切配合,做好罪犯出狱指导工作。

第一节　罪犯出狱指导

刑满释放人员回归社会,要面临和跨越监狱与社会这两个反差极大的生活环境。由于社会角色、法律地位和人际关系等的重大变化,他们在与特定情势制约下的新社会生活环境建立关系时,自然会表现出一定的不适应,经常容易发生一些矛盾或冲突,甚至于重新犯罪。因此,加强对罪犯在这个重大转变过程中的指导或引导,就具有十分重要的意义。一般而言,成熟的再社会化有三个标志:一是建立起了积极向上的世界观、人生观和价值观,消除了反社会性,建立起了符合社会规范的比较稳定的行为模式,增强了法律意识和道德意识;二是矫治了心理缺陷,建立起了良好的心理结构,有了明确的生活目标,提高了判断是非的能力和自制力;三是掌握了一定的劳动技能和就业谋生的手段,具备了合法获取物质利益的基本条件。除此之外,社会的理解及容纳程度,也是影响刑满释放人员能否顺利复归社会的不可忽视的因素。为此,对罪犯的出狱指导,必须做好以下四个方面的工作。

一、深入思想教育,巩固改造成果

从根本上讲,提高改造质量是刑满释放人员回归社会的重要前提条件,也就是说,罪犯服刑期间思想的转变程度和改造质量的高低,直接决定着刑满释放后回归社会的顺利程度。因此,对罪犯深入进行思想教育,巩固改造成果,是对罪犯进行出狱指导的一项重要工作,在深入思想教育和巩固改造成果的过程中,应重点做好以下几项工作:

(一)狠抓出监教育

出监教育,是指对即将出监的罪犯集中进行的一种专门教育。出监教育一般要遵循缺什么补什么的原则,对罪犯进行有目的、有重点的针对性教育。出监教育的目的是巩固改造成果,确保改造质量,为罪犯重返社会做最后准备工作,是改造质量的验收环节。罪犯在刑满释放前多存疑虑和猜测,思想上容易出现矛盾和反复,而且,一些真实思想在这一阶段常常被暴露。因此,出监教育对于绝大多数罪犯来说,具有紧迫性。出监教育,要讲一定的道理,讲社会的形势和发展情况,但更重要的是要抓好顺利回归社会的典型事例教育,要使每一个罪犯都建立起顺利回归社会的信心和勇气。出监教育最主要的是消除罪犯回归社会的心理障碍,消极罪犯自暴自弃、萎靡不振、心灰意冷甚至破罐破摔的消极心理。当然,也要抑制盲目乐观的不良心理。出监教育,需要客观地讲清回归途中的各种困难和可能遇到的障碍,增强罪犯遭受挫折的心理承受力。

罪犯在即将刑满之前,一般都非常关注社会的形势和发展变化,关注和担心自己刑满后的婚姻家庭关系、就业升学去向以及各种复杂的人际关系。其中,不少罪犯把这一时期家属的接见(包括次数、态度等)和出监帮教的多寡(尤其是原街道、单位、学校等),看作自己被社会关注和容纳程度的标志。因此,做好罪犯即将出狱前的出监帮教,动员、组织罪犯的亲属和有关人员协助监狱做好罪犯的思想工作,具有重要的现实意义。

需要注意的是,出监帮教宜在小范围内分别进行,针对每一个罪犯所担心的实际问题进行有的放矢的帮教,尤其是要注意帮助罪犯理顺与家庭和社会的关系。

(二)重视出监后的社会帮教

出监教育是为了检验改造质量和巩固改造质量,但这都是在监狱内部,而罪犯能否真正再社会化,关键要看社会的检验。由于回归社会人员恢复自由后的生活环境与监狱生活反差极大,因此,刚刚出狱的刑满释放人员原有的思维方式和心理结构(指狱内正常的心理结构)不可能立即消失,在一定时期内还会发生作用而影响这些人的思想活动,因而就会造成各种思想认识的碰撞而呈现不稳定状态。因此,在回归人员重返社会初期,社会的帮助教育十分重要。要按照符合社会要求的思想道德规范和行为规范,对回归人员进行重新认识社会的再教育,促使他们的思想、认识、情感和行为能力与不断发展变化的社会环境保持同步协调的关系,使其价值取向融入社会需要与个性发展,并帮助他们建立符合社会发展、切合实际的社会生活目标,充分、健康地发挥回归人员的内在潜能,以保持和社会各方面的和谐关系,取得社会的认同。接茬帮教工作,既需要社会有关部门伸出热情援助之手,把做回归人员的政治思想工作与帮助解决实际问题结合起来,在必要的时候,又需要监狱再送一程。

(三)联好家庭情结

社会角色是一个人社会地位的外在表现。一般来说,出狱人回归社会后,可能遇到的角色冲突主要是社会角色冲突和家庭角色冲突。由于家庭与回归人员的生活关系最为密切、直接,因此,在罪犯即将出狱前联好家庭情结,是做好罪犯出狱指导的一项重要工作。联好家庭情结,既需要做好一些稳定家庭巩固关系的工作,同时更重要的是做好一些破碎家庭的重圆工作或裂痕家庭的弥合工作。对于家庭鄙视、不愿接纳、生活歧视虐待以及剥夺或侵占回归人员继承权利等问题,监狱要重点做好协调与疏通工作。对于家庭变异尤其是婚姻关系变异的罪犯,要做耐心细致的思想工作,积极疏导,防止罪犯自暴自弃或铤而走险。总之,帮助罪犯改善家庭关系,既需要做家庭方面的思想工作,又需要引导罪犯改善自我形象,多从自己身上找原因。

二、矫治罪犯心理缺陷,提高自控能力

在即将出狱之前,由于罪犯处于“监狱人”与“社会人”的“临界点”,其心理活动十分复杂,此时的心理矛盾既不同于以往的罪犯,更不同于社会普通公民。他们既有将重新获得自由的喜悦与兴奋,又有对回归社会后可能遇到一些问题的忧虑与不安;他们既有经过监狱改造认罪悔罪、重新做人的积极心理,又同时又存在一些消极心理和认识上的偏差。因此,对此时的罪犯心理疏导如何,直接关系到回归社会后的顺利与否。

(一)调整过于自信心理

自信心是人的一种良好心态,但过于自信则属于因认知偏差而导致的具有相

当隐患的心态,即对于自身的认识与估价过高,把回归社会后的一切问题都幻想得一帆风顺,期望值较高。这种心理一般很难经得起社会实践的经验,活动主体一旦遇到负向刺激,则由于缺少思想准备而难以正确对待,容易从一个极端走向另一个极端。因此,过于自信心理也属一种不健康的心态,必须予以重视。

从改造罪犯的实践来看,出监教育更多的是把重点放在罪犯比较明显而直观的消极心理方面,如自卑心理、报复心理、补偿心理等,而对于罪犯过于自信心理的矫治则重视不够。笔者认为,出监教育既要宣传回归社会的有利因素,但同时又需要把一些具有现实可能性的问题和困难摆足,切忌隐藏矛盾,使一些罪犯产生飘飘然的感觉,盲目乐观。要引导罪犯正确评价自我,正视自身与社会发展不相适应的一些不足,做好应对各种遭遇的思想准备。

(二)抑制自卑心理

自卑心理,是罪犯在即将刑满释放前比较普遍的一种消极心理。他们认为自己是犯过罪的人,对回归社会忧心忡忡,担心受人歧视,精神萎靡不振。这种人往往对自己的评价过低,对周围的环境和舆论看得过重。因此,如果自卑心理不消除,这种人回归社会后难以和周围的人建立起正常的社会人际关系,而且其自尊、自爱、自重的积极心理会随之逐渐淡化,最后导致自暴自弃。

自卑心理产生的关键原因是主体对社会的认知出现了严重偏差,或者是认识方法严重扭曲。因此,对自卑心理矫治的重点是唤醒他们的自我意识,正确理解每一个个体与整个社会发展的互动关系,进而客观认识自己存在的社会价值。矫治的第一步,是帮助罪犯树立起过正常生活的信心,其次是不断提高自身的生存能力,最后是端正生活态度,明确可能实现的生活目标。自卑心理的矫治,需要循序渐进,切忌操之过急。

(三)疏通补偿心理

有相当数量的罪犯,认为自己服刑中的各种损失巨大,因而产生了强烈的补偿心理。补偿心理的表现多种多样,如经济上的补偿、生活上的补偿等。说到底,补偿心理的实质是未能过好认罪悔罪关。补偿心理严格来讲,虽然不属于彻头彻尾的消极心理,却极易引发诸如投机、诈骗、报复等恶性心理,因此是矫治的重点。

补偿心理最突出的表现就是过于心切和操之过急,因而在方式方法的选择上过于草率,有的甚至不计可能发生的危害后果,铤而走险。罪犯回归社会后要建立正常的生活与社会关系,有可能会遇到种种困难,但如果需求过高,则个体需要与现实可能更会发生一些激烈的冲突,因而,极有可能导致回归社会人员的行为失调。所以,对于罪犯的补偿心理应注意引导到渴求发展的正确认知上来,而且目标的定位要合情合理。

(四)消除报复心理

极少数罪犯主观恶性深,认识能力差,他们把自己的判刑入狱归罪于被害人、检举人及案件经办人,报复心理强烈。此类罪犯虽然人数少,但危害和后果严重,因此必须重点加强教育,而且还应与社会有关部门协作,做好必要的防范工作。

以上仅是几种主要的消极心理。由于人的心理影响和支配着人的行为,因此,对于罪犯的消极心理或人格障碍的矫治,应当作为出狱指导的一项重要工作。

三、加强技术培训,做好就业基础

根据有关调查显示,回归人员因无业可就而走上重新犯罪道路,占有相当高的比例,而影响回归人员就业的原因除一些客观性的社会因素外,回归人员技术条件不够过硬是一个重要因素。因此,加强技术培训与强化,做好回归人员的就业铺垫,便成为对罪犯进行出狱指导工作的一项十分重要的内容。

随着我国社会主义市场经济体制的建立与发展,社会生产力的发展水平大幅度提高,因而,社会就业对科学技术和劳动力的素质要求也日趋提高。社会提倡公平竞争,这给回归社会人员的就业谋生提供了机遇,同时更多的是严峻的挑战。因此,只有大力加强罪犯的技术培训,才能从根本上改变回归人员就业难的状况。

对罪犯的技术培训,应该紧紧结合其回归后的可就业方向。城市罪犯可组织学习一些技术含量较高的工业、机电等项目,而农村罪犯则可重点培训机动车修理、果树栽培、服装裁剪等技术。另外,由于目前全国监狱相应条件总体比较落后,可以考虑上一些短、平、快的培训项目,使罪犯能够够基本掌握谋生的手段。监狱要注意收集各种市场信息和经济信息,尤其应与地方有关部门联合做好回归人员的就业指导。

就业指导,就是指对回归人员的就业方向提出带有建设性的意见。由于目前我国回归人员的就业已经由国家统筹发展到了社会安置,因此,必须教育回归人员正确认识与面对这一客观事实。除原单位同意接收的以外,应该鼓励更多的回归人员走自我发展的道路,自谋职业。当然,还应当寻求各级政府部门政策上的鼓励与扶持,从国家长治久安的高度妥善解决好回归人员的就业谋生。监狱要充分行使建议权与推荐权,通过适当的渠道,把回归人员在监狱的改造情况和技术水平及特长客观、如实地介绍给用人单位。社会有关部门及用人单位,应该坚持招考录用的公开与公平,公开招考,择优录用,平等对待回归人员和其他社会待业人员,不刁难、不歧视。

四、做好出狱人的追踪考察

毛泽东同志指出,没有调查研究就没有发言权。由于监狱改造罪犯质量的高低,主要是通过回归社会人员的再犯罪率来体现的,因此,对出狱人的追踪考察,就成为监狱改造罪犯工作质量的一条重要信息反馈途径。对出狱人的追踪考察,应该采取全面调查与抽样调查相结合的方法,由点到面,客观、真实地了解出狱人的各种情况。调查的内容应主要包括:出狱人的政治思想表现,遵守社会规范情况,守法情况,就业与发展情况,社会调适能力,人际关系情况,以及挫折容忍力等方面。监狱要从调查的结果中,找出监狱内部工作上的薄弱环节,以改进今后的工作。

第二节　出狱人保护

开展出狱人的社会帮教,是帮助其渡过重新社会化危险期的需要。出狱人由于长期与社会隔离,尽管监狱逐步推行了一些社会化措施,但是,出狱人在不同程度上仍然存在不适应社会的情况,同时,从释放到适应社会这段时期需要面临很多生活上的问题,很容易受外界诱惑而失去控制导致重新犯罪。出狱以后3年之内被认为是重新犯罪危险期,有数据显示,在3年之内重新犯罪的占到重新犯罪总数的85%以上。因此,开展出狱人社会帮教有助于帮助他们度过危险期。

最早对出狱人采取的保护措施是提供衣食,随着出狱人保护事业的发展,出狱人保护措施由单一走向多样,由物质帮助走向多元化帮教,出狱人保护措施日益丰富。但是对出狱人实施保护要充分考虑国情,要考虑本国的经济发展水平、国民对罪犯的心态等。受各国国情因素决定,各国对出狱人实施的保护措施不同。

一、国外保护出狱人的措施

(一)物质帮助

1. 对那些长期服刑且家境贫困或与家庭中断联系、出狱时身无分文者,安排食宿与交通工具,如美国联邦及爱荷华等州在罪犯出狱时都发给出狱人一定数量的费用。

2. 对无家可归者或一时无适当居所处者,提供暂时居住场所。如澳大利亚"援助犯人协会"1973年开办第一个出狱人住宿处后,陆续开办了15个住宿处,产生了很好的社会效益。"关心住房协会"为刑释人员提供住房36套。而"援助和改造犯人学会”则在全国设4家旅店,专为帮助出狱人。

(二)医疗帮助

对那些患病而无钱医疗者,因有酗酒或嗜毒等恶习,急需治疗以恢复正常生活者,给予帮助。例如,美国的重返社会训练机构就有麻醉品中毒者治疗所。日本的更生保护会在对出狱人实行医疗帮助时,除支付国民健康保险治疗报酬范围内的委托费,如果继续进行保护时,可按生活保护法的有关规定给予扶助。

(三)就业帮助

出狱人无一技之长或虽有从业谋生的本领,但因曾经犯罪而就业困难,受人歧视与排挤,这是各国都存在的现象。为帮助出狱人安身立命,多数国家的出狱人保护组织,如美国的救世军协会、日本的更生保护会都将帮助出狱人就业作为出狱人保护的重要方法。就业帮助的具体措施主要是介绍推荐工作、就业培训等。

(四)就学帮助

就学帮助是对因入狱而中断学业者、由于感到自己学识浅薄希望上学就读者而采取的出狱人帮助方法。就学帮助的具体措施多种多样,如帮助复学与课程指导、提供助学金、供给学习用品等。早先的就学帮助对象是出狱的青少年,现在已扩大到成年人。

(五)生活指导

生活指导,是出狱人保护机构派员与出狱人联络,并观察出狱人生活与行为表现,一旦发现出狱人有不良倾向就予以规劝,发现其有生活困难主动协助解决,以帮助出狱人适应社会。

1. 帮助出狱人克服自卑心理。很多刑释人员出狱后,被人鄙视,因而思想压力很大。出狱人保护机构内的人员要帮助出狱人克服这种心理。

2. 帮助罪犯接受社会规范。由于出狱人在监狱期间被隔离社会,对社会发展后的社会关系与规范缺乏全面感受,出狱人保护组织成员要帮助出狱人尽快适应社会规范。

3. 进行生活咨询与行为规劝。生活咨询,即出狱人保护机构采取面对面,或电话通话形式,对出狱人进行交友、就业、社会问题分析等生活辅导。行为规劝,是对有不良倾向的出狱人行为的刑事预防性的工作。

(六)规定前科消灭制度

前科消灭是指当曾受过有罪宣告或者被判处刑罚的人具备法定条件时,注销其有罪宣告或者罪及刑记录的制度。前科消灭是有些国家采取的出狱人保护方法。如阿根廷法律规定,不暴露他们曾被监禁的身份。法国法律规定,刑释人员有权要求销毁指印、照片、身体特征等鉴定性的结论材料。前科消灭的可取性是有利于出狱人避免歧视和不公正待遇，给出狱人与普通公民一样的机会。

二、我国保护出狱人的措施

在我国，对出狱人的安置、帮教工作，是在党委、政府的统一领导下，依靠各有关部门和社会力量对特定对象进行的一种非强制性的引导、扶助、教育、管理活动。安置、帮教工作的主要对象是刑满释放3年之内，没有生活出路和有重新犯罪倾向的人员。在20世纪90年代以前，我国对释放人员安置有强制留场就业、自愿留场就业和社会安置等方法，其后，前两种方法已经不再使用。现在，主要是通过社会渠道来安置刑满释放人员，我国对刑满释放人员的安置工作已经实现由过去的政府安置为主转向社会化、市场化为主，安置渠道进一步拓宽，2000年全国刑满释放人员88%得到妥善安置。基层安置帮教工作机构采取动员原单位安置、挂靠企业安置、扶持刑释人员从事个体经营，以及建立过渡性安置实体和基地等方法，努力拓宽刑释人员的就业领域。一些地方政府对过渡性安置刑释人员的经济实体制定了相应的扶持、优惠政策，以促进其协调发展。

总结我国的出狱人保护工作实践，我国的出狱人保护工作主要有以下做法：

（一）出狱资助

出狱资助，指罪犯出狱时有关部门给予一定费用，以帮助其返回家庭所在地。根据《监狱、劳改队管教工作细则》的规定，监狱应对出狱人给予一定物质帮助，要发给出狱人路费、伙食费。

（二）生活救济

在我国，对出狱人的救济是全社会推行的社会保障制度的一部分，具体包括以下几种情形：

1.对丧失劳动能力者及老、弱、病、残者的救济。对丧失劳动能力的出狱人，对符合条件的老、弱、病、残的出狱人，国家依法给予救济。中央有关职能部门曾专门发出通知，要求各地公安、劳动、民政等部门，对丧失劳动能力的出狱人，对符合条件的老、弱、病、残出狱人给予救济，在实践中，有的丧失劳动能力的出狱人及符合条件的老、弱、病、残出狱人被安置到敬老院，有的接受国家给予的定期社会救济。

2.对无业可就者的救济。对无业可就者的救济主要形式有：待业保险、借款或贷款。

待业保险是建立适应社会主义市场经济的社会保障措施之一，它通过投保人定期交纳保险费而获得在一定期限内的保险金，帮助失业者渡过难关。将出狱人的救济与待业保险结合起来不仅可以提高社会救济范围，而且可以减轻国家的救济压力。出狱人的待业保险费要在出狱人服刑期间按期交纳，费用的交纳者，既可以是监狱，也可以是罪犯亲属。监狱替罪犯交纳保险费后，要从罪犯的奖金、劳动报酬中扣除。2000 年 5 月，山东省鲁西监狱与中国人寿保险公司济宁分公司在全国联合首创的罪犯刑释后短期生活保险，与社会上建立的刑满释放人员过渡性实体和安置基地有异曲同工之妙，为罪犯刑满释放后的安置和生活过渡提供了一定的经济保障。借款或贷款是对无业可就的出狱人，可以给予一定数额的借款或贷款，帮助出狱人经营合法、正当的生意，以帮助其安身立命。

（三）就业安置

1. 自谋职业。鼓励刑满释放人员通过自谋职业实现就业，是社会主义市场经济条件下安置刑满释放人员的一个主渠道。实践证明，刑满释放人员从事个体经营已经成为他们在城镇就业的一个主要方式。北京、上海、广州、武汉、西安等大、中城市为了鼓励刑满释放人员从事个体经营实现就业，采取了减免税收和市场管理费等多项优惠政策，一般就业率都能占到刑满释放人员就业总数的 20%~30%。西安还专门建立了刑满释放人员就业安置一条街，专门安置刑满释放人员从事各种个体经营，社会效果非常显著。据湖北省 2003 年统计，湖北省全省刑满释放人员从事个体经营的有 2580 人，占就业总数的 26.5%。刑满释放人员从事个体经营的多数人都能守法经营、自食其力，有的成为私人企业主，扩大经营范围，并接收刑满释放人员就业，起到了良性循环的作用。

2. 单位招聘。出狱人有权参加企事业单位、社会团体、街道等用人单位的招聘，对应聘合格者，用人单位应当录用。

3. 劳动部门和街道安置。捕前无职业或不符合原单位安置条件的，出狱人回城镇后，应和一般待业人员同样对待，与社会一般待业人员一样参与劳动部门的职业培训与介绍。

4. 农村安置。对回农村的出狱人，有关部门要和其他村民一样同等对待他们。对有劳动能力的，乡政府或村委会要划给责任田（山）和自留地（山、畜）。责任田（山）已承包完的，可以从机动田（山）中解决，或者安排承包其他生产经营任务。当年已无机动田（山）的，或其他生产承包任务的，应在第二年内由乡政府或村委会调剂解决。对原有房屋、生产生活工具等合法财产，服刑期间被他人占用的，应归还本人，如有损坏，应责成占有人赔偿。对在农村无任何亲属，又无生产，生活工具的，所在乡的乡政府和村委会应通过租赁、贷款等形式，帮助解决。

5. 原单位安置。原单位安置存在两种情形：其一，对服刑期间未被原单位除名、开除公职的人员，刑满释放后，原单位予以安置；其二，对已被原单位开除，但犯罪较轻，改造表现好的人，监狱在其刑满释放前，可以通过一定形式，如签订帮教合同，向原单位提出安排工作建议，罪犯所在原单位如有增员指标，且同意接受，经考核合格，经劳动人事部门批准，可以重新录用。从全国刑满释放人员由原单位安置就业的情况来看，一些发达省份、发达地区做得比较好。

（四）接茬帮教

接茬帮教指社会有关部门对出狱人继续帮助教育，以衔接监狱的教育改造。接茬帮教是教育改造后的帮助教育，是出狱人的重要保护措施。

一般来说，出狱人经过监狱的教育改造后，绝大多数已改恶从善，但是，也有一部分改造不彻底，还有潜在的犯罪危险。就后者而言，他们缺乏一定的自控力，回归后如果没有及时、有效的帮助和教育，一遇时机，很可能就会旧病复发，重新违法犯罪。即使是前者，虽然他们已改恶从善，有重新做人的愿望，但其中的改造成果不是那么牢固的人，遇到一些实际困难，或受到社会上消极因素的影响，思想就会产生波动，如果不能得到及时引导、帮教，这些波动可能就会触发出狱人原有的恶念膨胀，最后重新违法犯罪。实践证明，对出狱人实行接茬帮教，有很好的预防重新违法犯罪功效。因此，出狱人回归社会后，有关部门进行接茬帮教非常重要。

总结近年来实践，接茬帮教的形式有以下种类：

1. 亲属包教，指在基层党政组织领导下，在基层公安保卫部门或群众组织指导下，由出狱人亲属负责进行的帮教。

2. 专人帮教，指由热心帮教事业的干部、教师、工人等负责的帮教。

3. 小组帮教，指由有关方面组织热心帮教事业的人员及出狱人亲属，组织成帮教小组，对出狱人进行的帮教。这是接茬帮教中比较有影响的帮教形式。

4. 专门组织帮教，指建立专门的出狱人帮教机构，承担出狱人帮教、心理与生活辅导等工作的出狱人帮助形式。在河北省唐山市就成立有帮教协会，帮教协会除在各厂矿、街道、区乡设立机构，还在全市范围建有帮教协会。专门组织帮教具有以下特点：其一，保持工作的恒常性。在我国多数地区，没专门组织专事出狱人保护工作，而以“齐抓共管”代之。“齐抓共管”的帮教最大弊端，是缺乏理性化。当号召发出后，党、政、团、工、司法齐上阵，帮教工作迅速升温，而过一阶段，帮教工作迅速降温。这样的做法，既不利于帮教工作开展，不能体现帮教的公平性，又不利于充分利用帮教资源。而成立专门组织，无论是政府督导型的组织，还是政府参与型的帮教组织，能科学分配帮教资源，使帮教工作组织化，保持工作的恒常性。其二，促进帮教工作在一定范围的专门化，即帮教工作机构有一定工作人员，无论这些工作人员是业余的,还是非业余的;有专门性的工作原则和方法等。一般来说,专门组织帮教更符合人类理性,更科学。这一点已为国外的实践所证实,是值得倡导的出狱人保护方式。

接茬帮教多是与安置就业联系在一起。因此,接茬帮教的内容除帮助出狱人学习技术、教育出狱人遵纪守法,还有帮助其解决实际生活困难内容,如帮助安置就业。因此,接茬帮教是一种综合性保护措施。

(五)就学保护

保障出狱人求学的权利,不仅是对公民受教育权的保护,而且是对公民个人发展权的保护。公安部、劳动人事部、农牧渔业部、教育部、商业部等五部门在1983年《关于犯人刑满释放后落户和安置的联合通知》中规定:"(一)原系在校的学生,刑满释放后,凡符合学龄规定,现实表现好并经考试合格的,应当允许他们复学。(二)对具有相应学历或同等学力的,可按规定申请报考高等院校、中等专业学校、各类职业学校或业余学校。凡现实表现确实很好,体检合格,考试成绩又达到规定标准的,应当予以录取,不得歧视。"

(六)热线咨询

热线咨询指由专门专业机构设立的,通过电话答疑解惑心理咨询等方式对出狱人进行辅导帮助。这是我国近年来出现的新的出狱人帮助形式。这种帮教形式的优点是方便、快捷,有利于保护出狱人自尊心。

(七)过渡性安置

过渡性安置,是有关部门为无业可就的出狱人暂时安排一定工作,防止其流落社会重新犯罪。从实践来看,为出狱人提供暂时就业帮助的企业有的是司法行政部门与劳动部门合办的,有的是司法行政部门与热心帮教事业的企业合办的,等等。这种出狱人保护措施是反映市场经济社会特点的保护方式,是值得提倡的方式。全国各地针对部分出狱人无家可归、无亲可投、无业可就的状况,创办和建立了许多过渡性实体和安置基地,以避免刑满释放人员一回到社会到处碰壁、无处容身的现象发生。如上海市现有过渡性实体和安置基地132家;山东省已创办过渡性实体155家,依托社会企业的安置基地392家。

(八)未成年人轻罪犯罪记录封存制度

2012年新修订的《刑事诉讼法》第275条规定:"犯罪的时候不满十八周岁,被判处五年有期徒刑以下刑罚的,应当对相关犯罪记录予以封存。犯罪记录被封存的,不得向任何单位和个人提供,但司法机关为办案需要或者有关单位根据国家规定进行查询的除外。依法进行查询的单位,应当对被封存的犯罪记录的情况予以保密。"2012 年 7 月，最高人民法院、最高人民检察院、公安部、国家安全部、司法部联合制定《关于建立犯罪人员犯罪记录制度的意见》，该意见结合新修订《刑事诉讼法》的有关规定，就建立未成年人轻罪犯罪记录封存制度提出了原则性意见。这被称为"未成年人轻罪犯罪记录封存制度"。该制度对未成年犯的复学、就业以及保证其顺利回归社会具有重要现实意义。但是，由于新《刑事诉讼法》仅以一个条文的形式规定了未成年人犯罪记录封存制度，过于原则且可操作性不强。因此，如何正确理解和适用并保证其得到有效实施，仍是摆在立法部门、实务部门以及学术界面前的共同课题。

我国当前实施的出狱人保护措施具有发展性和不平衡性，一些地方出狱人保护措施在一定程度上存在发展的随意性。事实上，为促进我国出狱人保护事业的发展，在充分研究市场经济社会出狱人保护方式的前提下，可以引导、促进符合社会发展方向的出狱人保护措施方式的发展，推广符合市场经济社会需要的出狱人保护模式，为出狱人保护立法提供丰厚的实践依据。出狱人保护方式应当多样化，更应当规范化，期望尽快考虑出狱人社会保护立法，通过法律手段推进出狱人社会保护工作的发展。

思考题

1. 试述出狱指导工作的策略与方法。
2. 试述国外出狱人保护措施及其启示。
3. 试述我国出狱人保护工作的基本政策和主要做法。
4. 试述我国出狱人保护工作的改革。

图书在版编目(CIP)数据

监狱学基础理论 / 中央司法警官学院组织编写 ; 史殿国主编. -- 北京 : 法律出版社, 2018(2021.9 重印)
ISBN 978-7-5197-2843-4

Ⅰ. ①监… Ⅱ. ①中… ②史… Ⅲ. ①监狱-基础理论 Ⅳ. ①D916.7

中国版本图书馆 CIP 数据核字(2018)第 252034 号

监狱学基础理论
JIANYUXUE JICHU LILUN

中央司法警官学院 组织编写
史殿国 主编

责任编辑 慕雪丹 章 雯
装帧设计 李 瞻

出版发行 法律出版社
编辑统筹 法商出版分社
责任校对 赵明霞
责任印制 胡晓雅
经 销 新华书店

开本 720 毫米×960 毫米 1/16
印张 14.25 字数 239 千
版本 2018 年 11 月第 1 版
印次 2021 年 9 月第 6 次印刷
印刷 三河市龙大印装有限公司

地址:北京市丰台区莲花池西里 7 号(100073)
网址:www.lawpress.com.cn
投稿邮箱:info@lawpress.com.cn
举报盗版邮箱:jbwq@lawpress.com.cn
销售电话:010-83938349
客服电话:010-83938350
咨询电话:010-63939796

书号:ISBN 978-7-5197-2843-4
定价:43.00 元

凡购买本社图书,如有印装错误,我社负责退换。电话:010-83938349